同济大学经济与管理学院资助出版

同济经管
TONGJI SEM

变化的环境
与创新创业决策

陶丰烨 王紫璇 鲍 晴 续一帆 施 展 庄子童 著

同济大学出版社
TONGJI UNIVERSITY PRESS
·上海·

图书在版编目(CIP)数据

变化的环境与创新创业决策 / 陶丰烨等著. —上海：同济大学出版社，2023.8

ISBN 978-7-5765-0583-2

Ⅰ. ①变… Ⅱ. ①陶… Ⅲ. ①创业—决策—研究 Ⅳ. ①F241.4

中国国家版本馆 CIP 数据核字(2023)第 019131 号

变化的环境与创新创业决策

BIANHUA DE HUANJING YU CHUANGXIN CHUANGYE JUECE

陶丰烨 王紫璇 鲍 晴 续一帆 施 展 庄子童 著

出 品 人 金英伟 责任编辑 丁国生

责任校对 徐春莲 封面设计 陈益平

出版发行 同济大学出版社 www.tongjipress.com.cn

(地址：上海市四平路 1239 号 邮编：200092 电话：021-65985622)

经　　销 全国各地新华书店、网络书店

排版制作 南京展望文化发展有限公司

印　　刷 江苏凤凰数码印务有限公司

开　　本 710 mm×1000 mm 1/16

印　　张 17.5

字　　数 350 000

版　　次 2023 年 8 月第 1 版

印　　次 2023 年 8 月第 1 次印刷

书　　号 ISBN 978-7-5765-0583-2

定　　价 90.00 元

前言

PREFACE

当今世界正面临着百年未有之大变局，国际国内环境错综复杂，不确定因素很多，给创新创业战略决策带来了很大的挑战，在认识和把握规律的前提下进行创新创业战略决策十分必要。在变化的环境中中小企业初创和成长所产生的战略决策受到较多学者的关注，一直是重要的理论与实践命题。

本书以“变化的环境与创新创业决策”为主题，共收入了同济大学优秀学位论文 6 篇，内容涉及创新创业决策中的多个领域，理论视角和方法丰富，如社会结构—社会学习理论、高阶理论、资源保存理论、社会网络理论等，运用了问卷调查、访谈调研、理论分析、统计研究等多种研究方法。

第一篇作者为同济大学经济与管理学院企业管理专业的陶丰烨，从效果推理、因果推理决策理论视角，研究新创企业国际化速度的影响因素和作用机制。该文参考国内外成熟的量表结合具体的研究背景设计调研问卷，抽取合适的样本发放问卷并取得研究数据。运用 SPSS 软件对回收的 261 份有效问卷进行实证分析，研究发现：效果推理逻辑与企业国际化的前期进入速度和国家范围增速具有正相关关系，与国际化承诺速度具有负相关关系；因果推理逻辑与企业国际化的前期进入速度和国家范围增速具有负相关关系，与国际化承诺速度具有正相关关系。环境不确定性正向调节效果推理逻辑与国际化承诺速度的关系，并负向调节因果推理逻辑与国际化承诺速度的关系。该研究以实证的方式为效果推理理论在国际商务领域的进一步扩展与应用作出了有益补充和贡献。

第二篇作者为同济大学经济与管理学院企业管理专业的王紫璇，基于社会结构—社会学习的理论逻辑研究中小企业的日常商业越轨行为的影响机制。该文采用已经过验证的在中国情境下可行的成熟量表形成调查问卷，在创业活动密集的长三角、珠三角等地区进行大样本问卷调查以收集数据，运用 R 语言 19.0 和 MPLUS7.0 软件进行实证分析。证实了 SSSL 理论中的社会结构变量对中小企业主 EBD 行为有显著影响，且这一影响是通过社会学习机制产生的。该篇构建了社会结构、社会学习对中小企业主日常商业越轨行为的影响模型，丰富了 SSSL 模型中国情境的相关研究成果。

第三篇作者为同济大学经济与管理学院技术经济及管理专业的鲍晴，该篇基于“个体行为决策-企业治理决策”逻辑和 2014—2018 年中证高新技术企业指数成分股数据，建立多元回归模型实证分析了 CEO 权力对企业双元创新决策的影响效果，并加入内部控制作为调节变量。结果表明：① CEO 权力强度的提升可有效促进企业创新投入决策；② 通过细分创新投资模式发现，CEO 权力的提升可显著促进经理人探索式创新投入决策而抑制利用式创新投入决策；③ 内部控制可负向调节 CEO 权力和双元创新决策间的关系。该篇深入刻画 CEO 权力对于企业创新决策的影响路径，为进一步探明创新投入影响机制、理解企业内部治理决策提供了新的研究视角。

第四篇作者为同济大学经济与管理学院工商管理(中法班)专业的续一帆，作者将性别与 CEO 接替事件联系起来，研究女性 CEO 或者异性 CEO 接替对企业业绩的影响。该文以 2004—2015 年中国 A 股上市公司 3 534 条 CEO 接替数据为样本作实证研究，为了明确 CEO 接替的不同性别组合(男-男、男-女、女-男、女-女)的影响，引入了针对多分类资料的倾向得分法。研究发现：损害公司业绩的是异性 CEO 接替而不是女性 CEO 接替；继任 CEO 的权力能削弱男-女 CEO 接替对公司业绩的负面影响；公司的国有性质能削弱女-男 CEO 接替对公司业绩的负面影响。

第五篇作者为同济大学经济与管理学院技术经济及管理专业的施展，以

2011—2016年深证创新指数企业为样本，通过实证研究的方法，探寻新常态经济环境、政治关联对我国民营企业创新投入的影响，并进一步分析了创新投入的两种不同模式——渐进式创新与突破式创新的结论差异。研究发现：新常态经济环境下，内部机会成本效应驱动企业利用相对较低的成本进行创新，促进了企业创新投入；新常态经济环境下企业更多地选择渐进式创新，相反，突破式创新则受到明显的制约，而政治关联的存在有助于激发民营企业在经济新常态环境下选择突破式创新的动机，缓解突破式创新的投资瓶颈。该篇对新常态经济下的民营企业创新决策进行了深入刻画和解释，为进一步认识创新投入的影响机制，理解我国政企关系，提高民营企业创新动力提供新的研究视角，有助于民营企业了解我国的宏观经济环境和政治环境，为其现阶段创新战略提供决策依据。

第六篇作者为同济大学经济与管理学院工商管理专业的庄子童，该文将研究对象聚焦于在校大学生的创新行为，以同济大学校内各类大学生组织为背景，研究工作嵌入程度对大学生创新行为的影响。该文通过回归分析法，实证研究工作嵌入与大学生创新行为之间的关系。研究发现，工作嵌入对大学生创新行为有显著正向影响，同时内部人身份感知和成就动机在工作嵌入与大学生创新行为关系中分别起到中介作用。

本书各篇视角各异，但皆有独见，可对内外部环境变化的企业创新创业等战略决策起到指导作用，也可供创新创业实践者和学生写作论文以参考。

目录

CONTENTS

第一篇

新创企业效果推理、因果推理决策逻辑对国际化速度的影响研究

陶丰烨

一、引言

（一）研究背景与研究目的

1. 研究背景

在中美贸易摩擦不断的背景下，国内贸易型新创企业的国际业务受到较大影响。摩根大通的一份报告显示，若美国对中国出口产品平均加征关税12.5个百分点，在静态情况下，即中国没有采取相应反制措施，中国对美国出口大概会下降16%～17%，并对中国GDP增速产生大约0.7%的负影响。国内新创企业底子薄，抗风险能力偏弱，其生存和发展问题更是雪上加霜。

在贸易摩擦的敏感时期，国内一些科技型企业与美国方面的科技合作也陷入停滞。在后续的实地调研中，我们对长三角某地的一家从事医疗器械研发、制造的科技型企业的高管进行了简短访谈。我们了解到，由于医疗器械行业进入门槛高，行业技术和专利都由美国几家第一梯队的企业所垄断。为了学习技术，中国这家企业愿意斥巨资与美国的一家行业巨头合作，承接美方淘汰下来的生产线。但是，由于2019年上半年中美贸易摩擦愈演愈烈，这一合作项目不得不中断。可见，企业国际化过程中遇到的风险和不确定性是难以预料的。

在经济全球化不断加速的背景下，国际商业活动中原先的主角——大型跨国企业(MNEs)，开始逐渐被充满活力的中小型企业所取代。同时，企业国际化经营也不再是一个渐进式的过程，一些企业自成立之初便开始了国际化经营。许多学者对初创企业“加速国际化”现象展开了深入的理论研究，其中包括Oviatt和McDougall(1994)提出的“国际新创企业”这一研究分支，并开辟了国际创业这一新的研究领域。

国际化速度是国际创业研究的一个重要研究变量，对于解释加速国际化现象具有重要意义。对于企业决策者而言，国际化过程需要对速度进行合理把握，同时关注平衡市场机会和过快扩张带来的风险。因为这些企业不仅面临着规模劣势、新企业劣势、国外经营劣势（Oviatt和McDougall，2005），还具有外来者劣势（Johanson和Vahlne，2009）。“速度”加剧了企业国际化过程的变化

(Casillas 和 Acedo，2013)，是理解加速国际化现象的关键变量。

国际化速度包括但不限于前期进入速度，还包括国际化范围速度、国际化承诺速度。以往实证研究往往侧重于对企业前期进入速度的分析，而缺乏对国际化速度进行全面的衡量。本文对国际化速度的研究视角更为细化，希望获得对国际化速度这一变量更深入的理解。

对于不确定性环境下的国际化扩张的决策问题，效果推理理论提供了一个独特的理论视角。效果推理理论由 Sarasvathy(2001)在《美国科学院管理评论(AMR)》杂志发表的文章中正式提出。虽然，作为创业研究领域新近涌现的理论范式(Perry 等，2012)，效果推理理论也受到了国际商务领域学者的关注，但这些研究较偏向于理论层面(Sarasvathy 等，2014；Kalinic 等，2014；Prashantham 等，2018)。本文希望在前人研究的基础上，对效果/因果推理与国际化速度的关系进行检验。

针对具有高难度的企业国际化决策，效果推理决策者与因果推理决策者不同的决策方式又会对国际化速度的各分维度具有什么不同的影响？在环境不确定的情况下，这样的关系又会出现什么变化？这些都是本文讨论的理论问题。

本篇希望通过对中美贸易摩擦情景下中国初创企业的研究，探寻决策方式对企业加速国际化的影响及内在作用机制。这一研究不仅丰富了国际创业研究的理论视角，还促进了效果推理理论的扩展和应用领域，并为企业决策者合理化决策、应对中美贸易摩擦的挑战提供有益参考。

2. 研究目的

本篇研究目的主要围绕两个问题：在国际化过程中，新创企业不同的创业决策逻辑如何影响国际化速度？环境不确定性对于“创业决策逻辑-国际化速度”又具有哪些差异化的影响？通过对这两个问题的探索，本篇在理论上揭示国际新创企业快速国际化影响因素的内在机制，在实践中为企业平衡国际化过程中的机会与风险、合理规划国际化进程提供指导。

具体而言，本篇包括以下几个部分：

(1) 了解企业国际化有关理论的发展脉络；

(2) 了解关于国际化速度的研究现状；

(3) 了解效果推理理论的理论背景和目前在国际化领域的研究进展；

(4) 构建研究模型，提出假设；

(5) 研究环境不确定性在创业决策逻辑与国际化速度之间的调节作用；

(6) 通过发放问卷收集数据，对模型假设进行检验；

(7) 根据研究结果，提出未来理论进一步研究方向，并对创业者合理把控国际化进程提出可行的意见和建议。

(二) 研究意义

本篇以新创企业的国际化问题为研究背景，通过引入创业学领域热门的效果推理理论，深入研究两种创业决策逻辑对新创企业国际化速度的不同影响。此外，本文还探索、讨论了在环境不确定性条件下，两种创业决策逻辑对国际化速度的作用机制。

1. 理论意义

(1) 对国际创业领域的贡献。经过近三十年的发展，国际创业领域中新创企业的加速国际化现象愈发普遍，初创企业自成立伊始便展开国际化经营不再是一个偶发现象；而效果推理理论相关实证研究也趋向于成熟。本文将创业学领域前沿的效果推理理论引入国际创业研究，验证效果推理型和因果推理型创业决策逻辑对国际化速度各分维度的不同影响，并分别分析了环境不确定性对这一关系的不同调节作用。通过区分不同创业决策逻辑对国际化速度的不同影响，本篇在 Oviatt 和 McDougall(2005)关于国际化速度影响因素的理论模型的基础上，为创业者认知的类型和方式增加了新的理论构成，加深了对新创企业国际化速度影响前因的理解。

(2) 对效果推理理论的贡献。本篇试图从以下两个方面探索对于效果推理理论目前存在的争议：第一，针对效果推理是形成型(formative)构念还是反映型(reflective)构念的争议，本篇所持的观点与 Chandler 等人一致，认为效果推理是形成性构念，并在方法上对效果推理这一构念进行相应处理，并分析其对结果变量的影响。第二，针对效果推理的结果变量存在的不同观点(McKelvie 等，2013)，提出新的应用领域和应用情景。目前效果推理文献较为常用的结果变量主要集中于绩效(包括创新绩效、创业绩效、投资结果和投资绩效等)。本篇将国际化速度作为结果变量，拓展了目前关于效果推理理论的研究，丰富了效果推理对于多维结果变量影响的尝试。

2. 实践意义

在新创企业加速国际化的过程中，市场机会很可能转瞬即逝。而为了抓住和把握市场机会，采取过快的国际化扩张步伐，又会占用和耗费大量的组织资源。因此，在市场需求具有不确定性、技术的更迭具有不确定性的情形下，过快的国际化扩张又会为企业带来巨大的潜在风险。可见，国际化的速度(前期进入速度、范围速度、承诺速度)与企业的绩效表现并不是简单的线性关系(Schwens 等,2018)。有研究指出,国际化速度与企业绩效在很大程度上可能是倒"U"形的关系(Mohr 和 Batsakis, 2017)。

过快的扩张速度会有不利的影响,扩张的进程过慢又可能导致机会的错失。那么创业者应该采取何种国际化的进程,对机会和风险进行平衡呢?现有研究发现,高管团队(TMT)国际化经验与国际化速度也存在倒"U"形的权变关系(Mohr 和 Batsakis, 2019)。受到效果推理理论(Sarasvathy, 2001)的启发,本文接着分析:在环境不确定的情况下,创业者是应该充分计划并不断更新计划,还是干脆"不计划"、从手头现有的资源出发?创业者潜在的决策思考逻辑又会对国际化速度的把握产生什么影响?又或者,创业者在指定决策过程中又是否可以同时采用两种不同的决策思考逻辑?通过引入创业者决策思考逻辑对企业快速国际化行为进行分析,并希望借此为国际创业者的国际化战略提供有益的决策参考。

(三) 研究内容与方法

1. 研究内容

1) 模型构建

(1) 通过学习图书馆资源(中国知网、Web of Science 等)以及校内和学院馆藏的知名管理学相关期刊,获取国内外学者最新的相关文献和研究成果。对国际创业领域中的经典国际化理论模型进行分析和概括,总结出理论发展的脉络;对效果推理理论的理论背景和主要观点进行分析和概括,整理关于效果推理理论的最新进展。通过对以上两大领域文献的分析和整理,明确目前的研究趋势和研究热点。

(2) 归纳总结近年来国际创业领域关于国际化速度影响因素的研究结论。在相关理论背景下,结合需要研究的变量,提出有意义的研究假设,探讨效果/因果决策逻辑与国际化速度的作用机制。分析本文研究模型和已有的研究模型在研究视角和研究变量等方面的异同,判断本文在理论和实践方面的贡献和价值。

2) 假设检验

本篇将具有国际业务的初创型中小企业作为研究对象。参考已有文献(Batjargal 等,2013),选择成立时间在八年以内的中小企业进行研究。

本篇采用的量表都是目前国内外研究选择使用的成熟量表,并结合具体的研究情境,使用国际上通用的里克特 7 点量表来制作调查问卷。通过邮件等多种形式发放问卷并进行回收。对收集的问卷进一步分析,用 SPSS 26.0 进行信度、效度分析和各个变量之间的回归分析,根据回归分析的结果验证研究假设是否能够得到支持,最终得出本文的结论。

2. 研究方法

1) 文献研究法

文献研究法被广泛运用于学术研究中,是通过对现有研究成果、研究发展脉络的梳理形成对理论研究现状的科学认识的方法。通过查阅 Google 学术、Springer、Web of Science 等国外数据平台,以及知网、万方等国内数据平台中的相关文献,对国际化经典理论、国际创业研究的进展、效果推理理论、高阶理论、环境不确定性进行整理和分析。

通过总结发现,将效果推理理论引入国际创业研究具有较大的可行性;通过对这一关系的验证,能促进效果推理理论的再度开发和扩展,对国际创业和效果推理理论交叉领域的研究非常具有意义和价值。在此基础上,本篇参考已有文献提出的研究命题(Prashantham 等,2019),假设了本篇所要研究的关系。

最后,在文献研究的基础上,参考国内外各个学者(Oviatt 和 McDougall, 2005; Chandler, 2011; Chetty 等,2014)对各个变量提出的量表,设计了用于本文的调查问卷测量量表。

2) 问卷调查法

问卷调查法具有适应性强、可操作性强的特点,因此一直是管理学领域应用广泛的一种研究方法。本篇在研究模型的基础上,选择国外成熟的量表进行翻译并拟定问卷。在正式调研之前,小规模发放了问卷并有所反馈,之后通过网络在线问卷和邮件的形式进行了有序的问卷发放和回收,为后续的统计分析奠定了基础。

3) 统计分析法

统计分析法是采用定量的方法对研究对象的数量关系进行分析,从而揭示变量之间潜在的相互关系和变化规律的一种分析方法。运用 SPSS 26.0 软件对样本数据进行了信度分析、效度分析、探索性因子分析、相关分析和回归分析。

3. 技术路线

本篇的技术路线图如图 1 - 1 所示。

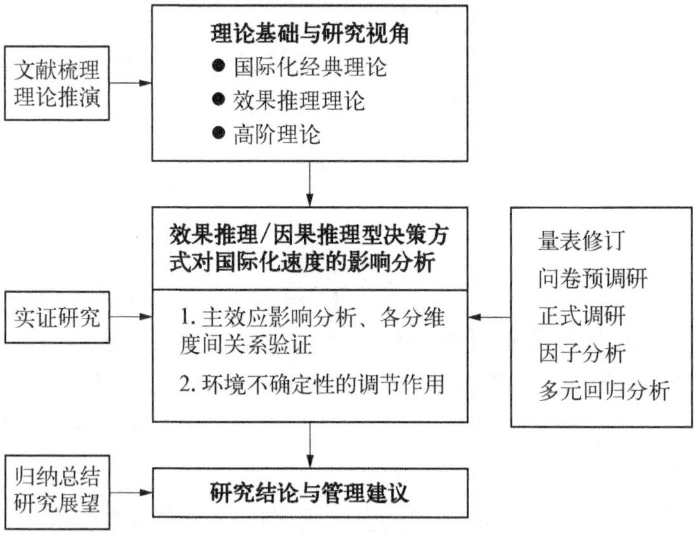

图 1-1　技术路线图

作者对各章进行了结构性安排,具体见表 1-1。

第一章是引言。本章基于现实的问题、理论的分析和再综合提出了本篇的研究问题。在研究目的的指引下,明确了本文的理论和实际意义,构建出本篇主要的研究内容和研究框架。接着,清晰地说明了本文的技术路线、章节安排。最后,简要介绍了本篇的主要研究方法和主要创新之处。

第二章是相关概念界定与文献综述。本篇对研究涉及的相关概念进行了界定,包括国际化、国际新创企业、国际创业、国际化速度。接着,本篇对相关的理论和文献进行了综述,包括国际化的经典理论、效果推理理论、高阶理论和环境不确定性。通过概念界定和文献综述,进一步明确了研究的意义和价值。

第三章是研究模型与研究假设。在文献综述的基础上,本篇提出了研究的理论模型和研究假设,并对各变量之间的逻辑关系进行阐释。效果推理/因果推理对国际化速度的各个分维度具有不同影响效应,而环境不确定性会加强(减弱)这一影响效应。

第四章是实证分析。基于文献综述和研究模型,研究者对效果推理、因果推理、国际化速度、环境不确定性等国内外已有量表进行翻译和修订,设计调查问卷。在预调研基础上,对调查问卷做出相应修改并进行正式的问卷调研。在收集样本数据过程中,一共发放了 360 份问卷,其中通过数据的筛选,最终收回有效问卷 261 份。最后对构念进行了信度、效度检验。

表 1－1 本篇章节安排

章节安排	主要内容
第一章 引言	介绍本文的选题背景、研究问题、研究意义、内容和研究方法，指明研究内容框架与创新点
第二章 相关概念界定与文献综述	介绍相关概念，围绕国际创业经典理论、效果推理理论、高阶理论，综述相关文献研究成果
第三章 研究模型与研究假设	基于已有研究成果提出本文的理论模型和研究假设，并对各变量之间的逻辑关系进行阐释
第四章 实证分析	对已有量表进行翻译和修订，设计调查问卷。在预调研基础上，做出相应修改并收集样本数据。 运用SPSS进行相关性分析和多元回归分析，讨论本研究的假设是否被支持并对结果加以解释
第五章 结论与展望	总结出主要研究结论、研究局限性及未来的研究方向

采用 SPSS 相关性分析和多元回归分析，讨论本篇的假设是否被支持并对结果加以解释。本篇首先分别对效果/因果推理与国际化速度（前期进入速度、承诺速度、范围速度）的影响关系进行验证，再运用回归分析的方法对环境不确定性在这一关系中的调节效应进行了检验。

第五章是结论与展望。通过实证分析的结果，总结出主要研究结论，对研究结果不支持研究假设背后的原因进行了分析。在此基础上，形成了本文的研究成果和理论贡献，并进一步提出创业者有效把控国际化过程、平衡企业的机会和风险的合理化建议。除此之外，还进一步反思了研究的局限性和不足，提出未来进一步的工作方向。

（四）创新点

基于对现实的思考和理论分析，提出了本篇的研究问题。本篇的创新点可以归纳如下：

（1）本篇将目前创业学领域热门的效果推理理论引入国际创业研究，验证了效果推理/因果推理与国际化速度的关系。效果推理理论是针对不确定性环境下的决策问题(崔连广等,2017)而提出的,而加速国际化的过程本身便是一个充满高风险和不确定的过程。用于解释创业者行为的效果推理理论同样可以对国际创业者的行为进行解答。由此可见,将效果推理理论引入国际创业研究具有较大的可行性。Oviatt 和 McDougall(2005)构建了关于国际化速度的理论模型,认为创业者感知对国际化速度具有直接的影响。而作为新近提出的理论,创业决策逻辑作为创业者主观判断和感知的一种,并没有被纳入两位领域奠基人的研究视野。已有针对国际化速度的研究采用了包括高阶理论、社会网络理论、动态能力理论等在内的多种理论视角。虽然作为目前创业学研究和战略管理研究热门的效果推理理论也得到了国际商务领域一些学者的关注(Kalinic, 2014),并对这两组变量进行了深入的理论分析(Prashantham, 2018),但对于这两对关系的研究仍缺乏相应的实证检验。可见,本篇的研究具有较好的创新性。

(2) 虽然目前很多研究针对国际化速度的影响因素进行研究和分析,然而这些研究对于国际化速度的分析仍停留在“发现与实施前期国际市场进入所发生的时间间隔”(Mohr 和 Batsakis, 2019; Musteen 等,2010)。这些研究对于国际化速度的分析较为粗略,因为国际化速度除了前期进入速度(speed of initial entry)外,进入后速度(post-entry speed)同样重要,包括范围速度(speed of country scope)和承诺速度(speed of international commitment)。对于国际化速度观察视角的细化,本篇发现决策逻辑对这三个分维度的影响并不是“一刀切”的,这种影响其实是有差异的。对两种决策逻辑与国际化速度三个分维度的关系进行分别检验,也是本文的创新所在。

(3) 目前效果推理理论研究缺乏对因果逻辑的关注,同时也缺乏对两种决策逻辑(因果/效果推理)内在作用机制的比较。而已有研究证明,两种决策逻辑其实对企业绩效来说,具有大小相似的影响效应(苏涛永,陶丰烨,2019),甚至随着决策者感知不确定(Jiang 和 Tornikoski , 2019)和预测能力(Welter 和 Kim, 2018)的变化,持效果逻辑的决策者会逐渐转化为同时采用两种决策逻辑,并最终回到因果推理逻辑上。对于预测能力很强的管理者来说,“一切尽在掌控之中”,他们反倒倾向于作详细的计划。对于效果推理理论的理解应上升到同时对这两种决策逻辑的把握上。因此,虽然目前效果推理理论研究对效果推理逻辑关注程度很高,但比较两种决策逻辑对结果变量影响机制的差异,也是本篇的创新所在。

（五）本章小结

本章主要阐述了研究的背景和研究目的，并从理论和实践两个方面对研究的意义进行明确。在确定了本篇的研究内容和研究方法后，设计了研究的整体规划和技术路线图，这一部分是整个研究的框架和思路所在。最后，归纳了本篇的创新点，这也是本篇的价值所在。

二、相关概念界定与文献综述

（一）企业国际化

1. 国际化的定义

国际化通常被定义为“企业跨越国界进行经营活动”（Hitt 等，2006）或是“不断调整公司在战略、组织结构、资源等方面的运营，使之适应国际环境的过程”（Calof 和 Beamish，1995）。Kutschker 和 Baurle（1997）列举了判断企业国际化水平的三个指标：进入的海外市场的距离和数量、在不同国家进行的经营活动的数量、这些经营活动的整体性水平。

新古典主义视角强调理性作为企业国际化的最重要驱动力。例如，英国里丁大学的邓宁在 1981 年出版的《国际生产与跨国企业》一书中提出的国际生产折中理论和经济学家罗格曼等的内部化理论都以企业经理人的理性行动和基于经济效率的理性决策作为前提假设。这些理论并不能真实描述企业国际化过程中微观层面的问题，包括相关知识和信息的匮乏、经营的风险和决策的不确定性。基于此，乌普萨拉模型按照管理学的研究方式，为企业国际化战略的实际运作提供了切实、可行的建议。

2. 渐进式国际化——乌普萨拉模型

1）乌普萨拉模型的主要观点

对于企业国际化过程进行微观层面的概念化和理论化的努力，最早可以追溯到乌普萨拉模型（The Uppsala Model）。乌普萨拉模型的名称源自瑞典乌普萨拉大学的国际商务系。1977 年，Johanson 和 Vahlne 根据对瑞典企业国际化行为的长期观察和研究，提出了企业渐进式国际化的理论模型——乌普萨拉模型。

乌普萨拉模型的理论基础是以“组织通过学习而成长”为主要观点的赛叶特和马奇在《组织内学习》一书中提出的企业行为理论。在这一理论基础下，乌普萨拉模型中的国际化过程采取了学习和演化的视角，其核心假设认为，“企业开展国际化进程的最大障碍是缺乏在海外市场经营所必要的相关知识和信息”。为此，乌普萨拉模型将研究的重点之一放在了组织的学习行为和相关的知识获取(knowledge acquisition)活动上。

该模型认为，正是由于特定海外市场相关信息和知识的匮乏，为应对不确定性和文化背景、思考方式等方面的差异，企业会将文化差异小、心理距离近的国家(Johanson 和 Vahlne, 1990)作为国际化战略的首选，并通过累积承诺的方式，分步开展其国际化的行动。而由于隐性知识(tacit knowledge)的存在，一方面，企业学习海外市场知识必须通过其开设在该市场的分公司进行，威胁和机会的发现也与在该市场积累的经验密切相关；另一方面，从经验中学习的过程也解释了为什么国际化通常是一个缓慢的过程(Johanson 和 Vahlne, 1977)。所以，企业国际化必然将会经历阶梯式发展的过程：偶然出口、代理出口、海外销售分支、海外直接生产。如图 1-2 所示。

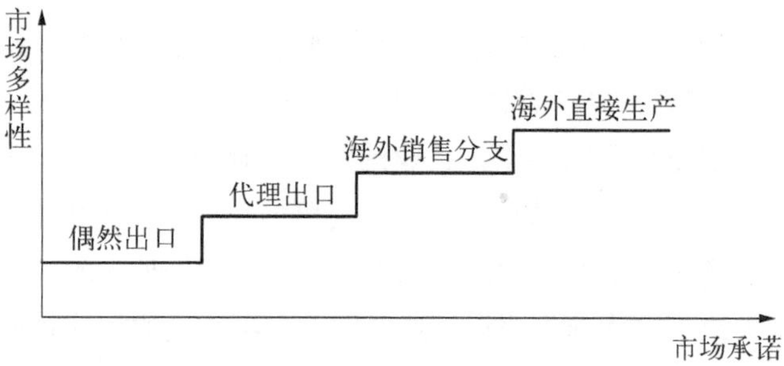

图 1-2　乌普萨拉国际化的四阶段模型

2) 乌普萨拉模型的发展脉络

为了充分理解企业国际化的行为模式，该模型还提出了心理距离(Johanson 和 Vahlne, 1990)的概念。心理距离指的是阻碍企业获取特定市场有关信息的一系列因素的综合，包括语言、文化背景、法律环境、竞争环境、政治体制、教育水平和工业化水平等方面的差异。在此基础上，该理论主要沿着两条路径深化发展。

第一条路径关注企业的学习行为与国际化决策的关系。除了乌普萨拉国际化的四阶段模型，Johanson 和 Vahlne 还对理论进行不断的补充、完善：① 具备充足资源的企业可以直接跳过某些国际化阶段；② 当市场是稳定的并具有同质性时，相关市场知识可以不完全依靠经验学习来获得；③ 一个公司如果想进入某个市场，它所需的经验知识可以从相似市场上所学到的来进行推广。

而第二条路径，则关注心理距离对海外市场选择和进入模式(entry mode)选择的影响。心理距离并不是一成不变的，它会随着双方的交流和学习的深入而发生改变。此外，海外市场的规模和潜力也是基本的考虑因素。

3) 评价

乌普萨拉模型将原先新古典主义学派理性的、静态的研究视角切换为更为真实的动态学习的视角，提出了心理距离的概念，从而强调组织学习在风险和不确定的国际化进程中的作用；再者，该理论遵循管理学的研究范式，采取微观的研究视角，将研究的重点放在企业的国际化战略和决策上，致力于为企业国际化运作提供切实可行的参考建议。

3. 加速国际化——国际新创企业

然而，随着经济全球化的不断加速，早期国际化和快速国际化现象日益突出。一些小型初创公司自成立伊始，便开始制定国际化战略、进行国际化经营。企业国际化不再是缓慢的、阶段化的过程，而更可能是一个加速国际化(accelerated internationalization)的过程。因而，在如今的经济情境下，用于描述大型跨国企业(MNEs)行为的乌普萨拉模型，其解释力越来越弱。许多学者注意到了初创型企业快速国际化的现象，并展开了深入的理论研究，其中最具代表性的两大研究分支便是国际新创企业(Oviatt 和 McDougall, 1994)和天生国际企业(Knight 和 Cavusgil, 2004)。

1) 国际新创企业的定义

按照 Oviatt 和 McDougall(1994)的定义，国际新创企业(International New Ventures, INVs)即一种商业组织，在成立之初，便希望通过在多个国家进行资源利用和销售活动来获得显著的竞争优势。Oviatt 和 McDougall(1994)接着分析了国际新创企业得以存在的四大充分必要因素：① 部分交易在国际化过程中的内部化；② 网络结构以及许可协议等替代公司治理结构；③ 国外区位优势的建立；④ 对独特资源的控制。

国际新创企业与天生国际企业(Born Global Firms)概念类似，但略有不同：天生国际企业自成立之初便具有全球视野，它们聚焦于全球；而国际新创企业最初的国际化策略带有区域性的色彩，并在成长到某一阶段才开始它们的全球化策略(Crick, 2009)。

新创企业在国际市场上面临三大劣势：① 规模劣势，即新创企业在资金、人员和技术等方面资源的积累较少，应对风险和海外对手竞争的实力较弱；② 国外经营劣势(liability of foreignness)，即缺乏在东道国法律、语言、偏好和市场信息等方面的隐性知识,而这些隐性知识需要通过长期的经验学习来获得;③ 新企业劣势(liability of newness),即缺乏对供应商、政府和顾客等外部利益相关者的影响力,导致它们的持续生存和发展能力受到限制。

但与在位企业相比,新创企业通过进入国际市场,也获得了新颖性学习优势(learning advantage of newness)。因为在位企业组织惰性强,阻碍了它们在新环境中的学习;而新创企业在这方面受到的束缚较少,它们在新环境中能快速地学习,这既包括对东道国法律、语言、消费偏好和禁忌等隐性知识的学习,也包括对东道国先进技术的学习。这些学习行为使它们获得了知识和创新优势,而正是这种优势促进了它们的国际化扩张。

2) 国际创业的定义

随着对国际新创企业研究的不断深入,国际创业作为一个新兴的研究领域在当时快速兴起。参考 Oviatt 和 McDougall(2005)在 *Defining international entrepreneurship and modeling the speed of internationalization* 一文中对国际创业的定义,即"国际创业是发现、制定、评估和利用跨越国境的机会,来创造未来的产品和服务的过程"。国际创业包括两大分支,即比较国际创业和非比较国际创业。

3) 国际创业研究的理论视角

由于国际创业研究是国际商务领域和创业领域两大领域结合形成的交叉领域,故对于国际创业的研究也需结合国际商务、创业学、市场营销和战略管理等多领域的知识(Oviatt 和 McDougall, 2005),从而获得更好的理解。对于国际创业过程"黑箱",现有研究往往采用资源基础理论、动态能力理论和社会网络理论等理论视角。

(1) 资源基础理论的视角。这一视角认为企业掌握有价值的、稀缺的、不可模仿的资源优势是企业在国际化过程中成功的关键(Barney, 1991)。资源基础理论视角的观点和理论思考逻辑较为陈旧,已有研究很少单单从资源理论视角对现象进行阐释。由于资源常常包括动态资源(知识获取)、无形的资源(技术、专利等知识资源)、社会网络资源(国际经验、社会资本等),因此,这一理论视角往往和以下两种理论视角相结合。另外,企业在国际化过程中如何突破资源束缚、从何种渠道获取资源以克服自身的竞争劣势也是资源理论视角有意义的研究方向。

(2) 动态能力理论的视角。动态能力是指组织获取、整合和重构内外部技能以应对快速变化的环境的能力(Autio 等,2011)。持动态能力理论视角的学者认为企业国际化也是一个不断学习、提升组织能力的过程。组织不断累积的经验和相应知识与资源的获取行为是国际化得以成功进行的必要条件。动态能力视角与资源基础理论视角一脉相承，将原先资源理论视角的静态观点转变为动态的、学习的观点。单纯拥有独特资源和网络资源显然还不够，组织拥有网络能力、学习能力、相近的技术能力、创业能力（机会的识别和利用）才是"消化"并利用资源的重要途径。

(3) 社会网络理论的视角。社会网络是获取组织资源的重要手段之一。社会网络理论视角的引入，对于深入理解国际创业过程提供了极大的帮助。在社会网络视角下，新创企业国际化被认为是由关系推进的社会化过程。因此，网络的特征及演变、关系网络的类型（关系强度、网络结构、形成方式、关系嵌入等）、关系网络的构建策略、企业创始人的个人特征（包括国际经验、教育背景等社会资本）和高级管理者团队的特征带来的网络资源等研究话题具有较高的研究关注度。

现有研究往往结合采用以上两种或多种理论视角对现象加以解释。例如，Johanson 和 Vahlne(2009)对乌普萨拉模型进行了更新和修正，在"国外经营劣势"(liability of foreignness)的基础上，提出了"外来者劣势"(liability of outsidership)。外来者劣势是不确定性的根源，而知识的学习和创造、信任建立也取决于社会网络关系的构建。这一理论发现实际上结合了动态能力理论和社会网络理论两种视角。再如，Fletcher 和 Harris(2012)通过对小型公司的国际化过程的案例研究发现，这些公司的知识获取和组织学习并不完全依赖于累积经验和社会网络。相反，这些公司更倾向于通过招聘获得市场和技术知识，通过政府顾问和咨询顾问来获得国际化相关的知识。这一理论发现实际上结合了资源基础理论和动态学习理论两种视角。

4. 国际化速度

"速度"可以说是企业国际化战略的核心层面，对速度的把控需平衡自身资源和市场机会(Chetty 等，2014)。为了抓住转瞬即逝的市场机会，企业必须加快国际化的速度，而这又会带来大量资源的耗费，伴随着巨大的风险。因而，对于企业国际化速度的把控对管理者来说是一项重要的决策挑战。

在国际创业研究领域，国际化速度也是目前较为热门的话题。过往国际商务领域的研究文章主要聚焦于研究跨国企业的"为何(why)""何地(where)"以及"模式(how)"等方面的问题，而对于"何时(when)"这一问题的关注度不够（王益民等，2017）。Prashantham 和 Young(2011)提出将速度作为国际新创企业研究最重要的时间维度。的确，国际化速度作为重要特征，将国际新创企业研究与以往的渐进式国际化研究进行了区分(Hilmersson 和 Johanson，2016)。除此之外,“速度”在与时间相关的维度上,增加了有关企业国际化过程变化的分析(Casillas 和 Acedo, 2013)。可以说,速度是理解新创企业国际化的关键要素。

1) 国际化速度的定义

国际化速度(internationalization speed)本质上有着多面的含义,包括但不仅仅限于发现与实施前期国际市场进入所发生的时间间隔。本文参考较为流行的 Oviatt 和 McDougall(2005)与 Prashantham 等(2019)的定义,认为新创企业国际化速度可以划分为以下三个维度: ① 前期进入速度(speed of initial entry),即在发现新的国外市场机会和首次实施国外市场进入之间所花费的时间;② 国际化承诺速度(speed of international commitment),即来自国外市场收入所占百分比的增速;③ 国家范围的增速(speed of country scope),也即进入国外市场数量的增速。这一维度衡量了国际化新创企业进入多个不同国外市场的快慢,也称之为国际化视野(international scope)。

2) 国际化速度的理论模型

Oviatt 和 McDougall(2005)还提出了一个关于国际化速度的理论模型,它涵盖了能动因素、中介因素、调节因素等六大类影响国际化速度的因素,构成并搭建了现有关于国际化速度实证研究的理论分析基础。这一模型具体包括: ① 创业机会,国际创业过程的起点。② 技术,技术的进步使加速国际化成为可能。相比过去,飞机、集装箱运输、互联网和无线通信技术等的出现,使国际间的交通和通信更为高效、成本更低。③ 商业竞争,迫于占领市场和摊薄前期研发与市场开发投入,创业者被驱动去开辟海外市场。④ 调节因素有两类,第一是关于海外市场的知识,第二则是国际网络关系,包括关系强度、网络规模和网络强度。⑤ 创业者认知则作为该模型的中介因素,例如,创业者的国际经验和心理特征(风险倾向等)。具体如图 1-3 所示。

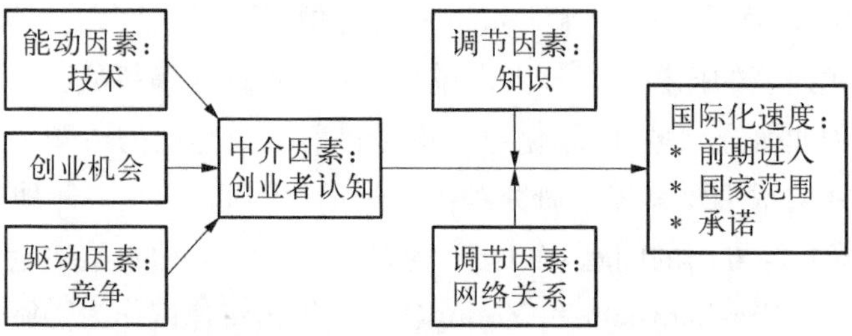

图 1-3 国际化速度的理论模型

资料来源: Oviatt 和 McDougall(2005)

本篇受到了 Oviatt 和 McDougall(2005)关于国际化速度的理论模型的启发。虽然创业机会、技术的进步和竞争等因素很重要，但关键仍在于与创业者如何解读和利用这些因素。只有通过对创业者决策思维方式的分析和把握，加速国际化现象才能得到充分的解释和理解。效果推理理论为分析和把握国际创业者的决策思维方式提供了崭新的视角。效果推理理论描述了两种迥异的决策思考逻辑：因果推理和效果推理。得益于量表开发(Chandler，2011；Brettel 等，2012；Werhahn 等，2015)的不断完善，效果/因果推理在国际化情境下的实证研究具有较大的可行性。由上可见，引入效果推理理论对加速国际化现象进行研究似乎能得到较有价值的发现。

(二) 效果推理理论

1. 效果推理理论简介

效果推理理论(Effectuation Theory)于 2001 年由 Sarasvathy 在《美国科学院管理评论》(AMR)发表的文章中正式提出。这一理论为创业领域的研究者提供了全新的视角：效果推理决策者会从手头已有的资源作为思考的起点，聚焦于问题“我能做什么”而不是“我想要做什么”。在创业最初阶段，他们对未来想要从事的事业和想达到的终极目标仅有一个模糊的框架。在创业进行时，他们会灵活应对和利用环境的变化，在不断试错和反馈的过程中进行启发式思考和迭代式学习(郭润萍等，2017)。在创业过程中，他们的目标是不断调整的，每次的调整都以目前手头现有的资源作为基准。为形成对照，Sarasvathy(2001)将目标驱动的、理性的经典决策模型称之为“因果推理(Causation)”。

效果推理理论的提出受到了战略与创业领域学者们的高度评价。以机会的“创造观”(Read 等，2009)和对未来的“控制观”(Wiltbank 等，2009)作为其核心假设，这一理论挑战了主流的理性决策模型和目标驱动(goal-driven)的创业行为过程，代表着战略与创业领域新的理论范式(Perry，2012)。

2. 效果推理理论的原则

1) 效果推理和因果推理的概念比较

因果推理逻辑以经典的有限理性决策模型为基础。具体来说，因果推理决策者会从预设的目标出发并试图预测未来环境的变化，他们会采用传统的商业分析方法进行分析和预测，并根据预测到的情况，制订相应计划。因果推理和效果推理都是重要的决策思考方式，苏涛永和陶丰烨(2019)通过对国内外 40 项实证研究的 Meta 分析，证明了两种决策逻辑均正向影响企业绩效，且具有程度相似的影响效应。

根据相关文献，持不同逻辑决策者的思考方式在以下五个方面存在差别。其中，除“未来和机会”无法测量外，其余四个方面形成了效果推理的子维度，依次为：实验、可承受损失、预先承诺和柔性（Chandler，2011；崔连广，2017）。表1-2对比了两种决策逻辑的概念差异。

表1-2　因果推理和效果推理概念比较

	因果推理（causation）	效果推理（effectuation）
未来和机会	• 成功源于对未来的预测 • 机会是由发现和识别得到的	• 强调通过行动改变、控制未来 • 机会是可以创造的
决策的出发点	• 目标导向 • 预先确定的、清晰的目标	• 手段导向或资源导向 • 模糊的、可调整的目标（实验维度）
对风险的态度	• 根据预期经济收益制定决策 • 决策追求最大化预期回报	• 根据可承受损失做决策 • 决策追求风险的最小化（可承受损失维度）
利益相关者	• 强调竞争分析、客户分析、内部资源分析等 • 仅限于合同的信任和合作，伙伴关系仅维持在必要的程度	• 强调战略联盟，风险共担，利益共享 • 基于承诺的信任，自愿、积极的资源投入（预先承诺维度）
环境不确定性	• 意外是不利的，需尽量防止	• 因势利导、灵活利用意外（柔性维度）

资料来源：根据Sarasvathy等（2005，2008），Wiltbank等（2006），Chandler等（2011），Perry等（2012）整理。

2）效果推理逻辑的五大原则

根据相关文献，专家型创业者往往在以上五个方面与创业新手存在差别（Dew等，2008，2009）。通过分析、归纳，并参考相关网站（https：//www.effectuation.org）的提法，本篇提炼出了效果推理逻辑的五大原则。在创业过程中，专家型创业者往往能通过对这些原则的灵活运用，以确保创业的成功。

第一是“飞机领航员”（Pilot in the Plane）原则。这一原则与创业对“未来和机会”的看法相关。作为企业创始人或所有者，他们就像飞机的领航员一样驾驶着企业这架飞机在浩瀚无垠的天空中飞行——与其预测在飞行途中会出现的各种突发情况，不如将关注点放在如何更好地掌控这架“飞机”。对于效果逻辑决策者来说，市场和机会是可以被创造的（Sarasvathy和Dew，2005）、企业的外部环境是可以被改变的（Sarasvathy等，2008）。虽然目前已有的量表（Chandler，

2011；Brettel，2012）还无法对这一维度进行测量，但随着研究对控制机制的深入阐述（崔连广，2017），对于这一维度的理解逐渐深入，这一问题必将得到解答。

第二是“手中鸟”（Bird-In-Hand）原则。这条原则针对的是创业者目前拥有的资源和手段（means），解释了效果逻辑的“决策的出发点”。根据手中鸟原则，在创业之初效果逻辑决策者往往不是由目标驱动，而是由资源和手段驱动。而这些手段可以被分为三大类：① 我是谁——我的特点、偏好和能力；② 我知道什么——我的教育背景、特长和经验；③ 我认识谁——我的社会网络资源和在某一专业领域的人脉（Engel 等，2017）。在没有制订详细计划的前提下，根据对自身已有资源的判断和评估，创业者快速地采取相应行动，而每次行动都可能改变未来的结果。最终，这些影响产生一股合力，促使清晰的、可实现的理想目标慢慢出现（An 等，2019）。

第三是可承受损失（affordable loss）原则。这一原则针对创业中“对风险的态度”，专家型创业者更倾向于关注创业的不利一面：相比于预期回报，他们更关注创业和发布新产品后愿意承受的损失数额（Dew 等，2009）。相比预期回报由不同的企业所决定，可承受损失的不同点在于，其额度取决于创业的不同阶段、创业过程中每个人甚至同一个人的不同阶段（Dew 等，2009）。可承受损失原则与“飞机领航员”等其他原则密切相关。由于未来和机会是不可预见和不可控的，但是个人投入的时间、金钱和资源却是可以被创业者控制的。一旦损失超出了某个创业者可以承受的数额，他便会退出这一创业过程。这会使创业者付出相对更低廉的失败成本，并且将从失败中获得的经验应用到下一次创业机会的解读和利用上（An 等，2019；Sarasvathy，2001）。

第四是百衲被单（crazy quilt）原则。这条原则针对的是处理创业过程中与“利益相关者”的关系。与因果逻辑不同，效果逻辑决策者更倾向于建立价值共创的伙伴关系而不是竞争关系（Sarasvathy 和 Dew，2003）。他们将目前正在开发的产品带给最接近的潜在客户。其中的一些人对此感兴趣，并承诺投入个人的时间、金钱和资源，从而加入该产品的开发过程，这一过程往往是自我选择的结果。在供应商和竞争对手之间，效果逻辑决策者更倾向于通过预先承诺、战略联盟的方式，降低不确定性。而每个参与这一创业过程的利益相关者都会带来新的资源和手段（Sarasvathy 和 Dew，2003）；与此同时，创业者自身的资源也会不断增长。百衲被单原则也与可承受损失原则息息相关。

第五是柠檬水（Lemonade）原则。这条原则针对创业过程中的意外情况（Sarasvathy，2001），也即“环境不确定性”。西方民谚：“如果生活给你一个（酸）

柠檬,那就做成柠檬水。"这一原则是创业经验的核心体现——将各种意外情况加以合理利用,从而"转危为安"。因为专家型创业者从既往的创业经历中学到的,不仅是如何处理意外,更多的还是如何去利用意外。虽然在多数情况下,突发的意外是不利的,甚至有可能是最坏的情况。但是专家型创业者并没有采取一种先入为主的看法,因此任何事、任何情况都可能带来有价值的市场机会(Harmeling 和 Sarasvathy, 2013)。

3) 效果推理逻辑的决策过程

在综合效果逻辑的五大原则的基础上,图 1-4 展示了效果推理逻辑的决策闭环。创业者拥有的手段是这一决策过程的起点,而通过与外界、利益相关者的不断互动,创业者产生了新手段和新目标或是因为环境的变化而受到约束/所需的资源或手段发生变化。这些反馈都会促使创业者对自身的资源进行重新思考,从而产生迭代的启发性认识,进而创造机会,开拓新产品、新业务、新市场(Dew 等,2011)。

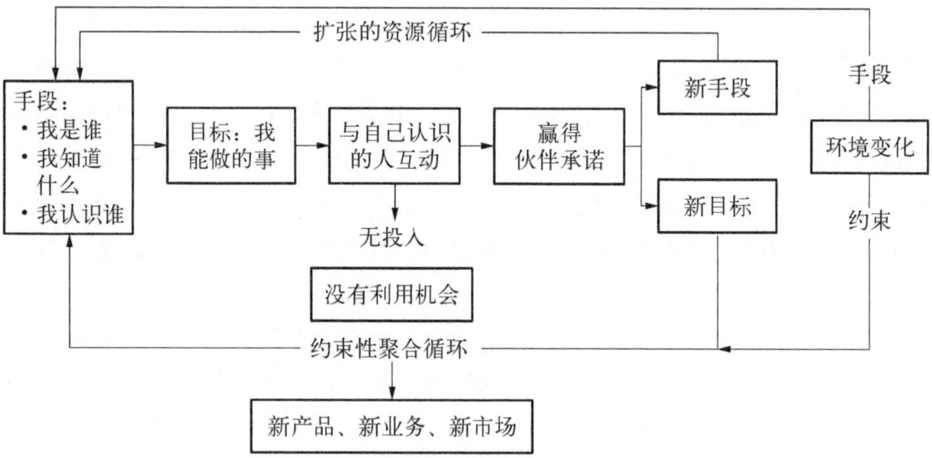

图 1-4 效果推理逻辑的决策闭环

资料来源:https://www.effectuation.org

3. 效果推理理论相关研究综述

1) 效果推理理论近年的研究进展

经过多年的发展,效果推理理论已经从理论的早期开发阶段,慢慢进入理论的成熟应用阶段(Matalamaki, 2017)。随着效果逻辑和因果逻辑测量量表(Chandler, 2011; Brettel, 2012; Werhahn, 2015)的推出,相关实证研究得到了蓬勃发展。

在理论应用阶段，已有研究主要分析了效果逻辑在不同研究情境下对不同结果变量的影响。这其中最突出的是针对企业绩效(McKelvie, 2013)和创新绩效(Brettel, 2012; Kristinsson 等，2016)的研究。例如，在民族文化情境下，Laskovaia 等(2017)分别分析了结果导向文化(PBC)和社会支持导向文化(SSC)。

值得关注的是，有些学者认为这两种决策逻辑并不是相互排斥的，并通过实证研究分析了这两种决策逻辑对企业绩效的协同效应(Smolka 等，2016; Yu 等，2018)。

虽然，现有研究都将关注点放在效果推理理论的拓展和应用上，但苏涛永和陶丰烨(2019)通过 Meta 分析方法得出，效果/因果逻辑都正向影响企业绩效且影响效应的大小相似；通过 Meta 回归分析，他们还验证了人力资本(包括教育、工作年限、网络资源)、决策团队规模两个因素对"决策逻辑-企业绩效"之间关系具有显著影响。这启发未来实证研究须控制这两组变量的影响，以避免遗漏变量偏差。

2) 效果推理理论在国际化问题上的相关研究

在国际商务领域，效果推理理论受到了广泛关注，相关研究也取得了较为丰富的成果，具体可以归纳为以下几个方面：

在理论研究方面，效果推理理论与国际创业(International Entrepreneurship)相结合，发表的理论文章(Sarasvathy 等，2014; Andersson, 2011)为这一研究领域做出了开创性的贡献。此后，效果推理对于中小企业国际化中的网络构建(networking)机制的影响也是研究的热点之一(Prashantham 等，2018; Galkina 和 Chetty, 2015)。另外，也有学者采用效果推理视角，对于乌普萨拉模型的进行重新分析和再回顾(Hakanson 和 Kappen, 2017; Fiedler 等，2017)。

在实证研究方面，学者们通过案例研究的方法，探索和分析了效果推理逻辑对国际化过程(Kalinic 等，2014)、海外市场进入(Chetty 等，2015)等的影响。此外，有学者量化分析了效果推理/因果推理管理决策对新兴市场跨国公司(EMNEs)国际化的影响(Dash 和 Ranjan, 2019)、效果推理对出口的影响(Cussen 和 Cooney, 2019)。

目前效果推理在国际化问题上的相关研究存在着理论研究多而实证研究少、质性研究多而量化研究少的现象。关于创业决策逻辑对国际化速度影响的研究，Prashantham 等(2018)进行了扎实、严谨的理论分析，做出了开创性的理论贡献。而对于前文分析的乌普萨拉模型，现有研究也给予了充分关注。以上这些文章为本文带来了极大的研究启示。

（三）高阶理论

1. 高阶理论的主要观点

高阶理论(Upper Echelons Theory)最早由 Hambrick 和 Mason(1984)提出。该理论以有限理性假设作为前提假设,主要观点是认为高层管理者的人口统计学特征和高层管理者团队(Top Management Team, TMT)在人口统计学方面的综合特征可以影响和决定组织的战略选择和高宗旨行为,从而可以预测组织的绩效和结果。

由于年龄、任期、教育背景、职能背景等人口统计学变量,可以在很大程度上反映高层管理者或高层管理团队的认知基础、认知模式和价值观的心理因素,而高层管理者的决策和战略选择很大程度上受到自己先前积累的经验的影响。因此,通过对高层管理者或高层管理团队人口统计学(综合)特征的分析,可以了解高层管理者的认知模式,从而预测组织绩效。高层管理者在做出战略选择和决策之前的认知过程,受到有限视野、选择性认知和个人解释三方面因素的影响。

2. 高阶理论在国际化问题上的相关研究综述

新创企业由于处于企业成长的初期阶段,规模小,公司治理制度仍不完善,高层管理者或创始人对企业的日常经营和决策拥有较大的话语权。因而,企业的决策和战略选择往往带有高层管理者或创始人的个人色彩(Hsu 等,2013)。许多实证研究也证实,高层管理者在企业国际扩张中发挥着重要作用。

通过运用高阶理论,国外的研究者们分别探讨了高层管理团队异质性(Lee 和 Park, 2006)、CEO 自恋(个性特征)(Agnihotri 和 Bhattacharya, 2019)和公司精英(CEO、TMT)特征(Jaw 和 Lin, 2009)对企业国际化的影响。此外,Mohr 和 Batsakis(2019)发现了高层管理团队的国际经验对国际化速度具有 U 形的权变关系。

相比国外的研究,国内目前运用高阶理论探讨企业国际化相关问题的方法较为单一,普遍采用二手数据的方法,研究问题的新颖性较为欠缺。针对国际化进程(范围、速度与节奏)(Vermeulen 和 Barkema, 2002)的影响因素,有学者采用中国制造业上市公司样本进行分析,提出 CEO 过度自信(钟熙等,2018)、高管经验(任鹄等,2019)等前因变量。此外,还有部分研究按照高阶理论的经典研究框架,分析了企业家特征与企业国际化程度(范水清等,2017)、与企业国际化战略选择(赵先进,2011)这些变量的关系。

虽然已有文献运用高阶理论对企业的国际化相关问题进行分析，但是国际新创企业国际化速度的相关研究仍存在一定欠缺。本文的研究目的是希望采用问卷分析方法，以效果推理的理论视角来分析创业决策逻辑对国际化速度的不同影响。而高阶理论的引入，可以帮助我们更好地理解 CEO 特征和 TMT 特征对国际化速度的影响，从而选择和设置适当的控制变量。

（四）环境不确定性

经济学家奈特于 1921 年首次提出不确定性的概念。奈特不确定性即指无法被衡量期望值、不能被计算或然率、无法被预知的风险。Milliken（1987）认为环境不确定性是一个包含状态不确定性（state uncertainty）、结果不确定性（effect uncertainty）和响应不确定性（response uncertainty）的多维构念。由于管理学和创业学领域对于环境不确定性概念的定义纷繁复杂，有些研究将环境的客观特点作为环境不确定性，而有些则将认为不确定性是个体对环境的主观感知。因此，Milliken（1987）建议应该将特定情境下个体对不确定性的主观感知作为研究的中心。而现有实证研究对于环境不确定性的衡量往往也从客观和主观两个视角出发，客观视角和主观视角各有利弊。

（1）客观视角下的环境不确定性往往使用代理变量的形式来表示。例如，任鸽等（2019）将环境不确定性划分为环境动态性和环境复杂性两个维度，用“行业中位数调整后的过去五年销售收入回归残差的标准差滞后一期”测量环境动态性，用“同行业内竞争者数量的自然对数”衡量环境复杂性。采用代理变量的客观测量方式更宏观，偏向于对环境客观特性的测量，更接近于“状态不确定性”的概念，其缺点是也可能包含着其他偏误，会对研究结果产生一定干扰。

（2）主观视角下的环境不确定性是决策者对于企业决策环境的主观感知。例如，Yu 等（2018）参考 McKelvie 等（2011）的量表将环境不确定性划分为状态、结果和响应不确定性。状态不确定性是对需求和技术变化的衡量打分，结果不确定性是个人对需求和技术变化的可预测程度，响应不确定性衡量的是相对于竞争者在市场上的领导地位。王玲玲等（2019）从需求不确定性和竞争强度两个维度对环境不确定性进行衡量。采用主观报告的数值数据可获得性强，可以获得某个变量在多个维度、多个方面的信息，其缺点是有时包含被调查者的主观判断，并不一定准确反映真实的情况。

很多决策理论的提出都是为了解决不确定性下的决策问题。效果推理理论自创立之初，便将环境不确定性作为其核心假设（Read，2009；Wiltbank，2009；

Stuart 等,2009)。效果推理理论认为,在高环境不确定性下,采用效果逻辑往往能实现较好的绩效;而在低环境不确定性下,由于竞争优势分析等易于进行,因此采用因果逻辑往往能实现较好的绩效。这一结论在新兴经济体情境下得到了验证(Yu, 2018)。另外,王玲玲等(2019)通过实证研究发现,虽然因果/效果逻辑都会正向影响新颖型商业模式设计,但需求不确定性会增强效果逻辑的作用而削弱因果逻辑的作用。

但近年来的研究发现,环境不确定性与效果/因果推理并不是简单的线性对应关系。Jiang 和 Tornikoski(2019)等通过过程研究发现,随着决策者感知不确定性的变化,他采取的决策逻辑会经历“因果推理主导-更倾向效果推理-两种逻辑结合-因果推理主导”四个阶段。这一结论由 Welter 和 Kim(2018)的研究得到佐证:因为最优秀的决策者的预测能力会上升,从而环境的变化可以被预测,但是这也伴随着风险(risks)。这就解释了为什么一些高增长的初创企业往往回报大,但失败率也高。

(五) 本章小结

本章共包含 4 部分内容。第一节围绕企业国际化,介绍了国际化的定义、渐进式国际化的乌普萨拉模型、国际新创企业带来的加速国际化现象。并总结了国际创业研究的最新进展,接着围绕国际创业中的重要话题——国际化速度展开介绍,分析了国际化速度的影响因素。第二节重点介绍了效果推理理论。首先从效果推理的理论背景出发,对效果推理理论进行了简单的介绍;接着比较了因果推理和效果推理两大决策思考逻辑,并介绍了效果推理理论的五大原则和决策过程,最后对效果推理理论相关研究进行了综述。第三节介绍了高阶理论,包括高阶理论的主要观点和高阶理论在国际化问题上的相关研究综述。第四节介绍了环境不确定性构念的定义及其演化,并分别从客观和主观两个方面来介绍环境不确定的不同测量方式利弊,最后分析总结了目前对环境不确定性和效果/因果逻辑关系的研究。

三、研究模型与研究假设

(一) 效果推理、因果推理逻辑与前期进入速度

前期进入速度(speed of initial entry),即从发现新的国外市场机会到首次实施国外市场进入之间所花费的时间(Oviatt 和 McDougall, 2005),它所衡量

的是企业国际化的进程有“多早”。效果推理和因果推理对初创企业前期进入速度具有方向相反的效应，效果推理决策者的前期市场进入决策更快。这样的影响取决于以下几个方面：

第一，根据“手中鸟”原则，效果逻辑决策者往往会从手头现有的社会关系资源出发。这样的方式减少了搜寻理想的合作伙伴，并建立信任关系的时间。根据“百纳被单”原则，决策者对所有可能的合作都持开放态度，而这些合作伙伴可能是以前的同学、同事、顾客乃至供应商。一些研究证明，先前存在的国际网络关系对早期国际化有促进作用(Galkina 和 Chetty，2015)。第二，对于风险和不确定性的把控，效果逻辑决策者完全不同。根据“可承受损失”原则，他们只关注“可以接受的不利面”，对于伙伴的信任与合作来自合作的损失是本方可以接受的。第三，根据“柠檬水”原则，效果推理决策者有时会抓住一些偶然的机会(Autio，2011)进行前期的国际市场进入。第四，持效果推理的国际新创企业能耗费更少的协商时间成本，因为他们的目标也是可以根据合作伙伴的偏好进行调整的。

反观因果逻辑决策者，制定国际市场的前期进入决策可能更慢。首先，他们往往在制定国际化战略的初期，预设一个“目标”，然而目标的达成与他们目前的资源和能力是存在一定差距的。为了达成目标，他们往往会搜寻潜在的合作关系，“搜寻”的过程涉及“未知”，有时可能根本无从下手(Sarasvathy 和 Dew，2005)；而就算找到了合作伙伴，与合作伙伴建立信任关系的过程也非常耗费时间。其次，他们习惯于采用预测、分析和计划的方法：对于可能的合作进行风险分析、倾向于关注合作的“有利面”并评估预期收入(Johanson 和 Vahlne，2009)。这些方法能为他们的决策提供“合理化支持”，但同时也拖慢了时间进度。由此，本篇提出以下假设：

H1a：效果推理逻辑与初创企业前期进入速度具有正相关关系。

H1b：因果推理逻辑与初创企业前期进入速度具有负相关关系。

（二）效果推理、因果推理逻辑与国际化承诺速度

国际化承诺速度(speed of international commitment)，即“来自国外市场收入所占百分比的增速”(Oviatt 和 McDougall，2005)，反映了企业开发该市场的投入和更多地获取现有海外客户价值的努力。在国际化承诺速度这一维度上，决策逻辑的影响与对前期进入速度的影响截然不同。

持效果推理逻辑并不利于初创企业国际化承诺速度的提高。第一，根据“手

中鸟”原则，因为现有的网络关系拥有资源的“能级”有限，限制了国际化承诺速度的进一步提升(Sarasvathy, 2014)。而过分依赖同学、同事等的强关系可能并不能提供高质量的市场信息(Musteen, 2010)。第二，由于“百纳被单”原则，合作关系由伙伴自己选择加入，这样开放式的网络合作关系本身便不一定是紧密、协调的，而且他们没有共享深入开发这一市场的目标。第三，从“可承受损失”原则来看，提升对某一市场的承诺意味着更多资源的投入，过度的资源投入带来的风险对决策者来说又是“不可承受的”。第四，根据“柠檬水”原则，决策者会接受和利用不确定性。但是，不确定性和意外，对于该市场的开发并不总是产生连续的正面影响；这一影响有时可能是间断的，有时又可能会产生负面的不利影响。

相反，决策者持因果推理逻辑会带来更快的国际化承诺速度。首先，因为一旦与战略契合的伙伴建立信任关系，市场拓展和客户开发等工作便能迅速展开。其次，由于海外市场经过前期严谨的分析和计划，企业所要达到的目标、目标客群锚定、海外市场选择、进入模式选择与企业战略相互契合，使承诺速度的提升具有较大的可能性。最后，由于因果推理决策者的网络广度较低，因此他们更倾向于从现有的国际客户、合作者身上获取更多的价值。这样的方式使得初创企业建立的网络密度更高，因此国际化承诺速度更快。因为，“信任是由在高密度的网络中的指导可能建立的(Oviatt 和 McDougall, 2005)”。由此，本篇提出以下假设：

H2a：效果推理逻辑与初创企业国际化承诺速度具有负相关关系。

H2b：因果推理逻辑与初创企业国际化承诺速度具有正相关关系。

（三）效果推理、因果推理逻辑与国家范围增速

国家范围的增速(speed of country scope)，也即进入国外市场数量的增速。这一维度衡量了国际化新创企业进入多个不同国外市场的快慢(Oviatt 和 McDougall, 2005)。决策逻辑对于国家范围增速的影响，与对于前期进入速度的影响机制类似，具体包括以下几个方面：

第一，根据“百衲被单”原则，企业的网络广度更广，而网络关系的数量与国家范围增速正相关(Oviatt 和 McDougall, 2005)。由于企业更可能随着客户的需要“随波逐流”，而已有的关系也减轻了潜在的风险，所以企业可能进入更多的市场。第二，根据“可承受损失”原则，由于强调与伙伴的价值共创，伙伴的加入使决策者所感知到的进入新市场的风险可能更轻。第三，根据“柠檬水”原则，由于伴随不确定性，一些偶发的机会可能促进企业再次进入新的市场(Galkina 和

Chetty, 2015)。第四,根据"飞机领航员"原则,由于没有预先设定的目标,企业可能更倾向于更多地尝试进入更多不同的市场;而由于企业并不采用预测分析的手段,它们认为各个市场之间在本质上其实是一致的。

但是,决策者持因果推理逻辑会带来更慢的国家范围速度。由于因果推理决策者更倾向于延长网络的生命周期(Prashantham 和 Dhanaraj, 2010)——从现有的国际客户、合作者身上获取更多的价值(订单、合同等)。而这样的选择,在资源一定的前提下,不可避免地会使企业专注于少数几个市场,从而使国家范围速度更低。企业决策者可能投入较多的时间、金钱等资源维护现有的网络关系。然而这些投入基本上是市场开发的成本,作为决策者,他们会衡量成本与收入的关系,再进行海外市场扩展的决策。由此,本文提出以下假设:

H3a: 效果推理逻辑与初创企业国家范围增速具有正相关关系。

H3b: 因果推理逻辑与初创企业国家范围增速具有负相关关系。

(四) 环境不确定性对效果推理逻辑与国际化速度关系的正向调节作用

企业的不确定性环境对于企业的国际化决策具有不可忽视的影响。已有研究表明,在环境不确定性相对较高时,效果推理对企业绩效具有正向的影响(Yu, 2018)。而在环境不确定性下,鲜有文献分析效果推理对于国际化速度的权变作用。因此,分析效果推理逻辑对国际化速度的影响还是一个具有创新意义的尝试。本文希望将从技术不确定性和需求不确定性(Jaworski 和 Kohli, 1993)两个方面对环境不确定性进行一定的衡量,以探讨效果推理对国际化速度的情境变量。

本篇从需求和技术两方面来分析环境不确定性的提升。从需求不确定性来看,随着经济全球化的不断加速、互联网经济的快速涌现、一些跨领域的潜在竞争对手的出现,现在的消费者的物质需求更趋向于多元化、个性化。顾客和消费者需求的更加不确定使得企业必须时刻关注消费者的反馈,并对消费者的需求做出快速响应。

而从技术不确定性的角度看,由于商业竞争的不断加剧,技术与技术范式的更迭不断加快。作为一名企业决策者,他需要决定的是在已有成熟技术上是否做更多投资,还是"投资于未来",为一些未来的技术做更多的投入。技术的发展和更迭有时是令人难以预料的,已有的商业案例可以得到很好的验证: 数码相机技术、打印机技术、电动汽车制造技术……

环境不确定性会正向调节效果推理逻辑与国际化速度的关系,即随着环境不确定性的提升,效果推理逻辑与国际化速度三个维度(前期进入速度、国际化承诺速度和国家范围增速)的影响会得到增强。影响的结果具体可以归纳为以下几个方面:

(1) 从前期进入速度来看,因为环境不确定性的提升,对于效果推理决策者来说,可能是潜在的机会。因为技术和需求的变化可能使已有的在位企业利益受损:新的细分市场的开始出现、新的技术具有更高的效率……虽然目前无法对新技术、新需求进行清晰的定义,但对于效果推理者来说,加快行动起来、从行动中发现机会才是硬道理。可以说,环境不确定性的提升,会使得企业进入国际市场的速度更快。

(2) 从国际化承诺速度来看,由于感知到的不确定性的提升,决策者感知到的风险也提升了。对于效果推理决策者来说,风险的提升意味着损失更易于发生,因此他们对自身可以承受的损失会进行重新的衡量(Dew, 2009)。新的合作伙伴也开始对合作持观望的态度。决策者可承受的损失上限下降,使得企业不愿意或者放缓在国际市场上的承诺投入。

(3) 从国家范围增速来看,因为不确定性的提高,为了分散风险,效果推理决策者可能愿意去做更多的尝试。"不要把鸡蛋放在同一个篮子里"便是对这一现象最好的解释。因为当下无法对新需求、新技术予以清晰定义。于是,他们愿意进入更多的国际市场,探索可能存在的机会。因此,随着环境不确定性的提升,会使得企业加快进入更多的国际市场。

因此,本篇认为环境不确定性会正向调节效果推理逻辑与国际化速度关系,即随着感知不确定性的提升,持效果推理逻辑的决策者更倾向于更早地开始国际化运营,进入更多的海外市场,但与此同时,他们在海外市场投入的承诺会更少。由此,本篇提出如下假设:

H4a:环境不确定性正向调节效果推理逻辑对企业前期进入速度的影响。

H4b:环境不确定性正向调节效果推理逻辑对企业国际化承诺速度的影响。

H4c:环境不确定性正向调节效果推理逻辑对企业国家范围增速的影响。

(五) 环境不确定性对因果推理逻辑与国际化速度关系的负向调节作用

与效果推理逻辑相比,环境不确定性对因果推理逻辑与国际化速度关系又会具有完全不同的影响。环境不确定性会负向调节因果推理逻辑与国际化速度的关系,即随着环境不确定性的提高,因果推理逻辑与国际化速度三个维度(前

期进入速度、国际化承诺速度和国家范围增速)的影响会受到削弱。影响的结果具体可以归纳为以下几个方面:

(1) 从前期进入速度来看,感知到的环境不确定性的提升,其最直接的结果便是使企业决策者感受到风险和危机。原有的商业合作可能受到了一些阻碍,促使因果推理逻辑决策者赶紧行动起来,去寻找企业未来新的增长点。在这样的环境下,因果推理决策者会不断降低自身的决策期望。因为在这样的情境下,获取完整、全面的信息难以实现,决策者必须衡量获取信息的成本和决策回报之间的关系。既然对于决策者而言,满意的决策难以实现,那么他们会退而追求"差强人意的决策"。虽然因果推理对于企业的前期进入速度还是具有负向的影响,但是由于决策者降低了决策的要求,因此,这种负向的影响会受到减弱。

(2) 国家范围增速的内在影响机制与前期进入速度类似。因为随着环境不确定性的提升,计划和决策的质量变得难以保证。但是,决策者必须在计划、决策的速度和质量之间掌握一个平衡。既然决策的质量不可避免地下降,决策者可能转而追求决策的速度。因为市场机会的出现很可能是转瞬即逝的。由于环境不确定性的提升,决策者可能更倾向于追求决策的速度,通过进入更多的国际市场,以对冲环境不确定性的影响。虽然因果推理与国家范围增速仍然存在着负向关系,但这种负向关系会由于受到环境不确定性的上升而削弱。

(3) 从国际化承诺速度来看,环境不确定性的上升,表现为技术范式的更迭、消费者偏好和需求的大幅变化、新的细分市场的出现……市场信息更加不可靠,也变得更加难以获得。这样的结果会使得计划的效果大大降低,"计划赶不上变化"。那些花费很大成本建立的国外网络关系、商业合作可能因为意外而不得不中止。为应对这种瞬息万变的环境,决策者需要时刻对外部的环境、竞争对手的行为保持观察,发现变化,并且不断地制订和更新计划。这样做的结果无疑加重了决策者的负担,增加了计划的成本。因为不确定性更高了,对于每个决策者而言,无疑是"捂紧自己的钱袋子",减少或者暂缓在海外市场的承诺投入。因此,因果推理逻辑与海外市场承诺速度的正向关系会减弱。

因此,环境不确定性会负向调节效果推理逻辑与国际化速度关系,即随着感知到的技术和需求不确定性的提升,持因果推理逻辑的决策者对海外市场承诺速度的正向关系会减弱,而与此同时,因果推理逻辑与前期进入速度、国家范围增速的负向关系会减弱。由此,本篇提出如下假设:

H5a：环境不确定性负向调节因果推理逻辑对企业前期进入速度的影响。

H5b：环境不确定性负向调节因果推理逻辑对企业国际化承诺速度的影响。

H5c：环境不确定性负向调节因果推理逻辑对企业国家范围增速的影响。

（六）本篇的研究模型

根据以上假设，本篇提出以下研究模型，如图 1－5 所示。

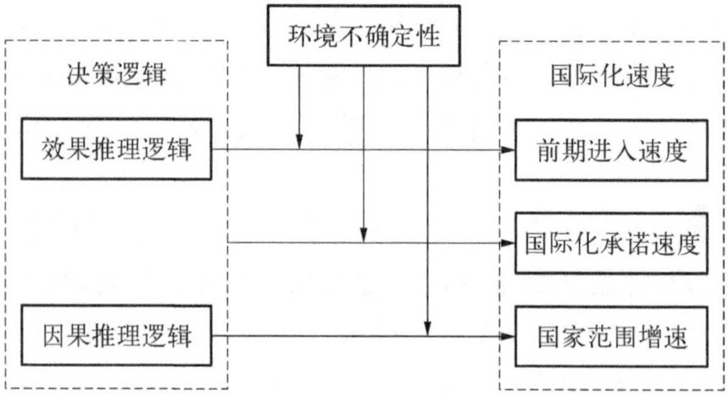

图 1－5 本篇研究模型

四、实证分析

（一）问卷设计与调研

本篇选择将具有国际业务的初创型中小企业作为研究对象。通过参考已有文献(Batjargal，2013)的定义，选择成立时间在八年以内的中小企业进行研究。本文的问卷设计按照严格的问卷设计流程进行。

首先，参考国外论文对有关变量的测量量表，将英文量表翻译成中文并根据研究的情境进行小幅度的修改。在翻译完成后，又将中文量表回译成英文，保证意思的表达和理解没有偏差。在调查问卷设计好之后，与该领域内的专家进行沟通交流，并根据反馈意见进一步完善调查问卷的设计。

其次，在问卷最终定稿完成之后，笔者联系了浙江嘉兴、江苏常州、北京等地 20 家企业的负责人，并请两名同学到企业现场进行问卷的预调研。问卷的填写由企业的两名高管分别单独完成。如一些学术的专业名词术语造成企业负责人理解困难，一名同学负责解答，另一名同学负责记录。根据预调研的反馈意见，进一步修改问卷，使之更便于理解。预调研的结果由于不影响变量的实际测量，故将预调研的结果计入最终的问卷结果。

最后，考虑到实际调研的时间成本较高，在后续的调研过程中，采用邮件和问卷星的形式进行问卷的正式调研。通过 MBA 校友、原先企业负责人的推荐，进行问卷的发放。本文的问卷调查阶段自 2018 年 5 月开始到 2018 年 12 月，共历时 7 个月。发放了 360 份问卷，其中收回有效问卷共计 241 份，问卷有效率达到 66.9%。两次调研合计回收有效问卷共 261 份。

（二）变量测量

本篇对主观报告的变量测量均采用里克特(Likert)7 点量表的方式进行，“1”代表“一点也不符合”，“7”代表“非常符合”。

效果推理和因果推理逻辑。本文结合新创企业国际化的背景，对 Chandler 等(2011)的效果推理、因果推理逻辑量表进行适度修改。效果推理逻辑包括可承受损失、预先承诺、试验和杠杆化利用意外 4 个维度，共计 13 个题项。示例问题如“我们小心翼翼，投入的资源不超过企业所能承受的损失范围”；因果推理逻辑由单维度的 7 个题项构成。示例问题如“我们分析该海外市场的长期机会，选择了我们认为可以提供最佳回报的市场进入方案”。这一量表在国内也有一些研究者(郭润萍，2016)使用。

国际化速度。对于“国际化速度”这一构念的测量方式较多，而有些在名称上不同，测量的实质是相同的。本文参考了 Oviatt 和 McDougall(2005)对国际化速度做出的理论框架，即国际化速度包括前期进入速度、国际化承诺速度和国家范围增速。与此同时，也参考了较多文献的测量方法(Casillas and Acedo，2013；黄胜等，2017)。因此，“前期进入速度”通过“从企业成立到初次进行国际化所耗费的时间进行测量”。这一测量方式其实与国际化速度(speed of internationalizaiton)(Musteen，2010；Zahra 等，2003)，企业国际化年龄(age at internationalization)(Meschi 等，2017)的测量方式实质上是一致的。“国际化承诺速度”通过“海外收入占总收入比重除以企业自首次海外扩张以来至今的年数”与最重要海外市场年销售额的平均增长率的平均值计算。“国家范围增速”采用“所进入的海外市场数量乘以海外市场覆盖大洲的数量”/企业自首次海外扩张以来至今的年数。

环境不确定性。结合新创企业国际化的背景，本篇参照并使用了 Jaworski 和 Kohli(1993)关于环境不确定性的测量量表，包括技术不确定性和需求不确定性两个维度。技术不确定性包括 4 个题项，测量了行业在技术变化和由于技术突破带来产品革新的程度。示例问题如“在该海外市场，我们行业的技术变化迅速”。需求不确定性，采用 4 个题项测量了顾客在需求、偏好、新细分市场的出现和差异性 4 个方面的不同程度。示例问题如“该市场客户需求和产品偏好变化迅速”。

本篇还在公司层面、高管团队层面、个人层面设置了控制变量。在公司层面，设置了公司年龄、公司规模和行业 3 个控制变量。在高管团队层面，由高阶理论得到启发，设置了决策团队规模、年龄多样性、国际经验多样性 3 个控制变量。在个人层面，设置了年龄、性别、教育程度 3 个控制变量。

（三）信度和效度分析

1. 信度分析

本篇首先使用 SPSS 26.0 对研究中每个主观报告数值变量的信度进行了分析检验。对于数据的信度检验，一般采用 Cronbach α 系数进行衡量。Cronbach α 系数大于 0.6，则表明量表测量的变量具有较好的信度。本篇各个量表的 Cronbach α 系数如表 1－3 所示。除预先承诺维度的 Cronbach α 系数偏小（Cronbach α＝0.65）外，其余变量的 Cronbach α 系数均大于 0.7，表明问卷设计较好，变量的测量结果基本能满足进一步研究的条件。

表 1－3　量表的 Cronbach α 系数

变量名	题　　项	α	来　源
因果推理	（1）我们分析该海外市场的长期机会，选择了认为可以提供最佳回报的市场进入方案 （2）我们调研和选择了该海外市场，进行了有意义的竞争分析 （3）我们设计、计划了海外市场进入策略 （4）我们组织和实施了控制流程来确保达成预定进入目标 （5）我们制定了市场进入战略来最好地运用我们的资源和能力 （6）为了该海外市场进入，我们设计、计划了生产和市场营销策略 （7）我们在市场进入过程中，对哪些业务能做、哪些不能做有着明确界定	0.72	Chandler 等（2011）

续 表

变量名	题　　项	α	来　源
可承受损失	(1) 我们小心翼翼,投入的资源不超过企业所能承受的损失范围 (2) 即使该市场非常有吸引力,我们投入的资金也不超过最初愿意承受的损失额 (3) 我们不会冒险投入大量资金,以防止失败导致公司陷入财务困境	0.77	Chandler 等(2011)
预先承诺	(1) 我们通过与公司内外部合作来减少进入该市场的风险 (2) 我们通过接触潜在合作伙伴和客户来减少风险 (3) 我们经常利用客户和供应商的预先承诺来管理风险	0.65	
试验	(1) 在进入该海外市场过程中,我们尝试过不同产品或运营模式 (2) 在找到有效的产品/运营模式之前,我们尝试了大量不同的方法 (3) 我们现有的产品或运营模式与最初方案有显著不同	0.80	
杠杆化利用意外	(1) 在该市场进入中,随着机会的涌现,我们允许业务进行相应调整 (2) 在该市场进入中,我们根据自身拥有资源的变化来调整市场举措 (3) 我们非常灵活,抓住了该海外市场产生的机会 (4) 我们避免出现那些限制我们灵活性和适应性的举措	0.72	
技术不确定性	(1) 在该海外市场,我们行业的技术变化迅速 (2) 在该海外市场,行业技术变化提供了很大的机会 (3) 在该海外市场,大量行业新产品创意是通过技术突破来实现的 (4) 在该海外市场,我们行业一直有着重大的技术发展	0.76	Jaworski 和 Kohli(1993)
需求不确定性	(1) 该市场客户需求和产品偏好变化迅速 (2) 该市场客户始终倾向寻求新产品 (3) 我们发现,先前从未购买我们产品的客户对我们的产品产生了需求 (4) 该市场新老客户的产品需求存在着差异	0.79	

2. 效度分析

效度分析是分析测量得到的结果是否准确地反映了所需测量的构念的含义。通常情况下,效度分析采用探索性因子分析(exploratory factor analysis)的方法进行验证。一般来说,当因子载荷大于 0.5,交叉载荷量小于 0.4 且均满足条件时的构念可以认为量表具有较好的效度。当然,当因子载荷大于 0.7 时,说明问卷的效度更好。在此基础上,当因子分析拟合优度结果 KMO 大于 0.5 且巴特勒球形检验结果显著时,可以认为该量表效度较好;当 KMO 大于 0.7 时可以认为量表测量有良好的效度。

效果推理逻辑由 4 个维度、13 个题项构成。表 1－4 展示了效果推理逻辑的效度检验结果。13 个题项的因子载荷都是有效的,且 KMO 值为 0.821,显著性检验通过,这说明效果推理逻辑有较好的效度。

表 1－4 效果推理逻辑效度检验

构 念	题 项	因子载荷				检验结果
		因子一	因子二	因子三	因子四	
可承受损失	AF1	0.670				
	AF2	0.703				
	AF3	0.714				
预先承诺	PC1		0.781			
	PC2		0.728			
	PC3		0.816			
试验	EX1			0.698		
	EX2			0.770		
	EX3			0.756		
杠杆化利用意外	LC1				0.740	
	LC2				0.766	
	LC3				0.719	
	LC4				0.757	
效果推理	KMO					0.821
	Bartlett x^2					1 350.977
	Sig					0.000

同理,表 1－5 展示了因果推理逻辑的效度检验结果。因果推理逻辑的 7 个题项的因子载荷都是有效的,且 KMO 值为 0.827,显著性检验通过(Sig 值为 0.000),这说明因果推理逻辑有较好的效度。

表 1-5　因果推理逻辑效度检验

构　念	题　项	因子载荷	检验结果
因果推理	CA1	0.729	
	CA2	0.668	
	CA3	0.826	
	CA4	0.754	
	CA5	0.718	
	CA6	0.782	
	CA7	0.692	
因果推理	KMO		0.827
	Bartlett x^2		1 281.609
	Sig		0.000

同理，表 1-6 展示了环境不确定性的效度检验结果。环境不确定性由两个维度，8 个题项构成。环境不确定性的 8 个题项的因子载荷都是有效的，且 KMO 值为 0.863，显著性检验通过（Sig 值为 0.000），这说明环境不确定性有较好的效度。

表 1-6　环境不确定性效度检验

构　念	题　项	因子载荷		检验结果
		因子一	因子二	
技术不确定性	TU1	0.682		
	TU2	0.821		
	TU3	0.771		
	TU4	0.783		
需求不确定性	DU1		0.726	
	DU2		0.811	
	DU3		0.752	
	DU4		0.760	
环境不确定性	KMO			0.863
	Bartlett x^2			1 671.112
	Sig			0.000

（四）相关性分析

相关性分析是对不同变量之间的相互关系进行的分析。通常，采用皮尔逊(Pearson)相关系数对变量两两之间的线性关系和方向进行衡量。本篇的Pearson相关性分析结果如表1-7所示。

由表1-7可知，效果推理逻辑与前期进入速度（$r=0.28$，$P<0.01$）、国家范围速度（$r=0.31$，$P<0.01$）显著正相关，与国际化承诺速度（$r=-0.23$，$P<0.05$）显著负相关；因果推理逻辑与前期进入速度（$r=-0.18$，$P<0.05$）、国家范围速度（$r=-0.16$，$P<0.05$）显著负相关，与国际化承诺速度（$r=0.22$，$P<0.001$）显著负相关。皮尔逊相关性分析的结果初步为假设H1a-b、H2a-b和H3a-b提供了支持。

（五）假设检验

回归分析是在控制多个变量的基础上，分析自变量与应变量的相互关系。在相关性分析的基础上，本篇进一步采用层级回归(hierarchical regression modeling，HRM)的方法对假设进行检验。通过采用SPSS 26.0软件对数据进行层级回归分析，得到的结果如表1-8所示。

(1) 主效应检验。由表1-8模型1的结果可知，效果推理对前期进入速度具有显著的正向影响（$r=0.12$，$P<0.05$），因果推理对前期进入速度具有显著的负向影响（$r=0.07$，$P<0.1$）。假设H1a、H1b得到验证。

由模型4结果可知，效果推理对国际化承诺速度具有显著的负向影响（$r=-0.10$，$P<0.05$），因果推理对国际化承诺速度具有显著的正向影响（$r=0.13$，$P<0.05$）。假设H2a、H2b得到验证。

由模型7的结果可知，效果推理对国家范围增速具有显著的正向影响（$r=0.12$，$P<0.05$），因果推理对国家范围增速具有显著的负向影响（$r=-0.16$，$P<0.05$）。假设H3a、H3b得到验证。

(2) 调节效应检验。本篇采用交互项的方法，分别检验了环境不确定性对“效果推理逻辑-国际化速度”“因果推理逻辑-国际化速度”的调节效应，得到了差强人意的结果。

首先，从“效果推理逻辑-国际化速度”来看，模型2、模型5、模型8的回归结果很好地对提出的假设进行了检验。根据模型2，效果推理与环境不确定性的交互项系数为0.05，且显著性检验不通过。结果并不支持环境不确定性对“效果

表 1－7　相关性分析

	1	2	3	4	5	6	7	8	9	10	11	12	13	14	15
1. 国家范围增速															
2. 前期进入速度	0.30**														
3. 国际化承诺速度	0.26*	0.17													
4. 环境不确定性	0.09	−0.03	−0.11*												
5. 效果推理	0.31**	0.28**	−0.23*	0.17*											
6. 因果推理	−0.16*	−0.18*	0.22***	−0.11	−0.27										
7. 决策团队规模	−0.01	0.03	0.02	−0.03	−0.06	0.01									
8. 年龄多样性	0.05	0.04	0.01	−0.00	−0.19**	0.01	0.10								
9. 国际经验多样性	0.10	0.01	0.06	0.03	0.11**	0.14**	0.08	0.15**							
10. 公司规模	−0.06	−0.02	−0.06	−0.09	−0.07	0.14*	0.12*	0.00	−0.06						
11. 公司年龄	0.06	−0.12*	0.08	0.05	0.09	0.19	0.18	−0.08	−0.09	0.17					
12. 行业	−0.02	−0.06	−0.01	−0.09	0.20	0.19	−0.10	−0.04	0.10	−0.08	0.03				
13. 年龄	0.02	0.06	0.08	0.08	0.14	0.11	0.07	−0.09	−0.01	0.07	0.05	−0.01			
14. 性别	−0.00	0.05	−0.08	−0.03	−0.03	−0.00	0.00	0.01	−0.00	0.00	0.06	−0.05	0.14		
15. 教育程度	−0.07	−0.02	0.01	−0.06	0.11	−0.04	0.07	0.03	−0.11	0.00	0.04	0.03	−0.16	−0.04	

注：$n = 261$，$^{*}P < 0.05$，$^{**}P < 0.01$（双尾检验）

表 1-8 相关性分析

变量	前期进入速度			国际化承诺速度			国家范围增速		
	模型 1	模型 2	模型 3	模型 4	模型 5	模型 6	模型 7	模型 8	模型 9
决策团队规模	0.01	0.01	0.01	−0.02	−0.02	−0.02	−0.02	−0.02	−0.01
年龄多样性	0.02	0.02	0.02	0.02	0.03	0.03	0.01	0.02	0.02
国际经验多样性	−0.02	−0.04	−0.03	0.11	0.09	0.13	0.01	0.01	0.01
公司年龄	−0.25*	−0.23*	−0.22*	−0.35*	−0.31+	−0.29+	0.07	0.08	0.07
公司规模	−0.09	−0.04	−0.05	0.05	0.13	0.11	0.24**	0.23*	0.25**
行业	−0.00	−0.00	−0.00	0.00	0.00	0.00	−0.00	−0.00	−0.00
年龄	0.01	0.01	0.01	−0.01	−0.00	−0.01	−0.04	−0.03	−0.05
性别	0.00	−0.00	0.00	−0.00	0.01	0.01	−0.00	−0.02	0.02
教育程度	0.06	0.04	0.05	0.07	0.09	0.08	0.06	0.05	0.06
环境不确定性	−0.07	−0.05	−.07	−0.07	−0.05	−0.9	0.11+	0.11+	0.12+
效果推理	0.12*	0.11*	0.10	−0.10*	−0.09*	−0.05	0.12*	0.11	0.09
因果推理	−0.07+	−0.05	−0.09+	0.13*	0.09	0.11+	−0.16*	−0.15*	−0.07
效果推理 * 环境不确定性		0.05			−0.17**			−0.01	
因果推理 * 环境不确定性			−0.06			0.09+			−0.06
R2	0.18	0.22	0.21	0.15	0.18	0.16	0.17	0.19	0.20
ΔR2	0.13	0.17	0.16	0.10	0.13	0.14	0.13	0.14	0.18
F	3.64***	4.13***	4.07***	3.02***	3.23***	3.21***	4.01***	3.81***	3.98***

注：+ $P < 0.1$，* $P < 0.05$，** $P < 0.01$，*** $P < 0.001$（双尾检验）

推理-前期进入速度”的正向调节作用。

根据模型 5，效果推理与环境不确定性的交互项系数为－0.17，相关系数相比模型 4 效果推理的相关系数更小，且显著性检验通过（$P < 0.01$）。假设 H4b 得到有力支持，即环境不确定性正向调节“效果推理-国际化承诺速度”关系。随着环境不确定性的上升，效果推理对国际化承诺速度的负向作用更强。

根据模型 8，效果推理与环境不确定性的交互项系数为－0.01，且显著性检验不通过。结果并不支持环境不确定性对“效果推理-国家范围增速”的正向调节作用。综上所述，假设 H4a、H4c 并未得到支持，假设 H4b 得到有力支持。

其次，从“因果推理逻辑-国际化速度”来看，模型 3、模型 6、模型 9 的回归结果对提出的假设进行了有力的检验。根据模型 3，因果推理与环境不确定性的交互项系数为－0.06，且显著性检验不通过。结果并不支持环境不确定性对“因果推理-前期进入速度”的负向调节作用。

根据模型 6，因果推理与环境不确定性的交互项系数为－0.09，相关系数相比模型 4 效果推理的相关系数更小，且显著性检验通过（$P < 0.1$）。假设 H5b 得到有力支持，即环境不确定性负向调节“因果推理-国际化承诺速度”关系。随着环境不确定性的不断上升，因果推理对国际化承诺速度的正向作用受到削弱。

根据模型 9，因果推理与环境不确定性的交互项系数为－0.06，且显著性检验不通过。结果并不支持环境不确定性对“因果推理-国家范围增速”关系存在负向的调节作用。综上所述，假设 H5a、H5c 并未得到支持，假设 H5b 得到有力支持。

通过相关性分析和层级回归分析，对提出的假设进行了检验。其中，除假设 H4b、H5b 得到有力支持外，假设 H4a、H4c、H5a、H5c 并未得到支持。关于假设 H4a、H4c、H5a、H5c 没有得到支持，本篇认为可能存在以下几个原因：第一，主效应的影响较为稳固。例如，对比模型 1 和模型 2，效果推理对前期进入速度的 β 系数值和显著性并没有发生太大的变化（$\beta 1 = 0.12$，$P < 0.05$，$\beta 2 = 0.11$，$P < 0.05$）。稳固的主效应不易于受到其他边界调节的影响。第二，遗漏变量偏误，即本文的研究模型并未综合、鉴别所有对本文的自变量和因变量产生影响的重要变量。举例来说，这些变量中可能包括：创业机会、技术变革、商业竞争和社会网络关系等因素，而这些因素都可能对决策思考逻辑和国际化速度产生不可忽视的影响。下一章节，本篇对数据分析得到的结果进行深入的解释和讨论。

（六）本章小结

本章第一节首先对问卷设计和调研的情况进行了说明，严格按照问卷设计的流程：查找主流量表、翻译并回译、预调研和正式调研。本章第二节对本文涉及的主要变量的测量方法进行了说明，为下一步的研究奠定了基础。本章第三节对变量的信度和效度进行了分析。本章所测量的变量信度和效度均能满足较好的研究条件。本章第四节对研究的主要变量和控制变量进行了相关性分析。相关性分析的结果初步验证了研究的假设。本章第五节对研究的假设进行了检验。采用层级回归的方法，首先验证模型的主效应假设。研究结果表明，H1a、H1b、H2a、H2b、H3a、H3b 得到有力的验证。再采用交互项纳入回归模型，验证模型的调节效应。其中，除假设 H4b、H5b 得到有力支持外，假设 H4a、H4c、H5a、H5c 并未得到支持。研究结果汇总如表 1－9 所示。

表 1－9　研究结果汇总

研　究　假　设	结　果
H1a：效果推理逻辑与初创企业前期进入速度具有正相关关系。	支持
H1b：因果推理逻辑与初创企业前期进入速度具有负相关关系。	支持
H2a：效果推理逻辑与初创企业国际化承诺速度具有负相关关系。	支持
H2b：因果推理逻辑与初创企业国际化承诺速度具有正相关关系。	支持
H3a：效果推理逻辑与初创企业国家范围增速具有正相关关系。	支持
H3b：因果推理逻辑与初创企业国家范围增速具有负相关关系。	支持
H4a：环境不确定性正向调节效果推理逻辑对企业前期进入速度的影响。	不支持
H4b：环境不确定性正向调节效果推理逻辑对企业国际化承诺速度的影响。	支持
H4c：环境不确定性正向调节效果推理逻辑对企业国家范围增速的影响。	不支持
H5a：环境不确定性负向调节因果推理逻辑对企业前期进入速度的影响。	不支持
H5b：环境不确定性负向调节因果推理逻辑对企业国际化承诺速度的影响。	支持
H5c：环境不确定性负向调节因果推理逻辑对企业国家范围增速的影响。	不支持

五、结论与展望

（一）研究结论

本篇初步探讨了决策逻辑对于新创企业国际化速度的影响问题。通过构建效果推理、因果推理、环境不确定性和国际化速度的三维度理论模型，并采用层级回归的方法进行检验，本篇对决策逻辑影响新创企业国际化速度的内在机制有了一个初步的认识和了解。

从学术贡献来看，将创业学新兴的效果推理理论引入国际创业领域具有较好的创新意义。目前，对于效果推理理论视角下，国际化速度的研究的文献屈指可数。现有文献存在着对国际化速度进行粗略化、简单化处理，对效果推理理论的两种决策逻辑——效果推理和因果推理缺乏比较等缺陷。虽然已有文献针对效果推理、因果推理逻辑与国际化速度的三维度进行了理论研究（Prashantham，2018），但相关的实证研究仍然十分缺乏。而对于这一问题的深入研究和实证分析，对于加深国际化速度这一构念的理解，促进效果推理理论的应用和发展具有重要的意义。本篇不仅十分必要，而且具有较大的理论价值。

本篇通过对国内环境下的 261 家新创企业样本进行实证分析，检验了创业决策逻辑、环境不确定性和国际化速度之间的关系，对于影响创业决策逻辑与国际化速度的内在机制有了深刻的理解。具体来说，本篇回答了两个重要的学术研究问题："效果推理与因果推理逻辑对于国际化速度三维度（前期进入速度、国际化承诺速度和国家范围增速）的影响有什么不同之处？""环境不确定性在这六对关系中又产生了什么不同的影响机制？"本篇提出了假设，除少数几个研究假设未被证实外，大部分研究假设都得到了有力的验证。本文的研究贡献和价值可以体现在以下几个方面。

1. 对于效果推理理论的贡献

本篇将效果推理理论引入国际创业领域，进一步推动了效果推理理论的应用和进一步发展。首先，针对目前对于效果推理是形成型还是反映型构念的争议，本文提供了很好的证据。本篇在理论分析阶段，从效果推理的五大原则出发，分别分析了效果推理对国际化速度三个维度的影响。由此可见，效果推理这一构念在内涵上更接近于一个形成型构念。

其次，本篇比较了效果推理和因果推理逻辑的潜在细微差异。现有研究倾向于将研究的关注点放在效果推理上，而忽视因果推理的积极影响。已有研究通过 meta 分析方法指出，效果推理和因果推理对企业绩效具有大小相似的影响效应（苏涛永和陶丰烨，2019）。可见，对于效果推理理论的进一步研究很难再从效果推理对于绩效的正面影响角度去考虑，而更可能在于分析和比较两种决策逻辑存在的细微差异，从而促进理论的进一步发展。

本篇通过实证分析揭示了效果推理和因果推理影响机制的细微差异。随着环境不确定性的提升，效果推理决策者更倾向于大幅减少在海外市场的承诺投入速度，与此同时，因果推理决策者对于海外市场的承诺投入速度也会受到一定削弱。这与我们日常生活的认知是一致的:“有不确定的事情发生,先静观其变,然后再行动。”

2. 对于国际创业领域的贡献

本篇加深了对国际化速度这一构念的理解。目前对于国际化速度的定义和测量存在许多争议(Chetty, 2015)。有采用一定时间内企业在海外所新开的分支机构数进行的衡量(Mohr 和 Batsakis, 2017),也有企业在一定时间内的对外直接投资额度(FDI)进行的衡量(Yang 等,2017)。本篇参考 Oviatt 和 McDougall(2005)的理论框架,认为国际化速度既包含时间和速度上的衡量,也包含投入和空间范围上的衡量。

通过采用效果推理和因果推理两种截然不同的决策思考逻辑,本篇揭示了国际化速度这三个维度在影响因素和受影响机制上细微的内在差异。通过实证分析,本篇认为,无论决策者采用何种决策思考逻辑,国际化承诺速度受到环境不确定性的影响最大。

Oviatt 和 McDougall(2005)认为企业的国际化过程同时具有质性和量化的特点。通过采用效果推理和因果推理对新创企业国际化速度的分析,本文刻画出了新创企业快速国际化过程中最重要的时间维度,有力地促进了国际创业领域的研究。

(二)管理建议

在中美贸易摩擦不断的背景下,企业如何生存并仍保持一定的科技创新能力和竞争力?新创企业具有规模劣势、新企业劣势、国外经营劣势和外来者劣势,那么该如何把握新颖性学习优势进行快速国际化,抓住转瞬即逝的市场机会呢?在快速国际化的过程中,随着速度的加快,企业的资源消耗更多,面临的风险更大。那么企业应该如何合理地平衡风险和机会?通过本文的实证研究,管理者能够从中获得关于合理把控国际化速度的有益启示。

在经济全球化不断加速的今天,企业所面临的外部环境瞬息万变。对于创业者来说,在重视国际化的速度的同时,也应关注国际化的质量和风险。盲目追求速度并不可取。决策者可以分别从效果推理逻辑和因果推理逻辑中获得有益启示,学习有关理论,考虑同时采用两种决策逻辑进行思考和决策。计划和分析首先是一种很好的决策方式,虽然环境不确定性不断上升,但不断作计划、更新计划,可以使得企业的目标更清晰。当然,决策者也需要对各种可能的意外、机会、可能的合作关系持一种开放态度,有时正是无心之举才铸就了一番伟大的事业。当然，决策者需要不断地去尝试或试错，并在内心设好自己损失的“极限值”。

（三）研究局限和未来研究方向

本篇研究虽然取得了初步的成功，但尚有许多工作有待进一步深入研究，这里择其要者简要讨论如下：

理论模型设计方面存在一定局限。首先，本篇将研究和关注的重点放在国际化速度上，但与此同时也遗漏了一些重要的研究变量，例如，创新绩效、海外市场进入模式等。这些变量在国际创业领域具有不可忽视的影响。其次，本篇并没有考虑结合使用两种创业决策逻辑会带来什么不同的影响，而已有研究(Smolka 等，2016； Yu 等，2018)也针对两种创业决策逻辑的协同效应进行了有意义的研究。这也是本文的一大局限之一。最后，针对一些学者感兴趣的关于效果推理理论的机会识别和机会发现(许晖和单宇，2019)的争论，为了避免使研究过于复杂，本篇也没有将这两个变量纳入其中。

研究方法设计存在一定局限。本文采用了问卷调查的研究方法，难以避免会出现共同方法偏误(Common Method Bias)的问题。第一，本篇的自变量和因变量的数据都来自同一被试者，这可能会导致研究数据存在同源偏误。第二，本篇的结果变量采用自我报告的形式，并没有与客观存在的档案数据相印证。值得注意的是，由于共同方法偏误是问卷调查方法中普遍存在、难以避免的问题，共同方法偏误只能尽可能地减小。总的来说，由于本篇的结果变量是客观的事实性数据而不涉及被试者的主观感知，问卷调查方法遵循严格的流程进行，且哈门单因子检测通过，表明本篇受到共同方法偏误问题的影响相对较小。

本篇为未来的研究指明了进一步工作的方向：① 本篇对于调节变量的分析仅关注环境不确定性这一个变量，未来可以将更多的研究变量纳入其中，以求获得一个全面的分析结果。例如，可以将国际化速度作为中介变量，将创业决策逻辑作为前因变量，并全面分析和选择一些有意义的调节变量，分析其对企业绩效的影响。② 将效果推理理论引入国际创业领域的研究也带来了两大研究领域新的生命力。但是，针对两种创业决策逻辑结合使用的效果、两种创业决策逻辑存在的细微差异，目前的研究探索较少，解释也不深刻。两种创业决策逻辑如何对国际化速度产生差异化的影响？结合使用两种创业决策逻辑又会有何种意想不到的结果？这些都是未来需要研究的课题。③ 最后，未来研究在将这两大研究领域进行结合时，可以考虑在不同的研究背景下进行实证研究的尝试，包括转型经济和新兴经济体、商业模式创新和精益创业等。

参考文献

[1] AGNIHOTRI A, BHATTACHARYA S. CEO narcissism and internationalization by Indian firms[J]. Management International Review, 2019, 59(6): 889 - 918.

[2] AN W, RÜLING C, ZHENG X, et al. Configurations of effectuation, causation, and bricolage: implications for firm growth paths[J]. Small Business Economics, 2020(54): 843 - 864.

[3] ANDERSSON S. International entrepreneurship, born globals and the theory of effectuation[J]. Journal of Small Business and Enterprise Development, 2011, 18(3): 627 - 643.

[4] AUTIO E, GEORGE G, ALEXY O. International entrepreneurship and capability development- qualitative evidence and future research directions[J]. Entrepreneurship Theory and Practice, 2011, 35(1): 11 - 37.

[5] BARNEY J B. Firm resources and sustained competitive advantage[J]. Journal of Management, 1991, 17(1): 99 - 120.

[6] BATJARGAL B, HITT M A, TSUI A S, et al. Institutional polycentrism, entrepreneurs' social networks, and new venture growth[J]. Academy of Management Journal, 2013, 56(4): 1024 - 1049.

[7] BRETTEL M, MAUER R, ENGELEN A, et al. Corporate effectuation: Entrepreneurial action and its impact on R&D project performance[J]. Journal of Business Venturing, 2012, 27(2): 167 - 184.

[8] CALOF J L, BEAMISH P W. Adapting to foreign markets: Explaining internationalization [J]. International Business Review, 1995, 4(2): 115 - 131.

[9] CASILLAS J C, ACEDO F J. Speed in the internationalization process of the firm[J]. International Journal of Management Reviews, 2013, 15(1): 15 - 29.

[10] CHANDLER G N, DETIENNE D R, MCKELVIE A, et al. Causation and effectuation processes: A validation study[J]. Journal of Business Venturing, 2011, 26(3): 375 - 390.

[11] CHETTY S, JOHANSON M, MARTIN MARTIN O. Speed of internationalization: Conceptualization, measurement and validation[J]. Journal of World Business, 2014, 49(4): 633 - 650.

[12] CHETTY S, OJALA A, LEPPAAHO T. Effectuation and foreign market entry of entrepreneurial firms[J]. European Journal of Marketing, 2015, 49(9/10): 1436 - 1459.

[13] CRICK D. The internationalisation of born global and international new venture SMEs [J]. International Marketing Review, 2009, 26(4/5): 453 - 476.

[14] CUSSEN N, COONEY T. Exploring alternative approaches to entrepreneurial exporting: Internationalization through an effectual lens[J]. Small Enterprise Research, 2019,

26(2)：164－178.

[15] DASH R，RANJAN K R. An effectual-causal view of managerial decisions in the internationalization of Indian MNEs[J]. Journal of International Management，2019，25(1)：101－120.

[16] DEW N，READ S，SARASVATHY S D，et al. Effectual versus predictive logics in entrepreneurial decision-making：Differences between experts and novices[J]. Journal of Business Venturing，2009，24(4)：287－309.

[17] DEW N，READ S，SARASVATHY S D，et al. On the entrepreneurial genesis of new markets：effectual transformations versus causal search and selection[J]. Journal of Evolutionary Economics，2011，21(2)：231－253.

[18] DEW N，READ S，SARASVATHY S D，et al. Outlines of a behavioral theory of the entrepreneurial firm[J]. Journal of Economic Behavior & Organization，2008，66(1)：37－59.

[19] DEW N，SARASATHY S，READ S，et al. Affordable loss：behavioral economic aspects of the plunge decision[J]. Strategic Entrepreneurship Journal，2009，3(2)：105－126.

[20] ENGEL Y，KAANDORP M，ELFRING T. Toward a dynamic process model of entrepreneurial networking under uncertainty[J]. Journal of Business Venturing，2017，32(1)：35－51.

[21] FIEDLER A，FATH B P，WHITTAKER D H. Overcoming the liability of outsidership in institutional voids：Trust，emerging goals，and learning about opportunities[J]. International Small Business Journal-Researching Entrepreneurship，2017，35(3)：262－284.

[22] FLETCHER M，HARRIS S. Knowledge acquisition for the internationalization of the smaller firm：Content and sources[J]. International Business Review，2012，21(4)：631－647.

[23] GALKINA T，CHETTY S. Effectuation and Networking of Internationalizing SMEs[J]. Management International Review，2015，55(5)：647－676.

[24] HAKANSON L，KAPPEN P. The 'Casino Model' of internationalization：an alternative Uppsala paradigm[J]. Journal of International Business Studies，2017，48(9)：1103－1113.

[25] HAMBRICK D C，MASON P A. Upper echelons：The organization as a reflection of its top managers[J]. Academy of Management Review，1984，9(2)：193－206.

[26] HARMELING S S，SARASVATHY S D. When contingency is a resource：Educating entrepreneurs in the Balkans，the Bronx，and beyond[J]. Entrepreneurship Theory and Practice，2013，37(4)：713－744.

[27] HILMERSSON M，JOHANSON M. Speed of SME internationalization and performance[J]. Management International Review，2016，56(1)：67－94.

[28] HITT M A，TIHANYI L，MILLER T，et al. International diversification：antecedents，

outcomes, and moderators[J], Journal of Management, 2006(6): 831 - 867.

[29] HSU W, CHEN H, CHENG C. Internationalization and firm performance of SMEs: The moderating effects of CEO attributes[J]. Journal of World Business, 2013, 48(1): 1 - 12.

[30] JAW Y L, LIN W T. Corporate elite characteristics and firm's internationalization: CEO-level and TMT-level roles[J]. The International Journal of Human Resource Management, 2009, 20(1): 220 - 233.

[31] JAWORSKI B J, KOHLI A K. Market orientation: Antecedents and consequences[J]. Journal of Marketing, 1993, 57(3): 53 - 70.

[32] JIANG Y, TORNIKOSKI E T. Perceived uncertainty and behavioral logic: temporality and unanticipated consequences in the new venture creation process[J]. Journal of Business Venturing, 2019, 34(1): 23 - 40.

[33] JOHANSON J, VAHLNE J E. The internationalization process of the firm—a model of knowledge development and increasing foreign market commitments[J]. Journal of International Business Studies, 1977, 8(1): 23 - 32.

[34] JOHANSON J, VAHLNE J E. The mechanism of internationalisation[J]. International Marketing Review, 1990, 7(4): 11 - 25.

[35] JOHANSON J, VAHLNE J. The Uppsala internationalization process model revisited: From liability of foreignness to liability of outsidership[J]. Journal of International Business Studies, 2009, 40(9): 1411 - 1431.

[36] KALINIC I, SARASVATHY S D, FORZA C. 'Expect the unexpected': Implications of effectual logic on the internationalization process[J]. International Business Review, 2014, 23(3): 635 - 647.

[37] KNIGHT G A, CAVUSGIL S T. Innovation, organizational capabilities, and the born-global firm[J]. Journal of International Business Studies, 2004, 35(2): 124 - 141.

[38] KRISTINSSON K, CANDI M, SAEMUNDSSON R J. The relationship between founder team diversity and innovation performance: The moderating role of causation logic[J]. Long Range Planning, 2016, 49(4): 464 - 476.

[39] KUTSCHKER M, BAURLE I. Three plus one: Multidimensional strategy of internationalization[J]. Management International Review, 1997, 37(2): 103.

[40] LASKOVAIA A, SHIROKOVA G, MORRIS M H. National culture, effectuation, and new venture performance: Global evidence from student entrepreneurs[J]. Small Business Economics, 2017, 49(3): 687 - 709.

[41] LEE H, PARK J. Top team diversity, internationalization and the mediating effect of international alliances[J]. British Journal of Management, 2006, 17(3): 195 - 213.

[42] MATALAMAKI M J. Effectuation, an emerging theory of entrepreneurship—towards a mature stage of the development[J]. Journal of Small Business and Enterprise Development, 2017, 24(4): 928 - 949.

[43] MCKELVIE A, DETIENNE D R, CHANDLER G N. What is the appropriate dependent

variable in effectuation research? [J]. Frontiers of Entrepreneurship Research, 2013, 33 (4): 4.

[44] MCKELVIE A, HAYNIE J M, GUSTAVSSON V. Unpacking the uncertainty construct: Implications for entrepreneurial action[J]. Journal of Business Venturing, 2011, 26(3): 273 - 292.

[45] MESCHI P, RICARD A, TAPIA MOORE E. Fast and furious or slow and cautious? The joint impact of age at internationalization, speed, and risk diversity on the survival of exporting firms[J]. Journal of International Management, 2017, 23(3): 279 - 291.

[46] MILLIKEN F J. Three types of perceived uncertainty about the environment: State, effect, and response uncertainty[J]. Academy of Management Review, 1987, 12(1): 133 - 143.

[47] MOHR A, BATSAKIS G. Internationalization speed and firm performance: A study of the market-seeking expansion of retail MNEs[J]. Management International Review, 2017, 57(2): 153 - 177.

[48] MOHR A, BATSAKIS G. The contingent effect of TMT international experience on firms' internationalization speed[J]. British Journal of Management, 2019, 30(4): 869 - 887.

[49] MUSTEEN M, FRANCIS J, DATTA D K. The influence of international networks on internationalization speed and performance: A study of Czech SMEs[J]. Journal of World Business, 2010, 45(3): 197 - 205.

[50] OVIATT B M, MCDOUGALL P P. Defining international entrepreneurship and modeling the speed of internationalization[J]. Entrepreneurship Theory and Practice, 2005, 29(5): 537 - 553.

[51] OVIATT B M, MCDOUGALL P P. Toward a theory of international new ventures[J]. Journal of International Business Studies, 1994, 25(1): 45 - 64.

[52] OVIATT, MCDOUGALL. The internationalization of entrepreneurship[J]. Journal of International Business Studies, 2005(36): 2 - 8.

[53] PERRY J T, CHANDLER G N, MARKOVA G. Entrepreneurial effectuation: A review and suggestions for future research[J]. Entrepreneurship Theory and Practice, 2012, 36(4): 837 - 861.

[54] PRASHANTHAM S AND DHANARAJ C. The dynamic influence of social capital on the international growth of new ventures[J]. Journal of Management Studies, 2010(47): 967 - 994.

[55] PRASHANTHAM S, KUMAR K, BHAGAVATULA S, et al. Effectuation, network-building and internationalisation speed[J]. International Small Business Journal, 2019, 37(1): 3 - 21.

[56] PRASHANTHAM S, YOUNG S. Post-entry speed of international new ventures[J]. Entrepreneurship Theory and Practice, 2011, 35(2): 275 - 292.

[57] READ S, DEW N, SARASVATHY S D, et al. Marketing under uncertainty: The logic

of an effectual approach[J]. Journal of Marketing，2009，73(3)：1－18.

[58] SARASVATHY S D，DEW N，READ S，et al. Designing organizations that design environments：Lessons from entrepreneurial expertise[J]. Organization Studies，2008，29(3)：331－350.

[59] SARASVATHY S D，DEW N. Entrepreneurial logics for a technology of foolishness[J]. Scandinavian Journal of Management，2005，21(4)：385－406.

[60] SARASVATHY S D，DEW N. New market creation through transformation[J]. Journal of Evolutionary Economics，2005，15(5)：533－565.

[61] SARASVATHY S D. Causation and effectuation：toward a theoretical shift from economic inevitability to entrepreneurial contingency[J]. Academy of Management Review，2001，26(2)：243－263.

[62] SARASVATHY S，DEW N. Effectual networks：A pre-commitment approach to bridging the gap between opportunism and trust[J]. Journal of Chemical Information and Modeling，2003(53)：160.

[63] SARASVATHY S，KUMAR K，YORK J G，et al. An effectual approach to international entrepreneurship：Overlaps，challenges，and provocative possibilities[J]. Entrepreneurship Theory and Practice，2014，38(1)：71－93.

[64] SCHWENS C，ZAPKAU F B，BIERWERTH M，et al. International entrepreneurship：A meta-analysis on the internationalization and performance relationship[J]. Entrepreneurship Theory and Practice，2018，42(5)：734－768.

[65] SMOLKA K M，VERHEUL I，BURMEISTER LAMP K，et al. Get it together! Synergistic effects of causal and effectual decision-making logics on venture performance [J]. Entrepreneurship Theory and Practice，2018，42(4)：571－604.

[66] STUART R，NICHOLAS D，SARAS D S，et al. Marketing under uncertainty：The logic of an effectual approach[J]. Journal of Marketing，2009，73(3)：1－18.

[67] TIHANYI L，A E ELLSTRAND，C M DAILY，et al. Composition of the top management team and firm international diversification[J]，Journal of Management，2000(26)：1157－1177.

[68] VERMEULEN F，BARKEMA H. Pace，rhythm，and scope：Process dependence in building a profitable multinational corporation[J]. Strategic Management Journal，2002，23(7)：637－653.

[69] WERHAHN D，MAUER R，FLATTEN T C，et al. Validating effectual orientation as strategic direction in the corporate context[J]. European Management Journal，2015，33(5)：305－313.

[70] WILTBANK R，DEW N，READ S，et al. What to do next? The case for non-predictive strategy[J]. Strategic Management Journal，2006，27(10)：981－998.

[71] WILTBANK R，READ S，DEW N，et al. Prediction and control under uncertainty：Outcomes in angel investing[J]. Journal of Business Venturing，2009，24(2)：116－133.

[72] YANG J Y，LU J，JIANG R. Too slow or too fast? speed of FDI expansions，industry

globalization, and firm performance[J]. Long Range Planning, 2017, 50(1): 74 - 92.

[73] YU X, TAO Y, TAO X, et al. Managing uncertainty in emerging economies: The interaction effects between causation and effectuation on firm performance [J]. Technological Forecasting and Social Change, 2018(135): 121 - 131.

[74] ZAHRA S A, MATHERNE B P, CARLETON J M. Technological resource leveraging and the internationalisation of new ventures[J]. Journal of International Entrepreneurship, 2003, 1(2): 163 - 186.

[75] 崔连广,张敬伟,邢金刚.不确定环境下的管理决策研究——效果推理视角[J].南开管理评论,2017(5): 105 - 115.

[76] 范水清,李华东,康红霞.中国企业家资源与企业国际化程度的关系探究[J].经济问题,2017(11): 79 - 85.

[77] 郭润萍,陈海涛,蔡义茹,等.战略创业决策逻辑的理论基础、类型分析与研究框架构建[J].外国经济与管理,2017(5): 33 - 45.

[78] 郭润萍.手段导向、知识获取与新企业创业能力的实证研究[J].管理科学,2016(3): 13 - 23.

[79] 黄胜,叶广宇,丁振阔.国际化速度、学习导向与国际新创企业的国际绩效[J].科学学与科学技术管理,2017,38(7): 141 - 154.

[80] 任鸽,陈伟宏,钟熙.高管国际经验、环境不确定性与企业国际化进程[J].外国经济与管理,2019,41(9): 109 - 121.

[81] 苏涛永,陶丰烨.效果推理与因果推理: 哪种决策逻辑更有效? ——一项基于 Meta 分析的研究[J].科学学与科学技术管理,2019,40(8): 87 - 97.

[82] 王玲玲,赵文红,魏泽龙.因果逻辑和效果逻辑对新企业新颖型商业模式设计的影响: 环境不确定性的调节作用[J].管理评论,2019,31(1): 90 - 100.

[83] 王益民,梁枢,赵志彬.国际化速度前沿研究述评: 基于全过程视角的理论模型构建[J].外国经济与管理,2017,39(9): 98 - 112.

[84] 许晖,单宇.打破资源束缚的魔咒: 新兴市场跨国企业机会识别与资源"巧"配策略选择[J].管理世界,2019,35(3): 127 - 141.

[85] 赵先进.企业家背景特征对企业国际化战略选择的影响研究——来自中国上市公司国际化的证据[J].国际商务研究,2011,32(3): 72 - 80.

[86] 钟熙,陈伟宏,宋铁波,等.CEO 过度自信、管理自主权与企业国际化进程[J].科学学与科学技术管理,2018,39(11): 85 - 100.

附录　新创企业国际化决策调查问卷

亲爱的女士/先生：

您好！感谢您在百忙之中参与我们的问卷调查。本次调查仅用于学术研究，我们会对您的信息进行匿名化处理，并进行严格保密。请您放心作答，所有问题无对错、好坏之分。

本问卷采用 Likert7 点量表进行评估："1"代表"一点也不符合"，"7"代表"非常符合"，从左至右程度逐渐递增，"4"代表一般。请在最符合您情况的选项上打钩。

A 部分：决策方式

请如实对题项 A1.1—A1.5 进行评估：进入该市场时，您的团队采取的决策是否符合下列陈述？

A1.1

(1) 我们小心翼翼，投入的资源不超过企业所能承受的损失范围

(2) 即使该市场非常有吸引力，我们投入的资金也不超过最初愿意承受的损失额

(3) 我们不会冒险投入大量资金，以防止失败导致公司陷入财务困境

A1.2

(1) 我们通过与公司内外部合作来减少进入该市场的风险

(2) 我们通过接触潜在合作伙伴和客户来减少风险

(3) 我们经常利用客户和供应商的预先承诺来管理风险

A1.3

(1) 在进入该海外市场过程中，我们尝试过不同产品或运营模式

(2) 在找到有效的产品/运营模式之前，我们尝试了大量不同的方法

(3) 我们现有的产品或运营模式与最初方案有显著不同

A1.4

(1) 在该市场进入中，随着机会的涌现，我们允许业务进行相应调整

(2) 在该市场进入中，我们根据自身拥有资源的变化来调整市场举措

(3) 我们非常灵活，抓住了该海外市场产生的机会

(4) 我们避免那些限制我们灵活性和适应性的举措

A1.5

(1) 我们分析该海外市场的长期机会，选择了认为可以提供最佳回报的市场进入方案

(2) 我们调研和选择了该海外市场，进行了有意义的竞争分析

(3) 我们设计、计划了海外市场进入策略

(4) 我们组织和实施了控制流程来确保达成预定进入目标

(5) 我们制定了市场进入战略来最好地运用资源和能力

(6) 为了该海外市场进入，我们设计、计划了生产和市场营销策略

(7) 我们在市场进入过程中，对哪些业务能做、哪些不能做有着明确界定

B 部分：公司国际化情况

B1：公司国际化情况

(1) 公司国际化的起始时间(年月)：

(2) 目前进入海外市场数量(个)：

(3) 所进入的海外市场覆盖大洲数量(个)：

(4) 公司海外收入占总收入比重(请选择对应序号)：

① <5%；② 5%～15%；③ 15%～30%；④ 30%～50%；⑤ >50%

(5) 公司最常用的海外市场进入模式(请选择对应序号)：

① 通过中介间接出口；② 直接出口；③ 授权、许可证经营；④ 合资；⑤ 独资或并购

B2：公司最重要的海外市场进入情况

(1) 进入的国家或地区(如：美国)：________

(2) 该市场进入后，该海外市场年销售额平均增长率约为(%)：________

(3) 公司开始积极并认真考虑该市场的年月份(如：2015.03)：________

(4) 公司正式完成市场进入且实现稳定的销售年月份(如：2016.03)：________

(5) 该海外市场进入模式：

① 通过中介间接出口；② 直接出口；③ 授权、许可证经营；④ 合资；⑤ 独资或并购

B3：该海外市场情况

请如实对题项 B3.1—B3.2 进行评估：该海外市场在多大程度上符合下列陈述？

B3.1

(1) 该市场客户需求和产品偏好变化迅速

(2) 该市场客户始终倾向寻求新产品

(3) 先前从未购买我们产品的客户对我们的产品产生了需求

(4) 该市场新老客户的产品需求存在着差异

B3.2

(1) 在该海外市场,我们行业的技术变化迅速

(2) 在该海外市场,行业技术变化提供了很大的机会

(3) 在该海外市场,大量行业新产品创意是通过技术突破来实现的

(4) 在该海外市场,我们行业一直有着重大的技术发展

C 部分：基本信息

C1：公司信息：

(1) 公司成立时间(年月)：________

(2) 公司全职员工数量：________

(3) 公司的所有制结构(请选择对应序号)：

① 中国独资企业;② 中外合资企业

(4) 公司所处的行业(请选择对应序号)：

① 电子与信息;② 生物和新药品;③ 航空航天;④ 新材料;⑤ 高科技服务;⑥ 新能源和节能;⑦ 资源和环境;⑧ 先进制造和自动化;⑨ 其他

(5) 公司主要的产品或业务：________

C2：决策团队信息

(1) 海外市场进入决策制定的团队人数：________

(2) 请您评估决策团队年龄层次的多样性。(1：非常低;7：非常高)

(3) 请您评估决策团队国际经验的多样性。(1：非常低;7：非常高)

C3：个人信息

(1) 您的年龄：________

(2) 性别：________

(3) 您的工作职务：________

(4) 您在公司工作年数：________

(5) 您的教育程度(请选择对应序号)：

① 中学(含初、高中)或以下;② 大专;③ 学士(本科);④ 硕士;⑤ 博士

第二篇

中小企业主日常越轨行为研究：基于社会结构与社会学习理论的视角

王紫璇

一、绪论

（一）研究背景

人们常常将大型国企称为经济学中的“国之重器”。其实，在中国特有国情及经济结构之下，中小企业是同样可以称之为“国之重器”的重要经济体。调查显示，中国的中小企业占中国企业总数量的90%，中小企业旺盛的生命力堪称中国市场的“快鱼”（Ahlstrom 和 Ding，2014 年）。然而，在有关商业伦理的研究中较少涉及中小型企业（Small and Medium Enterprises，SMEs）的越轨行为，因此商业伦理很少是实证研究的主题（Sutter 等，2013）。中小企业除了行贿、腐败和环境污染等严格意义上的犯罪行为（de Jong 等，2012；Tonoyan 等，2010；Zhou 和 Peng，2012）以外，其日常商业越轨行为（Everyday-life Business Deviance，以下简称 EBD）虽然规模小却频繁出现在它们的日常经营活动之中（Messner 和 Rosenfeld，2009）。EBD 涉及中小企业所有者定期进行的违背道德的微小的越轨行为，通常此类行为以在商业交易中获得物质利益为目的（Button 等，2013）。因为这种类型的越轨行为的共同特征是普遍性和轻微性，所以常常落入法律和道德间的灰色地带（Karstedt 和 Farrall，2006），并已堂而皇之地成为中小企业日常业务的一部分（Sutter 等，2013）。典型的例子有：要求顾客支付现金以避免缴税，网店通过刷单以提升排名和销量，通过民间私人借贷融资等（叶明，2019；陈芸莹，2019；范静波，2019；陈兵，2019）。种种 EBD 行为累积起来，可能导致严重的经济损失，造成社会整体道德的滑坡（Sandberg，2015）。

先前有学者对犯罪行为以及越轨行为进行研究，测试了个人的人格特质以及这些特质如何影响道德决策（Yin 和 Quazi，2018），但此类研究往往会忽略外部环境带来的种种因素，而这些因素是会影响越轨行为的。根据社会学习理论（social-learning theory），个体的犯罪行为与越轨行为是可以从外部环境习得并且实施的。Akers 的社会学习理论强调环境和氛围对个人的影响（Akers，1979）。本篇则从 Akers 的社会学习理论（SSSL 模型）探究了个人赖以生存的社会结构变量对个体越轨行为的影响，以及这些影响是如何通过社会学习机制进行的。同时,本篇也结合了个体的人格特质因素,借鉴了商业道德相关的文件,研究在个人道德认同水平不同的情况下这一社会学习机制是否会有不同。因此,本篇研究结合了外部环境与内在道德因素,对中小企业主的日常商业越轨行为进行解释,以求为中小企业创业者与政府监管者制定政策提供思路和借鉴。

(二) 研究意义

1. 理论意义

本篇主要研究社会结构变量对中小企业主日常越轨行为的影响,并探索这种影响的具体作用路径,即个体如何通过社会学习相关变量,习得越轨行为的机制,以及在个体的道德认同水平不同的情况下,这种机制影响的程度及其变化程度。本篇运用社会结构与社会学习理论、道德认同等领域的相关理论,通过文献梳理和理论推演,构建研究模型并进行实证检验,其理论意义如下:

首先,它开发了关于企业家越轨行为的文献中,一个非常重要但尚未被探索的领域,即中小企业主创业过程中的阴暗面——中小企业主的日常商业越轨行为。如果不调查这些微小但普遍存在且完全有害无益的创业活动,我们对中小企业在新兴经济体中的作用的理解就是不完整的。

其次,社会结构与社会学习理论仍处在发展与完善过程中。目前的研究表明,学术界对社会结构与社会学习理论(SSSL 模型)的研究与测试方兴未艾。由于方法论的原因,完整验证这一理论的文章较少。部分学者已经证实社会结构要素会对犯罪行为与越轨行为产生正向影响,但相关研究仍较少,尤其是对其作用机制的研究不足。本篇构建了较为完整的针对越轨行为的社会结构与社会学习的影响模型,丰富了社会结构与社会学习理论的相关研究成果。

最后,本篇在验证社会结构对中小企业主越轨行为具有影响,且是通过社会学习的方式进行影响的同时,还探究了该学习过程的作用机制。证实了社会结构要素,包括家庭情况、地域影响都会对中小企业主越轨行为产生影响的同时,证实了该影响是通过同行交往、模仿、定义、差异强化这一系列学习过程作用于中小企业主的越轨行为的。同时,本篇通过对商业伦理文献的梳理,将道德认同这一个体因素考虑在模型中,克服了以往研究不完整的缺陷。

2. 现实意义

由于中小企业贡献了中国 GDP 的 70%(Ahlstrom 和 Ding, 2014),对中小企业所有者的道德立场及其社会根源进行的调查有助于提高经济道德水平(Sandberg, 2015 年)。中小企业主,作为国家与社会发展的不竭动力吸引着整个社会的广泛关注。而在中小企业者创业活动中，日常商业越轨行为作为一种有害无益的活动，因为频繁出现在中小企业主的日常商业活动中，极大地影响了中小企业主的创业绩效。中小企业存活率低的现实状况也呼唤更多的企业管理研究探究创业绩效的影响因素，解答怎样的创业行为才能避免损失，提高创业绩效这一关键问题。同时，中小企业占中国企业总数量的 90%以上（Ahlstrom 和 Ding，2014），对于中国这一新型经济体来说至关重要，中小企业的越轨行为累积起来，可能造成整个经济体的道德滑坡和巨大的经济损失。本篇从社会结构与社会学习的角度，构建模型并提出了避免越轨行为，提升创业绩效的方式。对于政策制定者来说，建议制定者在制定政策时能提高其机构效率和效力，以增加与金钱有关的违法行为和奖励道德选择的成本。研究结论可以为创业者和政策制定者提供思路和借鉴提升整体创业绩效，避免整体道德滑坡。要提防和减少中小企业家的不道德行为，进一步全面降低中小企业犯罪率，可以考虑两个方面的内容：使企业家更少地陷入道德困境中，削弱其为自己辩护的能力和动机。

（三）研究方法

本篇采用的研究方法主要是文献研究和实证研究，在梳理前人对于社会结构与社会学习理论的已有研究的基础上，进行理论推演且提出假设。在实证研究方面，本篇使用成熟的量表进行问卷调查，收集数据对所提出的假设进行了验证。

1）文献研究

本篇通过梳理、总结社会结构与社会学习理论（SSSL 模型）和道德认同理论（moral identity）的相关研究文献，全面总结了社会结构与社会学习理论（SSSL 模型）的提出与发展历程，社会结构与社会学习理论源于犯罪学，广泛应用于其他社会科学。同时，本篇对道德认同理论的适用性做出了合理的推演，并基于此构建了本文的理论模型。

2）实证研究

本篇采用已经过验证的在中国情境下可行的成熟量表形成调查问卷，在创业活动密集的长三角、珠三角等地区都进行大样本问卷调查以收集数据，运用 R 语言 19.0 和 MPLUS7.0 软件进行实证分析。

（四）技术路线

本篇的技术路线见图 2-1。

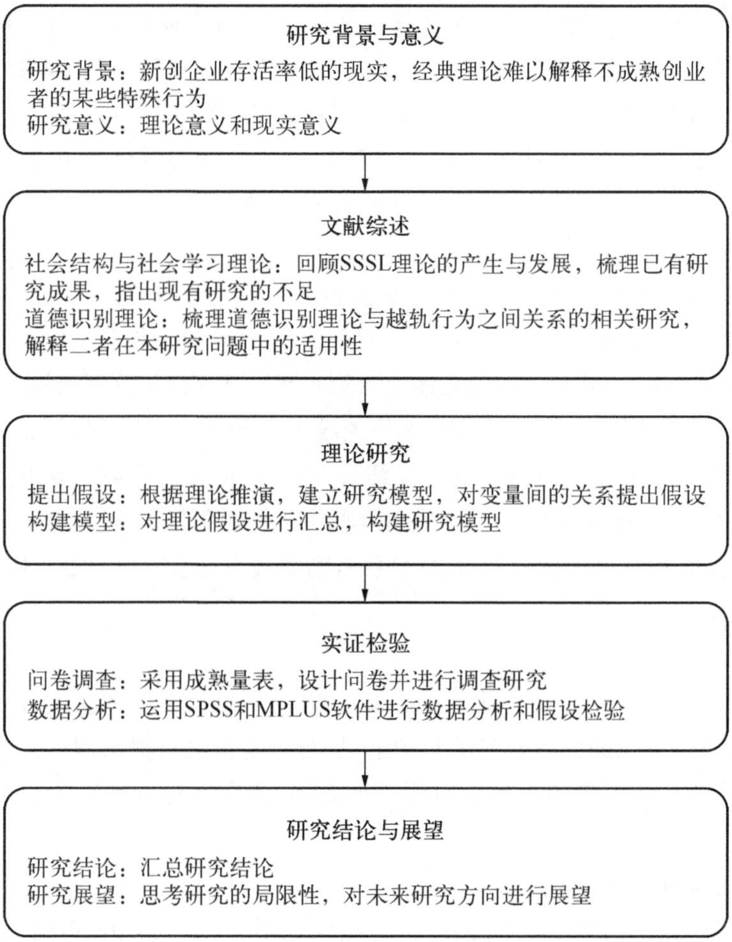

图 2-1　技术路线图

（五）创新点

(1) 本篇在越轨行为的研究领域，开发了一个新的研究领域，即研究在创业过程中中小企业主日常的、微小的商业越轨行为。学术界对越轨行为的研究由来已久，而日常商业越轨行为的概念仍处在起步阶段，更少有文献聚焦于中小企业主这一研究群体，为理解和解释中小企业主行为带来了一种新的思路。

(2) 本篇对社会结构与社会学习理论的研究，采用跨层分析，较为完整地实证了整个理论模型。探究了在“社会结构因素与 EBD”的关系里，社会学习作为中介条件，解释了不同社会结构的中小企业主习得并实施不同程度的EBD行为的机制。目前完整验证这一理论的研究仍然较少，因此本篇将有助于弥补现有不足，丰富相关理论成果。

(3) 本篇同时研究了道德认同对于“社会结构因素—社会学习—EBD”关系的调节作用，探究了个体心理道德因素对于社会影响下的日常商业越轨行为的约束作用，使本篇得以挖掘更深层次的影响机制和作用路径。

二、文献综述

(一) 社会结构与社会学习模型理论

1. 社会结构与社会学习模型理论的起源

Edwin Sutherland在研究犯罪学理论的过程中，曾在其1939年版的《犯罪学原理》中首次提出了犯罪的“不同交往理论”，该理论认为，犯罪行为与越轨行为是通过与他人互动而学习的(Akers，1998；Sutherland 和 Cressey，1966)。在该书的后续版本中，该理论以九种命题的形式提出(包括“犯罪或越轨行为是通过学习获得的”“犯罪活动是在与他人互动的过程中学习的”“犯罪行为的学习主要发生在亲密团体的内部”“当学习到犯罪行为时，学习内容包括：① 该犯罪行为的实施技巧；② 犯罪的动机，合理性和态度”等)。这些命题表明，犯罪行为、越轨行为以及伦理行为是可以通过与他人的互动学习的，尤其是在亲密群体中。这个学习过程不仅涉及犯罪或越轨行为实施所需的实际方法，而且涉及有关犯罪行为或越轨行为的定义(适当与否)。同时，犯罪行为是由过多的违法的定义引起的。要注意的是，这些学习因素是所有行为类型的基础，而学习的“过程的方向”决定了个体是会顺从还是偏离学习到的行为。

Burgess 和 Akers(1966)提出了 Sutherland 的“不同交往理论”的重新表述(Akers，1998)，他们引入了 B.F. Skinner 和其他行为心理学家关于操作者调节的研究成果(Akers，1998)。因此，Burgess 和 Akers(1966)在 Sutherland 原有理论的基础上，补充了“强化”这一概念。新理论的标题为“不同交往—强化”理论，包含以下七个命题：

(1) 犯罪行为是根据操作性条件反射的原则学习的。

(2) 犯罪行为，可以是在非社会性情况下得到加强或削弱而习得的，也可以是在社会性情况下，通过社交互动来学习的。在社交互动时，其他人的行为对个体的犯罪行为是可以起到加强或削弱作用的。

(3) 学习犯罪行为主要发生在构成个人主要强化来源的那些群体中。

(4) 学习犯罪行为,包括学习特定的技术、态度和避免机制。

(5) 习得的行为的特定类别及其发生的频率取决于是否有一个这个行为的加强者,且这个加强者是有效且可以被个体接触的。

(6) 犯罪行为是个体对一些行为规范加以区分加以定义的过程,当一种犯罪行为比非犯罪行为得到更大程度的强化时,犯罪倾向就会发生。

(7) 犯罪行为的强度直接取决于犯罪行为的数量、频率和加重的可能性。

以上理论依旧停留在不同交往理论的基础上进行补充的阶段。但在后来Akers(1973,1998)对不同交往-强化理论的重述中,又加入了"定义"这一关键概念,新理论成为社会学习理论。Sutherland 和 Cressey(1966)以及 Bandura 和 Walters(1963)等人也使用了这个术语。Akers 首先尝试阐明社会学习理论的关键概念,这些概念发生在 *Deviant Behavior*(1973)中。在保留 Burgess 和 Akers 文章中的七个命题的同时,他开始从这些陈述中提取概念以做进一步解释(Akers, 1998)。在理论的后续讨论中,Akers 命名并定义了社会学习理论的四个组成部分:不同交往(differential association),有利定义(definition),差异强化(differential reinforcement)和模仿(imitation)。这四个概念首先在 Akers(1979)的文章中得到了最清晰的陈述和衡量。Akers 将社会学习理论的中心命题陈述为:

在出现以下情况时,人们从事犯罪和越轨行为的可能性就会增加,而遵守规范的可能性会降低:当人们与实施犯罪行为并支持有利于犯罪行为的定义不同的人进行交往时,人们从事犯罪和越轨行为的可能性就会增加,而遵守规范的可能性就会出现不同程度的降低。突出犯罪/越轨模型,将其定义为在对行为有歧视性的情况下是可取的或合理的,并已在过去受到并在当前或将来的情况下预期获得比对行为的惩罚更大的奖赏(Akers, 1998)。

因此,该理论的四个主要概念是:① 不同交往;② 定义;③ 差异强化;④ 模仿。

(1) 不同交往:"不同交往"是一个过程,在这个过程中,人们接触到他人赞成或不赞成犯罪或越轨行为的"定义"甚至是犯罪行为(Akers, 1997)。同样重要的是"联系方式"、频率、持续时间、优先级和强度(Akers, 1998)。频率和持续时间涉及与他人相处的频率和时间。更具体地说,①与同伴的联系越多,② 与同伴的联系越久,③ 与同伴相处的时间所占的比例越大,他们的行为和定义受到的影响就越大。优先级是指在儿童期早期建立联系的方式，并假设在儿童期发展较早形成的联系将对行为和定义产生更大的影响并产生更持久的影响。最后，强度表明了对同龄人或同龄人群体的亲密、承诺或忠诚的重要性，而更紧密的联系更有可能影响行为或定义(Akers, 1998)。

(2) 定义：是对某个情景或某个行为的定义，以及将行为的实施定义为对与错，是好还是坏的评价和道德态度(Akers, 1997)。与否定性定义相反，对违法犯罪或越轨行为的肯定性定义越多，则从事此类行为的可能性就越大。定义可以是一般性的信念，例如道德或宗教信念，或关于犯罪或犯罪行为的特定信念(Akers, 1998)。

(3) 差异强化：差异强化来自对过去、现在和预期的惩罚奖赏的比较。如果犯罪或违法行为的报酬余额大于该行为的刑罚余额，则人们更有可能从事该行为。这种强化也依靠特定的方式。"奖励某人的行为的价值或金额越大，奖励的频率越高，并且被奖励的可能性更高，它发生和重复的可能性就越大。"(Akers, 1998)

(4) 模仿：模仿只是简单地模仿他人的行为，通常人们倾向于模仿自己的榜样或其他对自己来说很重要的人。模仿对于行为的发生很重要(Akers, 1998)。

2. 社会结构与社会学习模型理论概述

Akers(1998)开发的"社会结构-社会学习"模型就是尝试将犯罪的结构性解释与个人行为的过程理论相结合的一个例子。尽管有人批评该理论未能提供结构层次和个人层次之间的因果联系(Krohn, 1999)，但该模型对社会学习和随后犯罪的研究有宝贵意义。Akers(1998)的社会结构-社会学习(SSSL)模型提出，社会结构的某些要素通过社会学习机制间接影响犯罪和犯罪率。他指出，SSSL模型的基本假设是社会学习是将社会结构与个人行为联系起来的主要过程。其主要主张是，社会结构、文化、个人和群体在社会系统中的位置的变化可以解释犯罪率的变化，这主要是通过其对社会学习变量上个体之间差异的影响而产生的，主要是不同交往、差异强化、模仿和定义对犯罪的有利和不利以及其他辨别性刺激(随时间的推移能增加行为可能性的任何刺激)(Akers, 1998)。

如图2-2所示，该模型概述了预期与犯罪行为有关的四个社会结构要素或维度：差异性社会组织、差异性社会结构中的社会位置、理论上定义的结构性原因以及在主要、次要和参照群体中的差异性位置。

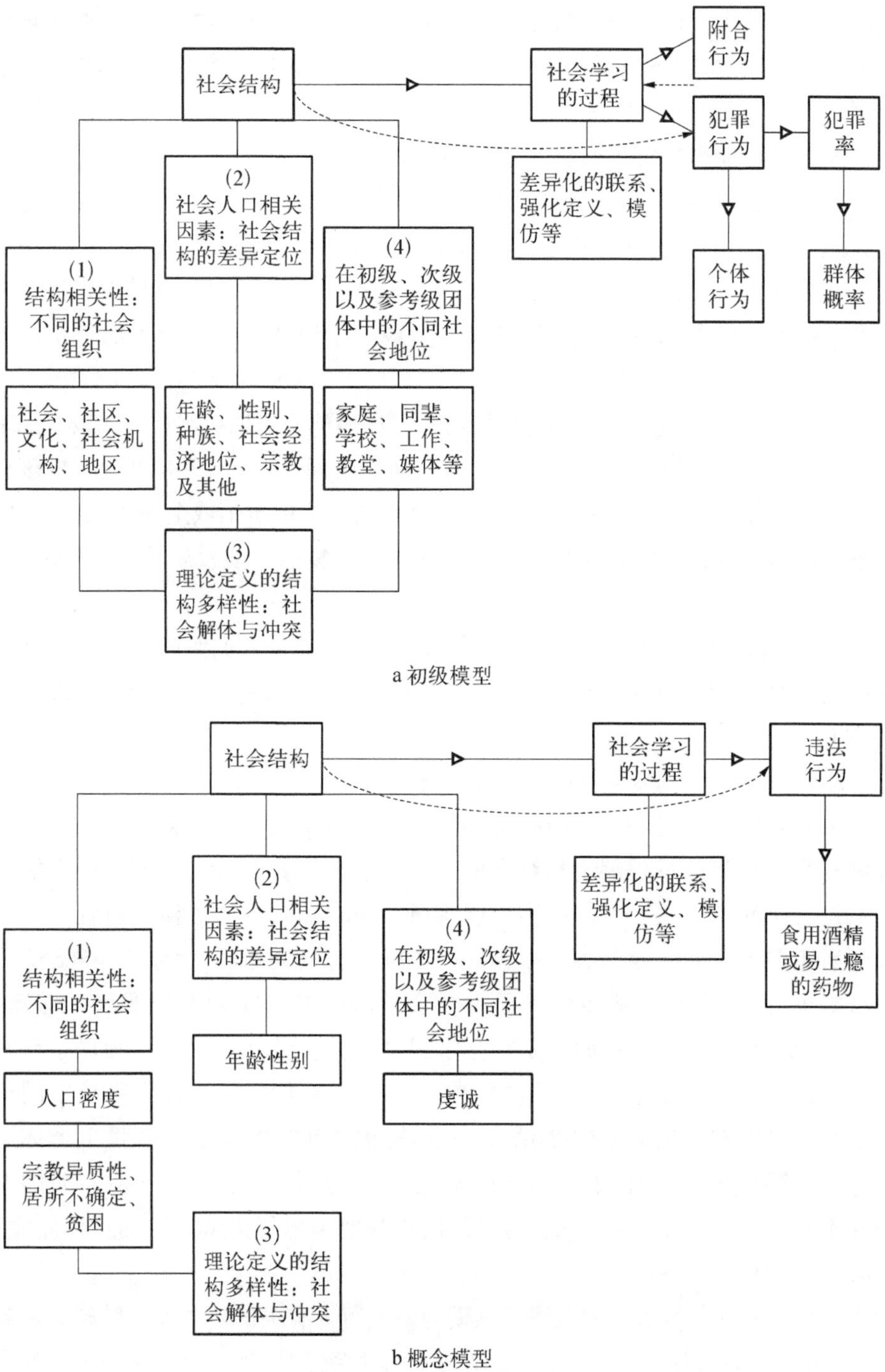

图 2－2　社会结构与社会学习模型(Akers，1998，P.133)

借鉴 Sutherland 的差异化社会组织的表述，第一个概念“差异社会组织”指的是产生高或低犯罪率的社会系统的结构和文化特征，例如城市化程度和人口密度。

SSSL 的第二个组成部分，“社会结构中的不同社会位置”，是指社会人口统计学和社会经济特征，例如种族、年龄和性别，这些特征是社会群体的特征。这些群体反映了已知或预期的犯罪关系，这些关系通常是犯罪学调查的主题，例如年龄-犯罪关系。尽管这些通常是在个人层面上概念化的，但它们在结构层面上也很重要，因为它们将个体定位在社会结构中。

第三个概念是“理论上定义的结构性原因”，是指在犯罪的结构性理论中概念性地提出的变量，例如失范、社会混乱、冲突、父权制或阶级压迫理论。Akers 承认，SSSL 理论在很大程度上是基于失范、社会混乱和冲突的观点。这些结构理论为某些概念为何与犯罪率相关提供了解释，这与上述差异社会组织概念不同，后者可以预测犯罪率。

最后一个概念是，在初级、次级和其他参照群体的社会地位差异，指直接影响个人行为的“群体和个人网络”。这些群体代表“直接的社会环境”，在这种环境中，不同的社会组织，不同的社会位置，社会的组织混乱和冲突影响着个人和社会学习变量的运作。

社会结构-社会学习模型预测，四个社会结构维度中的每一个与犯罪率之间的关系都将由社会学习变量（差异强化、不同交往、对犯罪行为的定义和对犯罪行为模仿）决定。换句话说，社会结构的上述概述的要素决定了学习犯罪和违法行为的机制。

3. 社会结构与社会学习模型理论的研究成果

尽管到目前为止，尚无对 SSSL 理论的完整测试，该理论结合了 Akers 概述的所有四个社会结构概念以及所有四个社会学习变量，但至少已经对该模型进行了几个部分测试（Bellair，Roscigno 和 McNulty，2003；Lanza-Kaduce 和 Capece，2003；Lee，Akers 和 Borg，2004）。Lanza-Kaduce 和 Capece（2003）使用“社会结构-社会学习模型”研究了大学生的酗酒问题。这些研究人员使用在八个不同的大学校园中收集的有关毒品和酒精的数据，试图确定大学校园特有的社会结构要素是否会影响学生酗酒，进而确定这些关系是否由社会学习变量中介。Lanza-Kaduce 和 Capece 指出，就像许多数据集一样，尽管有很多学生背景和团体成员的量度，但宏观社会（或机构）组织或社会学习变量的量度却相对较少。分析中包括的社会结构变量是大学（差异机构组织）、性别和种族（社会结构中差异位置）。不幸的是，只有“定义”和酗酒的“差异强化”这两个变量支持了社会学习的中介作用。研究结果表明，大多数社会结构指标都与酗酒有很大关系：男人、白人、GPA 较低的人饮酒水平较高。另外，每个社会学习变量都与酗酒显著相关，并且部分地调节了几乎所有重要的社会结构关系。Lanza-Kaduce 和 Capece 得出的结论是，该测试为 SSSL 模型提供了支持，其结果表明，社会学习变量部分地调节了社会结构变量对酗酒的影响。他们指出，在不同的社会环境中以及社会学习概念的测量方面，需要更多的测试。

Lee 等(2004)还提供了有关物质使用的 SSSL 模型的部分测试。作者使用来自 Akers 最初的 Boys Town 研究的数据，基于 SSSL 模型构建因果模型。因果模型表明，性别、年龄和社会经济地位(社会结构中的不同位置)、家庭结构(小学和中学组中的不同位置)和社区规模(社会结构的不同)直接或间接地影响了社会学习变量。与 Lanza-Kaduce 和 Capece 的研究不同，Lee 等人的研究使用了专门用于测试社会学习理论的数据源。不幸的是，由于没有真正的不同的社会组织，或其他可能对吸毒产生重大影响的宏观变量，因此社会结构指标受到一定程度的影响。他们的研究结果显示，除酒精的社会经济地位外，每个社会结构变量都与药物滥用(酒精和大麻的使用)显著相关。随着社会学习变量的引入，每个社会结构相关性都被调解为零。Lee 等指出，这项研究受到若干限制，例如无法完全衡量 SSSL 模型的所有社会结构组成部分。例如，他们建议未来的 SSSL 研究应纳入理论上定义的变量，例如从社会无组织理论得出的变量，并且应使用跨层分析。

Bellair，Roscigno 和 McNulty(2003)试图通过将宏观水平的劳动力市场措施和社区劣势纳入个人水平的社会结构和社会学习措施来解决这一局限性。与前两个测试不同，这些作者关注更严重的犯罪行为形式即暴力。他们使用 SSSL 模型来探索“社区的职业结构可能通过哪些机制来塑造社会学习过程，从而影响美国青少年的暴力行为”(Bellair 等，2003)。作者认为，获得管理层职位和全职职位直接影响家庭收入、家庭的完整性和社会学习过程。个体的职业结构通过微观过程直接或间接地影响个体的暴力行为。家庭福利会影响社会学习过程，并且都直接影响暴力。使用来自对 25 000 名中学生进行的纵向调查的数据以及从每个受访者的邮政编码获得的美国人口普查数据。Bellair 等通过计算每个邮政编码中被分类为专业和管理人员的人口百分比来衡量职业结构。与 Lanza-Kaduce 和 Capece(2003)的研究一样，由于该数据集并不是专门为测试社会学习而设计的，因此作者采用的社会学系概念的度量方法并不理想。尽管存在不完善的测量问题，但作者的实证结果（第四章）支持了社会结构与社会学习理论模型的假设。

虽然先前的每项研究都部分支持了 SSSL 模型，本文旨在通过对模型进行多层次的测试，以弥补当前关于社会结构-社会学习模型的研究文献的不足。先前的大多数研究都仅仅测试了不完整的 SSSL 模型，并且在使用不同结构群组中的样本时，通常没有很好地解决测量错误，存在统计误差。并且除了 SSSL 中指定的社交学习的某些中介作用外，还有一些证据表明，在社会学习与犯罪行为、越轨行为的关系中，存在一些具有调节或交互作用的个体特征变量（例如道德标准）。因此对于完整的 SSSL 模型，还需要进行更为复杂的跨层研究。

（二）创业过程中的阴暗面——中小企业主的日常越轨行为

1. 创业过程中的阴暗面相关研究

企业家以及企业家特质一直深受学届广大研究者的关注，因其一直被业界认为是驱动国家经济进步的关键因素。从“穷货郎商业家”武百祥、“火柴大王”刘鸿生，到“民族资本家”荣氏兄弟，再到“小米生态”雷军、“华为创始人”任正非，这些企业家领袖的企业家特质与我国经济发展息息相关，企业家们的“破坏式创新”也与我国的经济浪潮一起滚滚向前，蓬勃发展。而由于测量方法论的原因，学者对企业家行为的阴暗面很少进行实证研究（Khan 等，2007；Sutter 等，2013）。在我国中小企业经营管理过程中，大多中小企业主只重视企业的利润指标，却很少关注企业在运营过程中的伦理道德问题。然而，随着经济的不断发展，广大民众维权意识日益增强，我国的市场制度也日趋完善，我国企业固有的生存观念和价值观念亟待改变，新的经济形势与社会和谐发展局面要求中小企业群体也必须具备完善的伦理道德体系以适应新的市场环境。企业家的动机和商业的合法性也将成为法律研究和商业道德领域重要的研究主题（Rehn 和 Taalas，2004；Anderson 和 Smith，2007）。

关于企业家的道德选择，Wempe（2005）曾表达过一个传统观点：企业家需要利用机会并考虑所有选择。这种在经营过程中做出的每一个选择都应该发生在法律规定的范围内，并且辅以道德规范。然而，情境化的实践揭示了，在企业家实践过程中，尤其是在中小企业主创业的过程中，企业主的选择往往有悖于这一传统观点。

Francesca Gino 和 Dan Ariely（2012）曾指出，具有创新性人格的企业家的

创新性倾向可以提升自我辩护的能力，进而可能会导致企业家不道德行为的发生。有学者的论点认为犯罪动机和企业家精神经常交织在一起，二者有着某种不可分割的关联(Casson，2003)，这意味着有序和复杂的经济行为存在于比企业家精神研究者所分析的范围更广的领域(Rehn 和 Taalas，2004)。Baumol(1990)指出，企业家精神的非生产性和破坏性类别包括从违法到不道德行为的各种行为。

2. 犯罪学理论与越轨行为(SSSL 理论与 EBD)

社会结构与社会模型理论解释了包括“犯罪”在内的越轨行为的学习机制，解释了年龄、性别、家庭情况等社会结构因素如何影响个体的社会学习行为，进而如何影响越轨行为的习得与发生。根据社会结构与社会学习理论：城市化程度和人口密度等差异化社会结构影响个体所处的大环境具有怎样的道德氛围(比如犯罪率的高低)进而影响个体的社会学习行为；种族、年龄和性别等社会结构中的不同位置反映了每个个体在群体中不同的权利和义务，进而影响个体的学习行为；学习行为通过改变个体对于越轨行为的心理定义、模仿越轨行为、强化越轨行为最终导致个体做出越轨行为。犯罪学研究最有希望的途径之一是“背景分析”，它着眼于外部环境和个人特征如何相互作用以产生犯罪行为。传统上，犯罪学的理论和研究是通过分叉的系统分为结构性的解释或个人解释。然而近年来的研究事实是，许多犯罪学家(例如 Shaw，McKay 和 Sutherland)建议，对环境与个人之间的相互作用的理解是很重要的。因此犯罪学理论十分适合用于本文的研究——犯罪和越轨行为。在过去的十年中，学者的兴趣一直集中在理解这两个分析级别之间的联系。Akers(1998)开发的“社会结构-社会学习”模型是尝试将犯罪的结构性解释与个人越轨行为的过程理论相结合的一个例子。

3. 中小企业主的日常越轨行为(EBD)

EBD 这种类型的越轨行为违反了社会规范，这些规范与中小企业日常业务运作中遇到的道德问题有关。中小企业主一方面想要维护自己的法人正面形象，一方面想要获取更多的利益。因此，他们会在能为自己辩护的空间内尽可能地违背道德，并且逃避受到法律的制裁。同时，中小企业家作为“破坏性创新”的重要代表，他们思维灵活，对法律的认知更深入，更有能力为不道德行为做出辩护。此外，中小企业所有者所面临的财务挑战可能导致他们在商业运作中出现道德妥协(De Clercq 和 Dakhli，2009)。可能的解释是，人们认为，高收入中小型企业所有者的不道德做法的下游成本相对较低，而低收入中小型企业所有者的下游成本可能再被降低，从而限制了他们从事这种越轨行为的认知门槛。此外，新兴经济体中以制度空缺和监管执行困难为特征的环境条件可能会增强这种企业家的观念(Puffer 等，2010)。另一个可能的解释是，充足的财务资源会导致高收入企业家趋向于增加自由和减少相互依存关系，从而有可能增强他们的应有意识和对社会行为的自我关注倾向(Piff 等，2012)。优先考虑自身利益以及其他利益相关者的冷漠态度可能会导致高收入中小型企业所有者支持与金钱相关的越轨行为。

除了行贿、腐败等严格意义上的的犯罪(de Jong 等，2012；Zhou 和 Peng，2012)以外，中小企业的日常生活中的商业偏差尽管程度轻微，规模较小，却频繁发生，通常此类行为以在商业交易中获得物质利益为目的(Button 等，2013)，常常落入法律和道德间的灰色地带(Karstedt 和 Farrall，2006)，并已成为中小企业日常业务的一部分(Sutter 等，2013)，例如：要求顾客现金支付以避免缴税，网店通过刷单以提升排名和销量，通过民间私人借贷融资，大量推送宣传信息(叶明，2019；陈芸莹，2019；范静波，2019；陈兵，2019)，等等。但 EBD 却较少受到学者们的关注(Karstedt 和 Farrall，2006)。EBD 涉及中小企业所有者(为了获得某种物质利益)定期进行的一些疑似违背道德的行为(Button 等，2013)。它们常常被中小企业主和其他人视为“典型的”“只是商业的一部分”或“理所当然的”(Karstedt 和 Farrall，2006)。中小企业主的 EBD 行为对企业来说，可能导致顾客停止购买其产品，员工大量离职，投资者终止投资(代峰和夏红雨，2019)。对于整个新兴经济体而言，EBD 行为累积起来，则可能造成严重的经济损失，也可能导致整个社会的道德滑坡(柳宏志，2007)。

由于方法论的原因，对小企业的所有者的道德态度和伦理行为的研究也特别受关注。因为与较大型组织的管理者相比，此类所有者更容易用自己的业务决策贯彻于整个组织，受到企业制度、法律规定和既定规范的调节和约束(Quinn，1997)。先前对犯罪行为的研究检验了人格方面以及它们如何影响道德决策(Yin 和 Quazi，2018)，例如，Ji 等人通过实证验证了个人的物质主义，道德标准如何影响 EBD(Ji 等，2019)。但目前来说，探究外部环境对于越轨行为有怎样影响的研究相对较少，还有待进一步补充。

除去中小企业主的个人特质会对他们的越轨行为造成影响之外，是否有其他因素会对越轨行为造成影响呢？中小企业主了解越轨行为并决定做出越轨行为的机制是怎样的？这些问题还有待进一步讨论。

（三）道德认同理论

道德行为的决定因素有许多，其中许多是个体的特征，包括道德推理（Kohlberg，1969），道德成熟度（Walker 和 Pitts，1998），道德承诺（Colby 和 Damon，1992），道德人格（Walker 和 Frimer，2007）和道德品格（Barsky，2011）。先前的研究通常发现这些特征在不同程度上与道德行为有关，但似乎没有一个完全能够预测或解释道德行为中情境变化的能力（Hardy 和 Carlo，2005；Shao，Aquino 和 Freeman，2008）。Aquino 和 Freeman(2002)，Aquino 和 Reed(2002)等提出了社会认知理论（Bandura，2001），可以为解决此限制提供有用的框架。新兴研究证明了在预测道德结果方面，道德认同具有很好的效用（Aquino 和 Reed，2002；Aquino，Reed，Thau 和 Freeman，2007）。

认同是一种自我概念或一种自我定义（Erikson，1964）。道德认同是一种特殊的认同，它围绕着一个人的道德方面而发展（Bergman，2002）。道德认同作为一种自我调节机制，为个体的行为设定界限并可以激发特定的行为（Damon 和 Hart，1992）。一致性认同原则解释了道德认同的动机，该原则指出，认同产生了个人对自己真实的需求，因此需要使自己的行为与自己的认同保持一致（Erikson，1964）。因此，强烈的道德认同迫使个体以道德的方式行事（Colby 和 Damon，1992）。Aquino 和 Reed(2002)从社会认同理论（Turner 和 Oakes，1986)里参考了一致性原则，提出了道德认同理论。他们指出，个体在其接纳和认同的道德范围内，驱使自己以与这个道德范围相一致的方式去行事。Aquino 和 Reed (2002)通过实证检验出了道德认同的两个维度：符号化维度和内在化维度。Aquino 和 Reed 证明，这些维度有效地预测了几种道德行为。然而，Aquino 和 Reed 明确指出，“道德认同并不能取代认知发展模型或道德推理作为道德行为预测因素的思想。相反，它是对这种方法的补充”。

一些研究认为，道德认同对道德行为具有积极的预测作用。具有强烈道德认同感的人会更加自律，更加关注道德问题，因此更有可能参与道德行为（Colby 和 Damon，1992）。然而，一些研究指出道德认同与道德行为并不直接相关，因为一个人的思想和行为不一定总是一致的。Steven G. Hertz 和 Tobias Krettenauer(2015)为了确定道德认同和道德行为的关系，对企业道德研究领域的 80 份文献进行了元分析，研究分析道德认同和行为的关系的同时，加入了六个相关的调节变量，研究结果是道德认同会且仅会在个人主义正向地预测道德行为，但个体往往是在集体世界与他人进行互动的，因此道德认同更适合作为一个个人情景变量对道德行为的产生机制起到影响作用。

三、理论假设与概念模型

（一）社会结构-社会学习与 EBD

从将社会学习发展为解释个体的越轨行为或犯罪行为的理论开始，Akers 指出了社会学习过程在影响个体道德行为的过程中，个体的社会背景和社会结构起到很大的作用（Akers，1973），并且如前文所述，后来提出了 SSSL 模型作为一种链接方式，将社会学习的过程和社会结构因素整合到犯罪行为和越轨行为的跨层次通用理论中（Akers，1998；Akers 和 Jensen，2003）。尽管社会学家对社会结构和背景的重要性有所了解和关注，但文献中社会结构概念的含义和使用却存在很大差异。为了更清楚地说明 SSSL 中的社会结构的含义，艾克斯（Akers）确定了四个主要方面，它们提供了社会学习过程所处的各种环境。这些宏观和中观层面的社会结构维度通过影响个体不同交往、模仿、定义和差异强化的概率，从而对社会学习产生影响，进而影响 EBD。

1. 地区/人口密度/人口流动性与 EBD

SSSL 模型的第一个结构维度是“差异性社会组织”。该概念指的是社区，社会和文化的总体水平特征。模型表明社区、社会和文化的总体水平及特征影响了个体所处大环境的整体道德氛围，例如所谓的“穷山恶水出刁民”，即是指生存环境恶劣时，个体的生产方式和生活方式受到严重限制，群体中可供自己进行社会学习的对象更多，因此往往会做出更多越轨行为。这些社会特征由经验相关性表示，例如人口规模，密度和组成，地理位置，经济状况，不平等程度，文化特征以及社会系统中的其他变异（Akers，1998；Akers 和 Sellers，2009；Lee 等，2004）。这些通常用作统计控制，但在多变量研究中也用作自变量。本文选择人口密度作为这一维度的衡量指标。

第二个结构维度是“理论上定义的结构性原因”，是指犯罪和偏差行为的结构性原因，这些原因是由“众所周知的犯罪和偏差的结构性理论”所识别和借鉴的，这些理论提出了处于这些社会或这些社会阶层中的个体数据显示犯罪率较高。社会无组织理论认为，犯罪和违规程度更深层的原因是由于社会经济劣势，快速的社会变革和其他社会条件而导致的社会秩序崩溃和凝聚力。犯罪的一些结构性关联，例如不平等、社会阶级、贫困、人口不稳定或其他因素，可以作为这些理论构架的指标。本篇选择人口流动性作为这一维度的衡量指标。

2. 社会结构中的不同位置与 EBD

SSSL 模型的第三个结构维度是“社会结构中的不同位置”。性别、年龄、种族、教育、阶级等的社会人口学特征通常在统计模型中作为控制变量输入。在 SSSL 中，这些社会人口统计特征被概念化为“社会结构中的不同位置”（Akers, 1998: 333）。个人和群体在社会结构中的不同位置，表明了在社会中权利与义务的差异，与社会中其他个人或群体的关系，对社会期望的不同，以及相对受到犯罪或越轨行为影响的风险。因此可以直接影响个体对于越轨行为的学习过程，且可以影响个体的道德选择。

本篇选择性别这一人口统计学特征来衡量“社会结构中的不同位置”这一变量。男性比女性更容易犯罪，尽管人们已经将新的精力集中在解释这种在犯罪方面的差异，但是很少有研究能够完全解释犯罪中的性别差异（Jensen, 2003）。性别，是人的自然属性和生理现象。男女的先天素质和后期生活中所获得的生活环境大不相同，这导致了男性与女性在犯罪率、犯罪类型和犯罪方式之间的差异。在犯罪率方面，世界各国的统计数据表明，女性所犯罪行的数量大大少于男子。19 世纪，比利时数学家 Adolf Kettler 通过实证研究得出结论，男性所犯下的罪行是同时期女性的五倍之多。女性犯罪率在西方发达国家约为 15%～25%。中国妇女的犯罪率占全部犯罪的比例约为 10%，在年犯罪率较高时，某一年的犯罪率可能会达到 15%。由于女性的体力明显低于男性，因此，特别是对于某些需要一定体力的犯罪行为，女性更难执行。性别与犯罪之间的关系在时间和地点上也显示出非常一致的模式（Jensen, 2003）。男孩比女孩更容易犯罪。尽管人们一直在努力解释这种犯罪的差异，但很少有研究能够完全解释犯罪的性别差异（Jensen, 2003）。研究发现，差异体现在犯罪程度而不是犯罪类型上。传统上，人们一直认为，女性罪犯更容易犯不太严重的身份犯罪和性犯罪，而男性犯下的罪行则更为严重。然而，Hindelang（1971）指出，女性报告的行为与男性一样，但频率较低。这一发现反映在最近试图解释女性犯罪的滞后性。最近的研究集中于几个因素：同龄人犯罪、性别规范和解决男性与女性犯罪中的性别差异时的社会控制差异。例如，Alarid, Burton 和 Cullen（2000）在一个严重的成年罪犯样本中测试了不同交往和社会联系理论的普遍性。这些研究人员发现，两种理论都可用于解释跨性别的犯罪。但是，联系变量对女性的犯罪行为影响较小，而不同交往变量对男性的犯罪行为影响较小。研究人员指出，女性犯罪行为与对男性伴侣的依恋关系的方向并非预期的方向。结婚或与男性伴侣有依恋关系，除暴力犯罪外，所有其他女性犯罪都与更多的犯罪活动有关。这实际上可以为不同交往/社会学习理论提供支持，因为这些男性可能为犯罪行为提供了支持。Mears，Ploeger 和 Warr(1998)的研究还表明，不同交往理论为男性和女性犯罪的差异提供了有用的解释。这些研究人员的几项研究表明，与同龄人的相处是女性和男性犯罪行为最强的预测因素之一，但与男性相比，对男性犯罪行为的预测更强。先前的研究还有一些发现，女性比男性发展出更多的亲社会和同理心的推理风格，假设女性之间的这种推理可能使她们免受同伴的影响。他们发现男性确实有更大的能力接触犯罪同伴，特别是那些犯有严重罪行的同伴。此外，他们发现性别与犯罪同伴之间的相互作用非常重要，表明接触犯罪同伴对男孩的影响大于对女性的影响。男性的行为更容易受到同龄人的影响。当女性普遍不赞成某行为时，她们更有可能与同龄人隔离。另外，女性往往侧重于家庭活动和相对较少的社会活动，在犯罪类型方面可能发生的意外情况，在大多数犯罪中，女性比男性少得多。在选择犯罪类型时，女性往往犯有侵害财产和不道德行为的罪行，例如小偷小摸、贩运人口、轻伤、虐待、遗弃婴儿和欺诈。女性的犯罪是非暴力、依存和间接的。研究发现，对于犯罪与越轨行为的性别差异现象来说，差异一般体现在犯罪程度而不是犯罪类型上。传统上，人们一直认为，女性犯罪者更有可能从事不太严重的犯罪行为和越轨行为，而男性的犯罪行为则往往更为严重。同时，Hindelang(1971)指出，女性犯罪存在滞后性，而男性做出犯罪选择的频率要高许多。对于 EBD 这一日常且微小的犯罪来说，性别不同的中小企业主势必也会做出不同的选择。

3. 在不同群体中的不同位置与 EBD

SSSL 中的第四个结构维度是在“主要，次要和其他参照群体(包括虚拟群体)中的不同社交位置”。它指的是个体所处或所属的中观水平或更直接的社会结构和环境。这些网络由主要或次要团体和个人网络组成，例如家庭、工作团体、同龄人团体、教会团体和其他隶属或所属的团体。社会结构的这一维度与中小学生的不同交往的社会学习过程最直接相关。这些人参与并拥有成员身份的群体的结构特征(例如家庭结构，与之有联系的宗教团体的性质)对个体暴露于他人的行为并顺从他人的可能性产生影响。

社会经济地位(家庭收入等级)与犯罪之间的关系不像年龄性别等生理表征与犯罪行为之间的关系那么清晰明确。但许多犯罪学理论倾向于认为家庭收入等级的不平衡是犯罪行为以及越轨行为的重要前因。因此，本篇选择“家庭收入等级”衡量中小企业主在不同群体中的不同位置。Tittle(1983)提出，“至少可以将八种不同的理论或思想流派解释为暗示社会经济地位与犯罪行为的可能性之间存在负相关关系”。在这些观点中，失范、亚文化、不同交往理论都指向了这一负相关关系。例如，Merton 的经典失范理论表明，由于美国社会的定位方式过分强调了物质成功，但获得这种成功的合法手段却被低估了（Akers 和 Sellers，2004）。同样，有学者指出，犯罪行为集中在低下阶层的年轻人中，这不是因为这些年轻人寻求物质上的成功，而是因为他们无法达到中产阶级的标准，因此通过拖欠债务来适应这种失败（Akers 和 Sellers，2004）。Cohen 认为，犯罪集中在低年级的年轻人中，不是因为这些年轻人寻求物质上的成功，而是因为他们无法达到中产阶级的标准，因此通过参与犯罪来适应这种失败（Akers 和 Sellers，2004）。此外，Akers 建议低层青年实际上具有与中层青年不同的价值观。因此，犯罪是在下层阶级亚文化中获得接纳的一种手段（Akers 和 Sellers，2004）。尽管该领域的大多数学者认为，成熟的犯罪学文献预示着社会经济与犯罪之间存在反比关系，但蒂特尔（1983）认为这些理论联系充其量不过是夸大了。这些研究人员指出，使用官方的违法报告进行的研究经常发现，在下层阶级中主要发现了违法行为。但他们建议，将社会阶层与犯罪行为的自我报告进行比较可能会产生不同的犯罪印象。处于下层、中层和上层阶级青少年的犯罪行为只有很小的差异。总体而言，他们得出的结论是，社会阶级与犯罪之间的关系充其量是脆弱的。这些研究提供的证据很少证明犯罪与社会经济等级之间存在反比关系。此外，与使用自我报告数据的研究相比，依赖官方统计的研究往往显示出更紧密的关系。作者得出的结论是，许多犯罪学理论所基于的阶级-犯罪联系是不正确的。家庭收入等级的不平衡是犯罪行为以及越轨行为的重要决定性因素。

（二）社会学习变量的中介作用

Akers 在 SSSL 模型中包括四个主要的社会学习概念（不同交往，差异性强化，定义和模仿）和四个主要社会结构维度（差异性社会组织，社会结构中的差异性位置，理论上定义的犯罪原因，以及群体中不同的社交位置）。多年来，主要的社会学习概念已广为人知，并在许多来源中得到了阐述（请参阅 Akers，1973、1985、1998；Akers 和 Sellers，2009）。在文献中最常将与同伴/同行等群体的关联称为“不同交往”，这一概念是指个体与身边的主要、次要等参照群体（包括“虚拟”群体）的直接和间接的相互作用以及影响（Warr，2002；Akers 和 Sellers，2009）。与那些参与越轨行为或对越轨行为持支持态度的人的交往频率、强度、持续时间和优先级越高，个人发生越轨行为的可能性就越高。差异强化是指一种对行为后果的衡量，是一个行为获得或可能获得的奖励与惩罚之间的平衡。对越轨行为的实际或预期可以收获的奖励的数量、频率和可能性，与对越轨行为的惩罚后果相比，受到奖励的可能性越大，个人越有可能违反而不是遵守规范。理论中的定义的概念涵盖了个人认可的一般和特定态度，信念和价值观，这些态度、信念和价值观是对个人“有利”（积极、中立或宽容）或“不利”（消极、禁止）的行为。个人越了解有利于偏差的定义，则越可能发生越轨行为。模仿是指观察他人行为并因此而受到影响以从事类似行为的过程。那些亲自或通过各种大众和社交媒体接触越轨行为模型的人，从事越轨行为的机会就更大。数十年来进行的大量研究报告了对犯罪和越轨行为的社会学习理论的支持性测试（参见 Akers，1998；Akers 和 Jensen，2003；Akers 和 Sellers，2009）。

社会学习变量对于差异性社会组织与 EBD 的关系，Akers 认为在社会不稳定的情况下，个人暴露在社会学习过程中程度不同，学习到的越轨行为也会不同，因此差异性社会组织可以直接影响个体对于越轨行为的学习过程，且可以影响个体的道德选择；对于“理论定义的社会结构”与 EBD 的关系，Akers 认为社会混乱、失范和冲突理论与影响社会学习过程最相关，通过影响社会学习的进程影响个体的犯罪行为；对于在社会结构中的不同位置与 EBD 的关系，Akers 认为个人和群体在社会结构中的位置不同会导致在社会中权力就不同，与其他人的交往方式不同，相对受到犯罪或越轨行为影响的程度就不同；对于在群体中的不同社会位置与 EBD 的关系，在群体中的阶层不同，价值观不同，社会学习的对象、过程、程度都会有所不同，最后做出的道德选择也会有所差异。

社会结构的四个维度会影响个人过去，现在或将来接触不同水平的社会学习变量的程度。反之，对社会学习变量的这种不同程度的接触将影响个人发起，维持和停止犯罪和越轨行为的可能性，并最终影响这些人所在的人口中的犯罪率。SSSL 模型的主要假设是，社会学习变量（如 Akers 的社会学习理论所规定）将“实质上”影响这些社会结构的不同维度下个体行为差异，从而导致犯罪或偏差。也就是说，假设结构上的偏差会对社会学习变量产生影响，则社会学习的变化会受到那些产生行为差异的结构的影响。如果结构变量或因素对犯罪和偏差没有影响，则该模型建议对社会学习变量没有影响。

基于上述分析，本篇提出了假设 1 到假设 7b 共 13 条假设。

1）地区层面假设

传统的犯罪学与越轨行为研究提出，个人所在地区会影响个人道德选择。个人所在的地区不同，所处的整体环境就会有巨大差异。个体所在地区的地理位置、经济状况、不平等程度、文化特征都会影响或者说改变、扭转个体的道德选择。基于此，我们提出假设 1。

假设 1：中小企业主日常商业越轨行为在不同地区的情况显著不同。

2）个人层面假设

社会学习变量会显著影响中小企业主的 EBD 行为。观测到同行有类似 EBD 行为且频率较高时，中小企业主会更倾向于对同行相仿相效，步人后尘地做出同种行为。同样，当中小企业主对 EBD 行为的后果进行利弊权衡后意识到 EBD 行为对自己来说是利大于弊的，则更有可能实施 EBD 行为。基于此，本篇提出假设 2a 与假设 2b。

假设 2a：同行强化与中小企业主 EBD 正相关，即中小企业主在观察到自己的同行出现越轨行为时，会更容易实施相同的行为。

假设 2b：差异强化与中小企业主 EBD 正相关，即中小企业主认为在日常商业越轨行为中能获得的利益大于会受到的惩罚或损失时会更倾向于实施日常商业越轨行为。

个体赖以生存的社会结构变量对个体道德选择有着不可避免的深刻影响。理论上来说，居住在人口密度高、人口流动性强的地区，生活环境较为动荡复杂，个体更易暴露于犯罪与越轨行为的环境下，更易做出非道德的选择。对于中小企业主来说，人口密度更高的地方同行更加密集，接触同行的机会也更加多，更易习得 EBD 行为。同时人口流动性是社会失范理论非常重要的社会人口学变量，可以很好地衡量理论定义的变量。基于此，本篇提出了假设 3a、假设 3b、假设 4a 与假设 4b。

（1）差异化社会组织变量/理论定义变量

假设 3a：在人口密度更高的地区的中小企业主，比人口密度低的地区的中小企业主，更倾向于实施日常商业越轨行为。

假设 3b：地区人口密度对于中小企业主日常商业越轨行为的影响会被社会学习变量部分中介。

假设 4a：在人口流动性更高的地区的中小企业主，比人口密度低的地区的中小企业主，更倾向于实施日常商业越轨行为。

假设 4b：地区人口流动性对于中小企业主日常商业越轨行为的影响会被社

会学习变量部分中介。

依照前文分析，性别是影响个人越轨行为的重要因素。男性与女性在越轨行为的发生情况、严重程度和出现频率上都存在较大的差异。总之，男性因为人格特质与生活环境的不同，更容易发生越轨行为。因此本篇做出假设 5a 与 5b，认为男性中小企业主更容易做出 EBD 行为，且更容易受他人影响，习得 EBD 行为。

(2) 差异化社会结构变量

假设 5a：男性中小企业主，比女性中小企业主更倾向于做出日常商业越轨行为。

假设 5b：性别对于中小企业主日常商业越轨行为的影响会被社会学习变量部分中介。

犯罪行为与越轨行为集中在低下阶层的人中，这不是因为这些人寻求物质上的成功，而是因为他们无法达到中产阶级的标准，因此通过拖欠债务等行为来适应这种失败。也因此，家庭年收入等级对中小企业主的道德决策有非常重要的影响。

(3) 差异化相关群组变量

假设 6a：家庭年收入低的中小企业主比年收入高的中小企业主更倾向于实施日常商业越轨行为。

假设 6b：家庭年收入对于中小企业主日常商业越轨行为的影响会被社会学习变量部分中介。

(三) 道德认同对"社会结构-社会学习与 EBD"关系的调节作用

尽管中小企业主会在不同的社会背景下，通过社会学习的方式习得日常生活越轨行为，但每个中小企业主习得的情况是不同的。除了外在环境会影响中小企业主的道德选择之外，中小企业主内心的道德意识也会对外来影响进行自我约束，因此，找到社会结构与社会学习和 EBD 之间关系的调节变量是很重要的。

根据社会认知理论，道德功能是显性互动的，是个人和社会影响之间相互作用的结果(Bandura，1991，2002)。因此，社会学习对个人道德越轨程度的关系显著程度将取决于他们的个人特性。道德认同是一种个人特质，指的是人们的自我概念的程度，它强烈地根植于道德特征(Aquino 和 Reed，2002)。具有高度道德认同感的人是"道德模式可以长期获得，易于启动并易于激活以进行信息处理的人”。换句话说，道德认同可以被看作是一种自我调节机制，可以从心理和行为上激励和指导人们。具有高度道德认同能力的人会更容易认识并应对违反社会道德价值观的行为。相比之下，道德认同能力低下的人的自我定义较少依赖道德规范和价值观，他们的道德自我模式更不可能因违反社会道德而获得、启动或激活(他们甚至可能不知道这些违规行为)。因此，他们倾向于不太关心道德和实践，而道德特征和实践在处理社会信息时也不太相关。道德认同的动力源于追求自我一致性的心理愿望，因为不道德地行事会引起与自我认同至关重要的自我矛盾感(Aquino 和 Reed, 2002)。

Aquino 和 Reed(2002)确定了道德认同的两个主要方面：符号化维度和内在化维度。符号化维度利用人的行为反映人的道德自我的达标程度。与内在化维度相比，它与一致的结果关联性较低(Jennings, Mitchell 和 Hannah, 2014)。此外，由于道德认同的这一方面反映在一个人的行为中，所以它通常与亲社会行为有关系(而不是抵制不道德行为)，尤其是当个人因其道德行为而受到公众认可或奖励时(Winterich, Aquino, Mittal 和 Swartz, 2013)。

相比之下，内在化维度则是利用了个人的自我概念中内在的核心道德的程度。它被更一致地识别为道德认同的一个方面，代表着“道德行为的力量”(Reynolds 和 Ceranic, 2007)，帮助人们进行自我调节以抵制不道德行为的诱惑(Mayer 等，2012)。研究还证明了道德身份内在化与道德脱离接触之间存在负相关关系(Aquino 和 Becker, 2005)。因此，我们将道德认同内在化作为我们的调节变量(在下文中使用“道德认同”表述)。

简而言之，每个人都具有自己的内部道德和道德标准，并将其与自己的行为进行校准。对于高度道德的人，他们十分愿意将自己定义为关怀、友好的人，并努力维持自己的道德标准。即使在恶劣的社会环境的影响下，也容易获得越轨行为，鉴于其道德价值观和自我形象的一致性，具有高道德认同的人不太可能成功。根据情况调整自己的道德准则，并更多地依靠它们。内在的道德标准造就了道德观念。对于道德意识薄弱的人，他们的道德自我控制能力很弱，他们没有注意内部道德特征的约束，因此他们与道德有关的决策更多地取决于知识和理解，向外界学习。在此基础上，本篇假设道德认同作为反映个人差异的关键特征，可以调节社会学习与 EBD 之间的关系。具有高度道德认同感的人更愿意维护自己的道德准则，为了保持自己的道德认知的连贯性，具有较高道德认同的中小企业对外部因素较不敏感，其越轨行为受到学习行为的影响也较小。对于道德认同度低的中小企业主，他们的道德认知对外部因素更敏感，因此越轨行为的学习过程对其最终结果的影响更大。

基于上述分析，提出如下假设：

假设 7a：道德认同对同行交往与 EBD 之间的关系有负向调节作用。道德认同程度越高，同行交往与 EBD 之间的正相关关系越弱；道德认同程度越低，同行交往与 EBD 之间的正相关关系越弱。

假设 7b：道德认同对差异强化与 EBD 之间的关系有负向调节作用。道德认同程度越高，同行交往与 EBD 之间的正相关关系越弱；道德认同程度越低，同行交往与 EBD 之间的正相关关系越弱。

图 2－3 所示为本篇的理论模型。

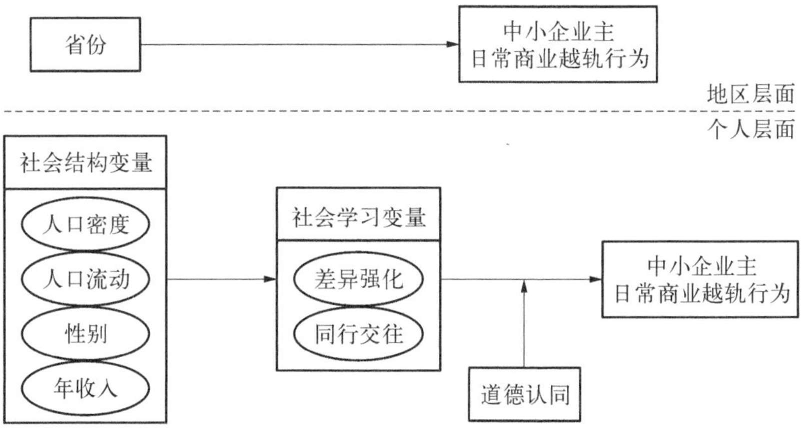

图 2－3　本篇理论模型

本篇将报告描述性统计数据和变量之间的相关关系，然后使用一系列跨层线性模型来检查社会结构变量与 EBD 的关系。为了进行跨层分析，本文开发了一个二级模型，第一层模型的单位是按第二层单位（地区）分组的中小企业主。跨层模型试用条件是：随机误差不独立，独立则没有必要进行多层分析。故跨层模型分析步骤为：

(1) 个人层次执行回归分析。

(2) 检查估计参数的变异数是否跨群组有差异。

(3) 使用群组变量去解释个人层次估计参数的变异数。

(4) 估计不同层级之间的主效果及交互作用。

HLM 其实就是进行两组回归分析：分解水平的回归（Disaggregate level regression，个体层次 Level－1）和聚合水平回归（Aggregate level regression，群

体层次 Level－2)。更通俗地说，Level－2 的回归为组(group)的回归，Level－1 的回归为个体的(individual)回归。从概念模型来看，跨层分析第一步是分别估计每个群体的回归方程式，进行群组间的描述性分析（截距和斜率的平均数及变异数)，第二步是将步骤 1 求得的截距与斜率当作结果变量与 Level－2 的变量进行回归分析。

层次一：

$$Y_{ij}=\beta_{0j}+\beta_{1j}(X_{ij})+\gamma_{ij}.$$

层次二：

$$\beta_{0j}=\gamma_{00}+\gamma_{01}W_j+u_{0j}$$
$$\beta_{1j}=\gamma_{10}+\gamma_{11}W_j+u_{1j}$$

整合层次一和层次二的模型：

$$Y_{ij}=\gamma_{00}+\gamma_{01}W_j+\gamma_{10}X_{ij}+\gamma_{11}W_jX_{ij}+u_{0j}+u_{1j}X_{ij}+\gamma_{ij}.$$

这项研究将有如下几个重要的理论贡献：首先，它开发了关于企业家越轨行为的文献中一个非常重要但很大程度上尚未被探索的领域(Yin 和 Quazi, 2016)。如果不调查这些微小但普遍存在的有害无益的创业活动(Baumol, 1990)，我们对中小企业在新兴经济体中的作用的理解是不完整的。其次，我们确认同行联系和差异强化在解释 EBD 方面都起着重要作用，并且证据为解释破坏性企业家行为的社会学习观点提供了支持，这大大补充了新兴经济体偏离研究的机会推理(Haß 等，2016)。最后，这项研究通过跨层分析、实证检验，验证了社会结构与社会学习理论除“相关理论”这一变量外的所有变量，对社会结构与社会学习理论进行了一个比较完善的实证验证。

四、实证研究

(一) 问卷设计

本篇采用的研究方法是问卷调查，通过对以往学者的量表进行整理总结，选取了被广泛认可的成熟量表进行测量。这些量表都在中国情境下进行过验证。除控制变量(如学历)等变量外，其他的测量题项都使用了 Likert7 点量表。

对于中小企业主日常商业越轨行为(EBD)，本篇使用 Karstedt 和 Farrall

(2006)年编制的量表，共有5个题项，包括“在网络销售中刷单”“使用现金支付避免税款”等问题。

对于社会学习中的两个变量——同行交往与差异强化，本篇使用 Kim E 和 Akers R L(2013)年编制的量表。其中同行交往是由企业主对其同行中是否存在日常商业越轨行为和越轨行为的出现频率进行评价。差异强化是由企业主对日常商业越轨行为的后果，即可能获得的奖励或利益和可能受到的惩罚或损失分别进行评价，再将二者相减得到企业主对差异强化的后果的评估。

对于社会结构变量，参照 Kim E 和 Akers R L(2013)的文献，通过问卷询问企业主所在的地区、性别、受教育程度、家庭收入情况。

对于问卷回收的数据，本篇首先采用R语言处理掉了数据的缺失值和异常值。其次，本篇研究测量了量表的 Cronbach's alpha 系数，肯定了所使用量表的信度。再次，本篇检验变量效度的方法是运用验证性因子分析。同时，使用探索性因子分析检验研究的共同方法偏差。最后，使用阶层线性模型检验直接效应和中介效应。

（二）预测试

本篇在进行全样本正式进行问卷调研之前，曾在山东省的多个中小企业进行预测试。预测试总共发放问卷55份，最终顺利回收到了40份有效问卷。在预测试后我们对样本进行描述性统计，统计结果如表2-1所示。可以看出，本文的样本来源分布均衡，涵盖了不同性别、各个年龄、不同类型的企业。

表2-1　预测试样本分布情况统计结果($N=60$)

变量	分类	频数	占比	累积占比
企业主性别	男	22	57.1%	57.1%
	女	18	42.9%	100%
企业主年龄	25岁及以下	1	2.4%	2.4%
	26～30岁	20	52.4%	54.8%
	31～35岁	8	19.0%	73.8%
	36～40岁	8	19.0%	92.8%
	41岁及以上	3	7.1%	100%

续 表

变 量	分 类	频 数	占 比	累积占比
企业规模	10 人以内	18	45.2%	45.2%
	10～50 人	12	31.0%	76.2%
	50～100 人	5	11.9%	88.1%
	100～250 人	5	11.9%	100%

预测试结果满足个体层面假设，因此继续收集来自其他不同地区的样本，进行跨层分析。

（三）研究数据描述

1. 数据收集

本篇的数据源于上海、江苏、浙江、山东、广州、北京、广西等地的若干位中小企业主。按照以往文献，将员工人数在 250 人以下的企业的老板定义为“中小企业主”(Musteen 等，2014)。本篇主要研究中小企业主的社会结构与社会学习情况对其越轨行为的影响，因此未对行业类型做出限制。调研对象为中小企业主本人，由中小企业主对自身情况、同行情况和对他人的越轨行为的学习情况做出评价。采取问卷星电子问卷的形式，由作者所在研究团队通过个人和专业网络关系寻找到长三角、珠三角等地区的中小企业主并进行调研，共发放问卷 200 份，回收问卷 134 份。其中有部分问卷经检验是无效的，因此本篇进行了剔除。共获得有效问卷共计 112 份，有效回收率为 83.58%。

表 2 - 2 为有效问卷的样本分布分析结果。可以看出，样本男女分布较为均衡；从年龄分布情况看，18～25 岁 47 人，占比 41.96%；26～30 岁 5 人，占比 4.46%；31～40 岁 15 人，占比 13.39%；41～50 岁 36 人，占比 32.14%；51～60 岁 9 人，占比 8.04%。从企业规模分布来看，10 人以下 60 家，占比 53.57%；10～50 人的 21 家，占比 18.75%；50～100 人的 9 家，占比 8.03%；100～200 人的 6 家，占比 5.35%；200～250 人的 16 家，占比 14.28%。

控制变量：本篇研究首先控制了中小企业所有者的年龄，因为发现老年企业家比年轻企业家具有更高的道德标准(De Clercq 和 Dakhli，2009)。其次，本篇研究使用了一个虚拟变量来实现中小企业所有者的婚姻状况(1=已婚，0=其他状况)，因为对道德的研究表明，个体的婚姻状况是可以作为道德行为的解释性变量的(Cullen 等，2004)。

表 2－2　样本分布情况统计结果（$N=209$）

变　量	分　类	频　数	占　比
企业主性别	男	123	58.85%
	女	86	41.15%
企业主年龄	18～25 岁	47	41.96%
	26～30 岁	5	4.46%
	31～40 岁	15	13.39%
	41～50 岁	36	32.14%
	51～60 岁	9	8.04%
企业规模	10 人以下	60	53.57%
	10～50 人	21	18.75%
	50～100 人	9	8.03%
	100～200 人	6	5.35%
	200～250 人	16	14.28%

2. 数据分析工具与方法

本篇使用了 R 语言和 MPLUS23.0 软件对问卷调查得到的数据进行了处理和分析，使用的方法包括：描述性统计分析、信度检验、效度检验、拟合度检验、验证性因子分析、相关性分析、结构方程模型分析以及层次回归分析等。

（四）数据分析与实证检验

1. 描述性统计分析

本篇运用 R 语言软件对问卷调查得到的所有数据进行了皮尔森描述性统计分析，分析的结果如表 2－3 所示。结果显示数据满足了后续分析所需的正态假设，可以进行后续的分析。

表 2－3　各观察变量的描述性统计分析结果

变　量	均　值	标准差	最小值	最大值
第一层变量				
EBD	2.17	1.54	0	6
性别（男性＝1）	0.52	0.49	0	1

续 表

变　量	均　值	标准差	最小值	最大值
家庭收入等级	5.40	0.786	0	6
同行交往	6.04	2.56	0	9
差异强化	1.83	0.64	1	3
第二层变量				
人口密度	11 472.67	6 422.30	367	21 318
人口流动性	18.23%	1.34%	15.8%	20.3%

2. 信度分析

信度(reliability)是衡量测量结果的一致性、稳定性及可靠性的指标。如果一项措施在一致的条件下被测量而产生相似的结果,则称该测量具有很高的可靠性。“这是一组测试评分的特征,与可能嵌入评分中的来自测量过程的随机误差有关。高度可靠的评分在每个测试场合之间都是准确,可重复且一致的。也就是说,如果用一组应试者重复进行测试过程,则可获得基本相同的结果,通常使用各种可靠性系数,其值在 0.00(误差很大)到 1.00(误差没有)之间。指出分数中的错误量。”例如,人们对自身身高和体重的测量通常都非常可靠。本篇采用的是 Cronbach's alpha 系数法,用于检验测量结果的内部一致性。同时,本篇也采用了 CITC 系数(corrected item-total correlation)来考察内部一致性。

1) EBD 的信度分析

按照上述方法对 EBD 的数据实行了信度分析,结果见表 2 - 4。变量的整体 Cronbach's alpha 值大于 0.7。可以认为对效果推理的测量信度良好。

表 2 - 4　EBD 的信度检测结果(N=104)

信　度	
Cronbach's alpha	N of Items
0.877	5

2) 道德认同变量的信度分析

按照上述方法对道德认同的数据实行了信度分析,结果见表 2 - 5,全部变量的 Cronbach's alpha 值大于 0.7。可以认为社会结构变量的测量信度良好。

表 2－5　道德认同变量的信度检测结果（N＝104）

信　度	
Cronbach's alpha	N of Items
0.829	10

3）社会结构与社会学习变量的信度分析

由于社会结构与社会学习变量都是单题项的变量，单题项变量可以有效缩短答题时间。因为包含太多题量的变量往往使人感到冗长枯燥，让答题者难以集中注意力回答，易敷衍对待问卷（Bergkvist，2015；Bergkvist 和 Rossiter，2007；Credé 等，2012；Zimmerman 等，2006），这会对最终的问卷结果产生极大的不良影响。因此单题量的变量有利于保证数据的有效性。因为要想计算 Cronbach's alpha 内部一致性，所测试的题项数应该大于 1，所以，单题项测量的 Cronbach's alpha 内部一致性无法通过这个方式计算，但研究人员目前开发出了其他指标，对单题项测量的信度进行评价，如再测信度（re-test）或者通过公式来反推单题项测量的信度（Fisher 等，2016；Spörrle 和 Bekk，2014；Wanous 等，1997）。本篇采用了再测信度法，在 2019 年 8 月对 60 份问卷回答者进行了重新测试，测试结果与 7 月时的结果相一致，证明了社会结构与社会学习变量的信度。

本篇所有变量一致性系数均在 0.8 以上。可以得出的结论是，本篇的量表具有良好的整体信度，而且，本篇的量表的一致性和可靠性很强。本篇的变量的测量结果均具有良好的内部一致性，这也为后面的统计分析奠定了基础。

3. 效度分析

效度（validity）反映了测量工具能准确衡量潜变量的程度，效度有许多种类，可通过在理论真空中考虑构造及其措施来研究特质有效性。有学者指出，研究量度的信度、收敛效度和判别效度的努力主要是特质效度调查。判别有效性测试不应被认为不相关的概念或度量是否实际上不相关。趋同效度是指在理论上应该对构念的两个度量进行关联的程度。基于社会结构和社会学习的理论框架，本篇采用了在学术界广泛使用的成熟量表。其中，即使有一些量表是由外国研究人员开发，也已由我国的研究人员进行了科学的翻译，研究证明，它们在我国这样一个新兴经济体环境中也是可以良好使用的。因此，可以认为我们的问卷使用的量表具有很好的内容效度。对于本篇研究中许多的单题项变量，借鉴卫旭华、张亮花（2019）对单题项效度的分析，尽管单个元素的测量还不够完整，但是它仍然可以捕获单维测量的核心要义。即使采用多题量，它包含的多个题项也可能好坏参半。在评估结构的过程中，好的元素将覆盖坏的元素（Van Der Linden 和 Rosenthal，2016）。但是，单个项目的测量通常是由专家或研究人员精心选择的项目，有助于避免不必要的噪声并确保构造的预测有效性。此外，许多研究人员通过比较单个项目量度和相应的多个项目量度的有效性差异来判断两者的优缺点。大量的经验研究表明，单项测度和相应的多项测度具有相似的标准效果。

本篇研究采用验证性因子分析了所有的多题项变量。对 EBD 的验证性因子分析发现，单因素模型具有良好的拟合度（$\chi^2/df=2.470$，$RMSEA=0.068$，$GFI=0.972$，$CFI=0.951$，$TLI=0.903$）。

4. *方差分析*

本篇研究选择方差分析研究各控制变量如企业的行业、企业的规模、企业主的年龄、企业主的婚姻状况、学历对结果变量的影响。方差分析的结果如表 2-6 所示。研究发现，中小企业主的年龄、婚姻状况、学历均与 EBD 产生存在关联性。

表 2-6 方差分析(ANOVA)

预测变量	控制变量	单因素方差分析	
		F	*Sig*
EBD	企业规模	3.81	0.14
	婚否	36.83	0.000
	学历	8.77	0.000
	年龄	1.76	0.000
	行业	2.31	1.01

5. *假设检验*

在前文中，笔者已经进行的分布分析、描述性统计分析和信度效度分析的结果符合进行严谨研究的条件。接下来，将在本节对前文提出的理论假设逐一进行检验，在这一节中，我们会采用 SEM 和 HLM 方法。主要检验：假设 1：中小企业主日常商业越轨行为在不同地区的情况显著不同。

本章采用多层线性模型（HLM）分析方法和 Bootstrap 对中介效应进行检

验，检验的研究假设主要包含“假设 2a：同行强化与中小企业主 EBD 正相关”，即中小企业主在观察到自己的同行出现越轨行为时，会更容易实施相同的行为；“假设 2b：差异强化与中小企业主 EBD 正相关”，即中小企业主认为在日常商业越轨行为中能获得的利益大于会受到的惩罚或损失时，会更倾向于实施日常商业越轨行为；“假设 3a：在人口密度更高的地区的中小企业主，比人口密度低的地区的中小企业主，更倾向于实施日常商业越轨行为”；“假设 3b：地区人口密度对于中小企业主日常商业越轨行为的影响会被社会学习变量部分中介”；“假设 4a：男性中小企业主，比女性的中小企业主，更倾向于实施日常商业越轨行为”；“假设 4b：性别对于中小企业主日常商业越轨行为的影响会被社会学习变量部分中介”；“假设 5a：家庭年收入低的中小企业主比年收入高的中小企业主更倾向于实施日常商业越轨行为”；“假设 5b：家庭年收入对于中小企业主日常商业越轨行为的影响会被社会学习变量部分中介”；“假设 6a：道德认同对同行交往与 EBD 之间的关系有负向调节作用。道德认同程度越高，同行交往与 EBD 之间的正相关关系越弱；道德认同程度越低，同行交往与 EBD 之间的正相关关系越弱”；“假设 6b：道德认同对差异强化与 EBD 之间的关系有负向调节作用。道德认同程度越高，同行交往与 EBD 之间的正相关关系越弱；道德认同程度越低，同行交往与 EBD 之间的正相关关系越弱”。

本篇在进行整体模型检验之前，先对模型中各个变量之间的相关关系做了皮尔逊检验。结果如表 2-7 所示。社会结构变量、社会学习变量与中小企业主日常商业越轨行为 EBD 之间的显著相关关系为后续的研究打下了一定的基础。

表 2-7 皮尔逊相关系数检验

变 量	1	2	3	4	5	6	7
1. 人口密度							
2. 人口流动性	0.434**						
3. 性别	0.300**	0.170*					
4. 家庭收入	0.157*	0.044	0.111				
5. 同行交往	0.186**	0.089	−0.048	0.712**			
6. 差异强化	0.170*	0.059	−0.096	0.339**	0.336**		
7. 道德识别	0.147*	0.023	0.114	0.577**	0.632**	0.156*	
8. EBD	0.272**	0.168*	−0.005	0.493**	0.551**	0.355**	0.419**

1) 层次一假设检验——不同地区中小企业主的 EBD

表 2-8 的结果显示了不同地区的中小企业主 EBD 情况存在显著不同，$\tau 00=0.218$。此外，个体水平的差异 $\sigma^2=0.91$。由 $\tau 00$ 和 σ^2 所估计的类间相关系数为 $p=\tau 00/(\tau 00+\sigma^2)=0.218\,97/(0.218\,97+2.205\,39)=0.09$。也就是说，EBD 大约有 9%的方差是由地区不同决定的。虽然这是一个很小的数值，但与先前文献的实证检验结果相符合(Holland，2006)。在以往的文献中，地区变量对个人道德选择的影响也是显著的。

表 2-8　随机方差模型(假设 1)

参　数	系　数	标准差	
Fixed effects			
Grand mean EBD	2.14***	0.127	
	Variance	χ^2	D.F.
Random effects			
Between district	0.21^a	92.75***	7
Within district	2.20^b		

注：*** $p<0.001$，$a=\tau 00$，$b=\sigma^2$

2) 层次二假设检验——社会结构变量与中小企业主的 EBD

表 2-9 显示了社会结构变量模型分析的结果，并支持假设 1、假设 3a、假设 4a、假设 5a、假设 6a。人口密度和性别与 EBD 有正相关关系，而居民流动性和家庭收入等级与 EBD 之间存在显著负相关。研究结果表明，平均而言，在过去的一年中，受访者所在的地区人口稠密，居民进出该地区的次数越少，该地区中小企业主 EBD 的频率就越高。关于人口流动性的结果似乎与以往的研究背道而驰，关于人口密度和居住人口流动的认知通常是，居住在高密度地区且居住稳定性较差的是处在下层且生活处境不利的群体。在当前国内环境下，由于在相对较短的时间内快速的经济发展和人口流动性，房地产市场，特别是高级住宅的房地产市场，是个人财富积累的重要工具。一个新的住宅城镇往往会得到迅速发展，住宅公寓和其他房价飞涨。因此受过良好教育的相对富裕的人们更频繁地搬家，因为他们更喜欢生活在一个新的居住区，在那里他们可以享受更优质的生活，同时通过买卖房地产积累自己的财富。贫穷和文化程度较低

的人们迁徙的可能性较小。因为他们负担不起迁徙的费用，往往被困在城市的老旧社区。

表 2－9　社会结构变量与 EBD

参　数	系　数	标准差	
固定效应			
组间(省份之间)			
截距	2.15***	0.073	
人口密度	0.000 004***	0.000 000 8	
人口流动性	−0.08*	0.034	
组内(个体)			
性别	0.47**	0.139	
家庭收入	−0.76***	0.100	
	Variance	χ^2	D.F.
随机效应			
组间(省份)($\tau 00$)	0.08^a	13.40	6
性别	0.11**	7.56	7
家庭收入	−0.07*	2.15	7
组内(个体)	2.03^b		

注：$^* P < 0.05$，$^{**} P < 0.01$，$^{***} P < 0.001$，$a = \tau 00$，$b = \sigma^2$

同时，结果显示，男性比女性更倾向做出 EBD 行为。

3) 层次二假设检验——社会学习变量与中小企业主的 EBD

表 2－10 检验了社会学习变量与 EBD 的相关关系。结果验证了假设 2a 与假设 2b。结果表明，在社会结构不变的情况下，存在以下情境或出于以下状态的中小企业主更易做出 EBD 行为：① 观测到同行频繁做出 EBD 行为；② 预期或曾经获得来自 EBD 行为的好处要多于预期或曾经遭受 EBD 行为会受到的惩罚。调节变量是影响自变量或预测变量与因变量或标准变量之间关系的方向和/或强度的定性变量(例如性别、种族、阶层)或定量变量(例如奖励水平)。调节变量可以帮助研究人员探索 $x-y$ 关系的适用条件并找到理论边界。中介变量是解释 x 和 y 之间关系的中间机制，可以帮助研究人员了解 x 如何特别影响 y。

表 2-10　社会学习变量与 EBD

参　数	系　数	标准差	
固定效应			
组间(省份之间)			
截距	2.18***	0.038	
人口密度	−0.000 004	0.000 000 7	
人口流动	−0.01	0.013	
组内(个体)			
性别	0.018*	0.080	
家庭收入	−0.11*	0.084	
同行交往	0.93***	0.046	
差异强化	0.11*	0.038	
	Variance	χ^2	D.F.
随机效应			
组间(省份)(τ00)	0.05[a]	0.296	6
性别	0.02	1.109	7
家庭收入	0.03*	3.372	7
同行交往	0.01	1.101	7
差异强化	0.003	2.569	7
组内(个体)	2.03[b]		

注：* $P < 0.05$，** $P < 0.01$，*** $P < 0.001$，$a = \tau 00$，$b = \sigma^2$

4) 层次二假设检验——全 SSSL 模型与中小企业主的 EBD

最终的 SSSL 模型测试结果如表 2-11 所示。验证了 SSSL 模型的核心假设，即社会结构与 EBD 之间的关系是由社会学习变量部分中介或中介的。验证了假设 3b、假设 4b、假设 5b、假设 6b。

表 2-11　社会结构变量与 EBD

参　数	系　数	标准差
固定效应		
组间(省份之间)		
截距	2.18***	0.038

续　表

参　数	系　数	标 准 差	
人口密度	−0.000 004	0.000 000 7	
人口流动	−0.01	0.013	
组内(个体)			
性别	0.018*	0.080	
家庭收入	−0.11*	0.084	
同行交往	0.93***	0.046	
差异强化	0.11*	0.038	
	Variance	χ^2	D.F.
随机效应			
组间(省份)(τ00)	0.05[a]	0.296	6
性别	0.02	1.109	7
家庭收入	0.03*	3.372	7
同行交往	0.01	1.101	7
差异强化	0.003	2.569	7
组内(个体)	2.03[b]		

注：* $P < 0.05$，** $P < 0.01$，*** $P < 0.001$，$a = \tau00$，$b = \sigma^2$

5）层次二假设检验——道德认同的调节作用

表 2-12　调节作用回归分析

	EBD		
	*M*1	*M*2	*M*3
控制变量			
年龄	0.338***	0.227*	0.203*
婚否	−0.030**	−0.041*	0.047
学历	−0.057***	−0.051**	−0.053
主效应			
同行交往		0.97**	0.93***
差异强化		0.11**	0.10***
道德认同		−0.392***	−0.387**

续 表

	EBD		
	*M*1	*M*2	*M*3
调节作用			
同行交往×道德认同			−0.580***
差异强化×道德认同			−0.051***
R^2	0.088	0.313	0.313
F值	6.425***	16.622***	22.225***
R^2值变化	0.086	0.217	0.110
F值变化	6.414***	10.187***	4.44***

注：*** $P<0.001$，** $P<0.01$，* $P<0.05$

由模型1可知，控制变量对于中小企业主EBD行为的影响也是显著的。由模型2可知，同行交往（$\beta=0.97$，$P<0.001$）、差异强化（$\beta=0.11$，$P<0.001$）和道德认同（$\beta=0.392$，$P<0.001$）对创业绩效均有显著影响，而且模型的拟合优度R^2也显著增加了，说明模型解释整体的百分比也得到了显著提升。由模型3可知，社会学习变量与道德认同的交互项（$\beta=-0.580$，$P<0.001$）对EBD有显著的正向影响，表明道德认同有显著的调节作用。

为更好、更直观地展示本篇所假设的调节效应，笔者采用了简单坡度分析法。笔者将数据中的道德认同变量数据得到的相关统计量，按均值加减一个标准差，因此，统计量被分为高道德认同、低道德认同两组，我们再分别进行回归分析，结果如图2-4、图2-5所示，描绘了当中小企业家的道德认同程度不同时，社会学习变量对EBD的影响。

6. 实证结果讨论

社会结构变量与中小企业主EBD显著相关。其中，对于差异化社会组织变量，研究结果显示，在人口密度越高的地方，中小企业主越容易做出EBD行为；对于理论定义(失范理论)变量来说，研究结果显示，人口流动性越低的地方中小企业主越容易做出EBD行为；对于差异化社会结构变量来说，性别在模型中的预测结果显示，男性比女性更易实施EBD行为；对于不同群组中的不同位置来说，家庭收入越低的中小企业主更容易实施EBD行为。

社会学习变量与中小企业主EBD显著相关，且社会结构变量与EBD的关系是被社会学习变量中介的。也就是说，社会结构变量通过社会学习机制对个

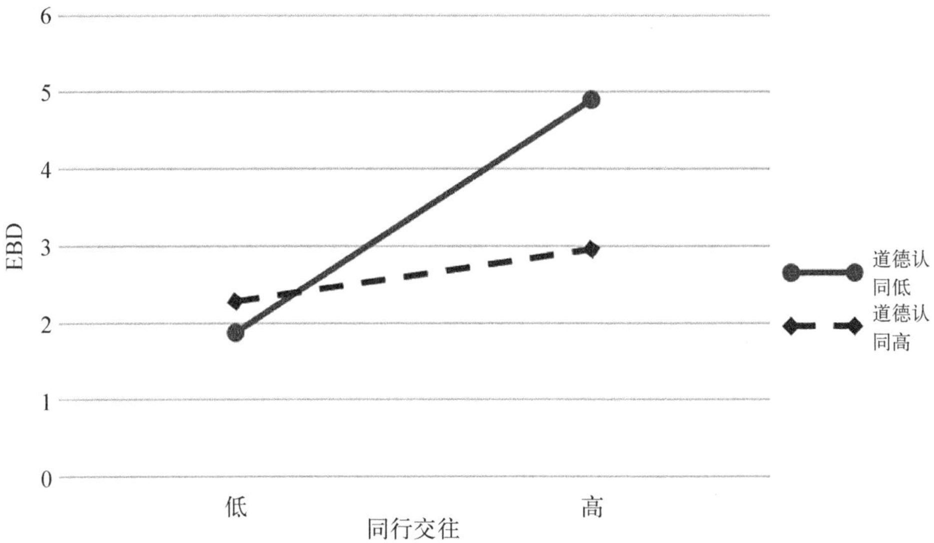

图 2-4　道德认同对同行交往的调节作用

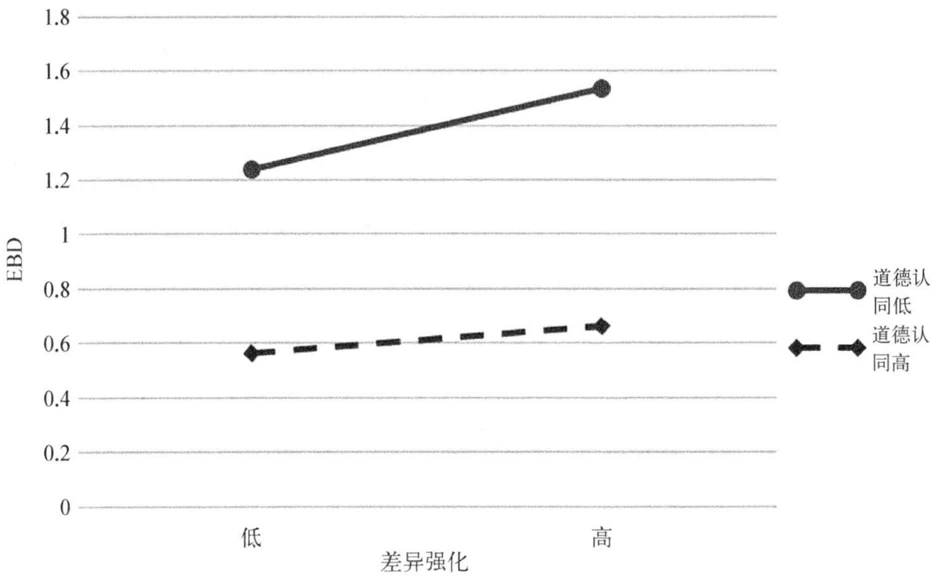

图 2-5　道德认同对差异强化的调节作用

体的道德选择施加影响。观测到同行实施 EBD 行为，观测到同行 EBD 行为越频繁，中小企业主更有可能实施 EBD 行为。预期或者曾经获得过 EBD 行为获得的好处比预期或曾经受到过 EBD 行为的惩罚要多时(简言之，利害相权后发现获利)，中小企业主更有可能做出 EBD 行为。

社会学习变量与中小企业主的 EBD 行为的关系是被中小企业主道德认同程度显著调节的。中小企业主的高道德认同会使中小企业主在习得 EBD 行为后实施同样的 EBD 行为。道德识别程度越高，社会学习变量与中小企业主日常商业越轨行为之间的正相关关系越弱；道德识别程度越弱，社会学习变量与中小企业主日常商业越轨行为之间的正相关关系越强。

7. 稳健型检验

为了进行稳健型检验，借鉴 Kim L(2013)的做法。稳健的统计旨在提供模仿流行的统计方法的方法，但不会受到异常值或与模型假设的其他微小偏差的不当影响。在统计中，经典估计方法严重依赖于实践中通常不满足的假设。特别地，通常假定数据误差至少近似正态分布，或者可以依赖中心极限定理来产生正态分布估计。不幸的是，当数据中存在异常值时，使用故障点和影响函数(如下所述)进行判断时，经典估算器的效果通常很差。

在影响函数中看到的问题的实际效果可以通过在混合模型下检查拟议的估计量的抽样分布进行经验研究。在该模型中，一个混合量很少(通常为 1%～5%)。例如，可以使用 95%正态分布和 5%正态分布的混合物，它们的均值相同，但标准差明显更高(表示离群值)。本篇用中小企业主的年龄变量代替其性别，用中小企业主的学历代替其家庭年收入等级，用所在地区的人口贫困指数代替人口密度作为社会结构变量带入模型，对 SSSL 全模型进行了又一次检验，检验结果显著性与前文模型一样，证实了鲁棒性。

表 2-13 稳健型检验回归分析

参 数	系 数	标 准 差
固定效应		
组间(省份之间)		
截距	2.13***	0.056
贫困指数	0.03*	0.008 8
人口流动	−0.02	0.027

续　表

参　　数	系　数	标准差	
组内（个体）			
年龄	0.018*	0.039	
学历	−0.11*	0.048	
同行交往	0.87**	0.065	
差异强化	0.21*	0.033	
	Variance	χ^2	D.F.
随机效应			
组间（省份）（τ00）	0.04^a	0.287	6
年龄	0.002	1.396	7
学历	0.08	3.462	7
同行交往	0.04	1.124	7
差异强化	0.007	2.688	7
组内（个体）	2.21^b		

注：* $P<0.05$，** $P<0.01$，*** $P<0.001$，$a=\tau00$，$b=\sigma^2$

（五）本章小结

以上实证研究中，所有假设都通过了验证。本章讨论了社会结构变量对中小企业主EBD行为的影响，以及社会学习变量对二者关系的中介作用。同时，本章探讨了中小企业主的道德认同程度对于社会学习与中小企业主EBD行为之间的调节作用。

表2-14　中小企业主日常商业越轨行为研究假设验证情况汇总

编号	假　设　内　容	验证结果
H1	中小企业主日常商业越轨行为在不同地区的情况显著不同。	支持
H2a	同行强化与中小企业主EBD正相关，即中小企业主在观察到自己的同行出现越轨行为时，会更容易做出相同的行为。	支持
H2b	差异强化与中小企业主EBD正相关，即中小企业主认为在日常商业越轨行为中能获得的利益大于会受到的惩罚或损失时，会更倾向于实施日常商业越轨行为。	支持

续 表

编号	假 设 内 容	验证结果
H3a	在人口密度更高地区的中小企业主,比人口密度低的地区的中小企业主,更倾向于实施日常商业越轨行为。	支持
H3b	地区人口密度对于中小企业主日常商业越轨行为的影响会被社会学习变量部分中介。	支持
H4a	男性中小企业主,比女性中小企业主,更倾向于实施日常商业越轨行为。	支持
H4b	性别对于中小企业主日常商业越轨行为的影响会被社会学习变量部分中介。	支持
H5a	家庭年收入低的中小企业主比年收入高的中小企业主更倾向于实施日常商业越轨行为。	支持
H5b	家庭年收入对于中小企业主日常商业越轨行为的影响会被社会学习变量部分中介。	支持
H6a	道德认同对同行交往与 EBD 之间的关系有负向调节作用。道德认同程度越高,同行交往与 EBD 之间的正相关关系越弱;道德认同程度越低,同行交往与 EBD 之间的正相关关系越弱。	支持
H6b	道德认同对差异强化与 EBD 之间的关系有负向调节作用。道德认同程度越高,同行交往与 EBD 之间的正相关关系越弱;道德认同程度越低,同行交往与 EBD 之间的正相关关系越弱。	支持

五、结论与展望

(一) 主要结论

本篇通过研究中国中小企业主的日常商业越轨行为,检验了 SSSL 理论的主要命题。研究的实证结果对 SSSL 模型的实质性支持,表明中国社会的发现与美国社会之前的研究发现是一致的(Holland-Davis, 2006),证实了 SSSL 理论中的社会结构变量对中小企业主 EBD 行为有显著影响,且这一影响是通过社会学习机制产生的。

在社会结构层面,研究发现,中国中小企业者的日常商业越轨行为的情况在各地区之间存在显著差异。这与美国类似研究中各学者对犯罪行为在各地区、社区、校区的变化发现相似。

研究还发现,SSSL 模型中四个主要社会结构维度的指标对中国中小企业者的日常商业越轨行为具有重大影响。人口密度与 EBD 呈正相关。也就是说，各个省份的中小企业主，在所在地人口密度更高时，做出 EBD 行为的可能性就更高。符合先前美国学者关于人口不稳定性对越轨行为的影响的混合研究结果（Clark 和 Lohéac，2007）。被调查者的性别，是 EBD 的重要且有力的社会结构维度预测指标。本篇发现，男性中小企业主比女性中小企业主在作出 EBD 行为判断时更易受到同行的影响，更容易在受到强化的情况下做出 EBD 行为。被调查者的受教育程度情况可以作为社会结构的另一预测指标——差异化社会群组，它可以衡量被调查者的社会地位。研究结果显示，受教育程度低的中小企业主比受教育程度高的中小企业主更易做出 EBD 行为。

社会学习变量与中小企业主 EBD 显著相关。同行的交往联系，对中小企业主 EBD 有很大的影响。同行中出现更多更频繁的 EBD 时，中小企业主会更倾向同样做出 EBD 行为。同时，中小企业主的日常商业越轨行为（EBD）的差异强化这一社会学习过程对中小企业主有重大影响。在一个中小企业主观察到一个行为会收到利益时，就会做出这种行为。当一个中小企业主的行为得到利益刺激时，会持续这种行为。因此，差异强化不仅对 EBD 行为的开始有影响，更对 EBD 行为的持续有显著影响。

最后，这项研究证实了中小企业主的道德识别程度对社会学习变量与日常商业越轨行为（EBD）之间的关系存在着反向的调节作用。道德识别程度越高，社会学习变量与 EBD 之间的正相关关系越弱；道德识别程度越弱，社会学习变量与 EBD 之间的正相关关系越强。当中小企业主的道德识别程度低时，社会学习对 EBD 的促进作用更为明显。

（二）理论意义

本篇主要研究社会结构变量对中小企业主日常越轨行为的影响，并探索这种影响的具体作用路径，即是如何通过社会学习，习得越轨行为，以及在个人的道德认同水平不同的情况下影响的程度是否有所变化。本篇运用社会结构与社会学习理论、道德认同等领域的相关理论，通过文献梳理和理论推演，构建研究模型并进行实证检验。

首先，本篇构建了社会结构与社会学习对中小企业主影响的理论模型，并进行了实证检验。SSSL 理论受到广泛的研究关注。当前学者们对 SSSL 理论的影响已有部分研究，但其中对整个模型的完整的实证研究较少，尤其是对跨文化的跨层研究不足。本篇在验证社会结构因素对中小企业主 EBD 具有影响的同时，还探究了该影响的社会学习过程的作用机制。社会结构变量的四个因素通过社会学习机制影响中小企业主日常商业越轨行为 EBD。总体而言，此分析支持从 SSSL 模型得出的主要预测。本篇构建了社会结构、社会学习对中小企业主日常商业越轨行为的影响模型，丰富了 SSSL 模型的相关研究成果。

其次，本篇将中小企业所有者的一种新型的越轨行为概念化并进行了探索，其特点是在个体层面上规模较小，但具有普遍性，存在于千千万万个中小企业主的日常商业生活中。此类行为常常被研究者所忽视(Zhou 和 Peng, 2012)，但如果不调查这些完全有害无益的中小企业主经营活动，对中小企业在新兴经济体中的作用的理解将是不完整的。本篇研究对于这类活动前因的探讨，提高了我们对新兴经济体中小型企业非法经营活动的理解。验证了社会结构对中小企业主越轨行为具有影响，且是通过社会学习的方式进行影响的同时。同时，对于这一类"非生产性"或"破坏性"企业家行为的研究，拓展了商业道德研究的相关主题，可以使人们更加了解影响非道德行为的因素。

本篇不仅研究了外在因素对中小企业主越轨行为的社会学习影响机制，还研究了内在因素"道德认同"对这一机制的约束作用。将道德认同这一心理因素考虑在模型中，探讨在道德认同程度不同的情况下，越轨行为的习得情况是否会有所不同，克服了很多关于越轨行为的研究或忽视外在因素或忽视内在因素的缺陷。

（三）实践意义

首先，提高中小企业主的生产力与创业绩效对整个中国来说至关重要，因此对中小企业主创业产生负面影响的因素亟待被探究出来。而在中小企业者创业活动中，日常商业越轨行为作为一种有害无益的活动频繁出现，极大地影响了中小企业主的创业绩效。中小企业存活率低的现实状况也呼唤更多的企业管理研究来探究创业绩效的影响因素。

其次，本篇对于政策制定有借鉴意义。中小企业的越轨行为累积起来，可能造成整个经济体的道德滑坡和巨大的经济损失。本篇从社会结构与社会学习的角度，解释了避免越轨行为，提升创业绩效的方式。对于政策制定者来说，建议提高其机构效率和效力，以增加与金钱有关的违法行为和奖励道德选择的成本，加大奖罚力度，可以阻断或减少中小企业主学习越轨行为。另外，加强教育力度，可以避免整体的道德滑坡。可以考虑两个方面的内容：使企业家更少地陷入道德困境中；削弱其为自己辩护的能力和动机。

最后，本篇研究结论可以为中小企业企业主和政府监管者提供思路和借鉴，用以提升整体创业绩效、避免整体道德滑坡。

（四）局限和展望

本篇研究存在以下局限性，并应在以后的研究中加以解决。

由于研究中使用的数据仅来自 8 个省份，地区作为变量数稍嫌不够。应尽量多地获取不同地区、不同省份的多样化样本，提升研究的准确性。且本研究的省份位于长三角、珠三角中小经济活跃发展的地区，未来可以继续研究其他地区的情况，进一步探究由于政策制定与商业环境的不同，中小企业的经营活动与越轨行为会有怎样的差异。

可以将本篇研究中关于中国中小企业主的研究结果与美国研究样本的研究结果进行比较，例如 Holland-Davis(2006)。由于这项研究的结果是基于大量中国中小企业所有者的样本，因此，其他新兴经济体同行的证据将有助于提高其有效性。下一步可以通过使用完全相同的措施和手段从多个国家/地区收集数据来进行更直接的比较，以测试 SSSL 理论的跨文化有效性和适用性。

未来的研究还应该允许测试社会学习理论以外的其他社会心理变量的中介作用，例如压力、社会控制变量以及其他理论上定义的社会结构变量。本文仅考察了道德识别这一情境因素对社会结构与社会学习和 EBD 关系的影响，但仍有很多其他中小企业主个人的情境因素未考虑在内，如中小企业主的道德标准、道德发展阶段和个人控制能力等。今后的研究中，可将更多的道德相关的内在因素作为调节变量，引入到模型中。

对于中小企业主日常商业越轨行为(EBD)这一现象的研究还远远不够，EBD 行为的前因变量还有待更进一步的讨论，除了中小企业主赖以生存的社会结构变量以及影响其行为的社会学习变量，是否有其他的外在因素和个人情境因素存在至关重要的影响呢？不同的影响因素之间又存在着怎样的制约或促进关系？这些问题都可以在今后继续深入研究下去。

参考文献

[1] AHLSTROM D, DING Z. Entrepreneurship in China: An overview[J]. International Small Business Journal, 2014, 32(6): 610 - 618.

[2] AKERS RONALD L. Deviant behavior: A social learning approach[M]. Belmont, CA: Wadsworth Publishing, 1973.

[3] AKERS RONALD L. Criminological theories: Introduction and evaluation[M]. 2nd edition. Los Angeles: Roxbury Publishing, 1997.

[4] AKERS RONALD L. Social learning and social structure: A general theory of crime and delinquency[M]. Boston, MA: Northeastern University Press, 1998.

[5] AKERS RONALD L, CHRISTINE S SELLERS, W G JENNINGS. Criminological theories: Introduction, evaluation and application[M]. 4th edition. Los Angles, CA: Roxbury Publishing, 2004.

[6] AKERS RONALD L, MARVIN D KOHN, LONN LANZA-KADUCE, et al. Social learning and deviant behavior: A specific test of a general theory[J]. American Sociological Review, 1979(44): 636 - 655.

[7] ANDERSON AR. Paradox in the periphery: An entrepreneurial reconception[J]. Entrepreneurship and Regional Development, 2000, 12(2): 91 - 110.

[8] ANDERSON A, SMITH R. The moral space in entrepreneurship: Ethical imperatives and moral legitimacy[J]. Aberdeen Business School Working Paper Series, 2007(1): 1.

[9] AQUINO K, BECKER T E. Lying in negotiations: How individual and situational factors influence the use of neutralization strategies[J]. Journal of Organizational Behavior, 2005(26): 661 - 679.

[10] AQUINO K, REED A II. The self-importance of moral identity[J]. Journal of Personality and Social Psychology, 2002(83): 1423 - 1440.

[11] AQUINO K, FREEMAN D, REED A, et al. Testing a social-cognitive model of moral behavior: The interactive influence of situations and moral identity centrality[J]. Journal of Personality and Social Psychology, 2009(97): 123 - 141.

[12] BANDURA A. Social cognitive theory of moral thought and action[M]. In W. M. Kurtines & J. L. Gewirtz (Eds.), Handbook of moral behavior and development. Hillsdale, NJ: Lawrence Erlbaum, 1991.

[13] BANDURA A. Selective moral disengagement in the exercise of moral agency[J]. Journal of Moral Education, 2002(31): 101 - 119.

[14] BANDURA ALBERT, RICHARD H WALTERS. Social learning and personality development[M]. New York: Holt, Rinehart, and Winston, 1963.

[15] BARSKY A. Investigating the effects of moral disengagement and participation on unethical work behavior[J]. Journal of Business Ethics, 2011(104): 59 - 75.

[16] BAUMOL W. Entrepreneurship: Productive, unproductive, and destructive[J]. Journal of Political Economy, 1990, 98(5): 893 - 921.

[17] BELLAIR PAUL E, VINCENT J ROSCIGNO, THOMAS L MCNULTY. Linking local labor market opportunity to violent adolescent delinquency[J]. Journal of Research in Crime and Delinquency, 2003(40): 6 - 33.

[18] BERGKVIST L. Appropriate use of single-item measures is here to stay[J]. Marketing Letters, 2015, 26(3): 245 - 255.

[19] BERGKVIST L, ROSSITER J R. The predictive validity of multiple-item versus single-

item measures of the same constructs[J]. Journal of Marketing Research, 2007, 44(2): 175 - 184.

[20] BUTTON M, TAPLEY J, LEWIS C. The 'fraud justice network' and the infrastructure of support for individual fraud victims in England and Wales[J]. Criminology & Criminal Justice, 2013, 13(1): 37 - 61.

[21] CHRISTIE PMJ, KWON IWG, STOEBERL P A, et al. A cross-cultural comparison of ethical attitudes of business managers: India Korea and the United States[J]. Journal of Business Ethics, 2003(46): 263 - 287.

[22] CLARK A, Y LOHE'AC. It wasn't me, it was them! social influence in risky behavior by adolescents[J]. Journal of Health Economics, 2007(26): 763 - 784.

[23] CREDÉ M, HARMS P, NIEHORSTER S, et al. An evaluation of the consequences of using short measures of the big five personality traits[J]. Journal of Personality and Social Psychology, 2012, 102(4): 874 - 888.

[24] CULLEN J B, PARBOTEEAH K P, HOEGL M. Cross-national differences in managers' willingness to adhere to ethically suspect behaviors: A test of institutional anomie theory[J]. Academy of Management Journal, 2004, 47(3): 411 - 421.

[25] DAKHLI M, DE CLERCQ D. Human capital, social capital, and innovation: A multi-country study[J]. Entrepreneurship and Regional Development, 2004(16): 107 - 128.

[26] DE CLERCQ D, DAKHLI M. Personal strain and ethical standards of the self-employed [J]. Journal of Business Venturing, 2009(24): 477 - 490.

[27] DE JONG G, TU P A, VAN EES H. Which entrepreneurs bribe and what do they get from it? Exploratory evidence from Vietnam[J]. Entrepreneurship Theory and Practice, 2012,(36): 323 - 345.

[28] FISHER G G, MATTHEWS R A, GIBBONS A M. Developing and investigating the use of single-item measures in organizational research[J]. Journal of Occupational Health Psychology, 2016, 21(1): 3 - 23.

[29] HAß L H, JOHAN S, MÜLLER M A. The effectiveness of public enforcement: Evidence from the resolution of tunneling in China[J]. Journal of Business Ethics, 2016, 134(4): 649 - 668.

[30] HERTZ S G, KRETTENAUER T. Does moral identity effectively predict moral behavior? A meta-analysis[J]. Reviewof General Psychology, 2015(20): 2.

[31] HOLLAND-DAVIS L. Putting behavior in context: a test of the social structure social learning model. Ph. D. Dissertation[D]. Gainesville: University of Florida, 2006.

[32] JENNINGS P L, MITCHELL M S, HANNAH S T. The moral self: A review and integration of the literature[J]. Journal of Organizational Behavior, 2014, 36(S1): S104 - S168.

[33] JI J, DIMITRATOS P, HUANG Q, et al. Everyday-Life business deviance among Chinese SME owners[J]. Journal of Business Ethics, 2019, 155(4): 1179 - 1194.

[34] KARSTEDT S, FARRALL S. The moral economy of everyday crime: Markets,

consumers and citizens[J]. British Journal of Criminology, 2006(46): 1011 - 1036.

[35] KHAN FR, MUNIR KA, WILLMOTT H. A dark side of institutional entrepreneurship: soccer balls, child labour and postcolonial impoverishment[J]. Organization Studies, 2007(28): 1055 - 1077.

[36] KROHN, MARVIN D. Social learning theory: The continuing development of a perspective[J]. Theoretical Criminology, 1999(3): 462 - 476.

[37] LANZA-KADUCE, LONN, MICHAEL CAPECE. Social structure-social learning (SSSL) and binge drinking: A specific test of an integrated general theory[M]. pp. 179 - 225 in Social Learning Theory and the Explanation for Crime: A Guide for the New Century, edited by Ronald L. Akers and Gary F. Jensen. New Brunswick, NJ: Transaction Publishers, 2003.

[38] LEE, GANG, RONALD L AKERS, MARIAN J BORG. Social learning and structural factors in adolescent substance Use[J]. Western Criminology Review, 2004(5): 17 - 34.

[39] MAYER D M, AQUINO K, GREENBAUM R L, et al. Who displays ethical leadership and why does it matter? An examination of antecedents and consequences of ethical leadership[J]. Academy of Management Journal, 2012(55): 151 - 171.

[40] MESSNER S, ROSENFELD R. Institutional anomie theory: A macro-sociological explanation of crime[M]. In M. D. Krohn, A. J. Lizotte, & G. P. Hall (Eds.), Handbook on crime and deviance (pp. 209 - 224). New York: Springer, 2009.

[41] MUSTEEN M, DATTA D K, BUTTS M. Do international networks and foreign market knowledge facilitate SME internationalization? Evidence from the Czech Republic [J]. Entrepreneurship Theory and Practice, 2014(38): 749 - 774.

[42] REED A II, AQUINO KF. Moral identity and the expanding circle of moral regard toward out-groups [J]. Journal of Personality and Social Psychology, 2003 (84): 1270 - 1286.

[43] REED A II, AQUINO K, LEVY E. Moral identity and judgments of charitable behaviors[J]. Journal of Marketing, 2007(71): 178 - 193.

[44] REHN A, TAALAS S. Crime and assumptions in entrepreneurship[M]. In Narrative and Discursive Approaches in Entrepreneurship, Edited by Hjorth D and Steyaert C. Cheltenham: Edward Elgar, 2004: 144 - 159.

[45] REYNOLDS S J, CERANIC T L. The effects of moral judgment and moral identity on moral behavior: An empirical examination of the moral individual[J]. Journal of Applied Psychology, 2007(92): 1610 - 1624.

[46] SANDBERG J. Moral economy and normative ethics[J]. Journal of Global Ethics, 2015, 11(2): 176 - 187.

[47] SPÖRRLE M, BEKK M. Meta-analytic guidelines for evaluating single-item reliabilities of personality instruments[J]. Assessment, 2014, 21(3): 272 - 285.

[48] SUTHERLAND, EDWIN H, DONALD R, et al. Principles of criminology[M]. 7th edition. Philadelphia: J.B. Lippincott, 1966.

[49] SUTTER C J, WEBB J W, KISTRUCK G M, et al. Entrepreneurs' responses to semi-formal illegitimate institutional arrangements[J]. Journal of Business Venturing, 2013, 28(6): 743 - 758.

[50] TONOYAN V, STROHMEYER R, HABIB M, et al. Corruption and entrepreneurship: How formal and informal institutions shape small firm behavior in transition and mature market economies[J]. Entrepreneurship Theory and Practice, 2010(34): 803 - 831.

[51] VAN DER LINDEN S, ROSENTHAL S A. Measuring narcissism with a single question? a replication and extension of the single-item narcissism scale (SINS)[J]. Personality and Individual Differences, 2016, 90(3): 238 - 241.

[52] WEMPE J. Ethical Entrepreneurship and Fair Trade[J]. Journal of Business Ethics, 2005, 60(2): 211 - 220.

[53] WINTERICH K P, AQUINO K, MITTAL V, et al. When moral identity symbolization motivates prosocial behavior: The role of recognition and moral identity internalization [J]. Journal of Applied Psychology, 2013(98): 759 - 770.

[54] WOHLGEMUTH V, WENZEL M. Dynamic capabilities and routinization[J]. Journal of Business Research, 2016, 69(5): 1944 - 1948.

[55] YIN J, QUAZI A. Business ethics in the greater China region: Past, present, and future research[J]. Journal of Business Ethics, 2018(150): 815 - 835.

[56] ZHOU J Q, PENG M W. Does bribery help or hurt firm growth around the world? [J]. Asia Pacific Journal of Management, 2012, 29(4): 907 - 921.

[57] ZIMMERMAN M, RUGGERO C J, CHELMINSKI I, et al. Developing brief scales for use in clinical practice: The reliability and validity of single-item self-report measures of depression symptom severity, psychosocial impairment due to depression, and quality of life[J]. Journal of Clinical Psychiatry, 2006, 67(10): 1536 - 1541.

[58] 卞亦文，闫欣，杨列勋.社会学习视角下运营管理决策研究[J].管理科学学报，2019，22(5)：18 - 30.

[59] 陈爱清.中小企业伦理道德体系建设——基于儒学伦理分析[J].管理世界，2009(12)：182 - 183.

[60] 陈兵.互联网新型不正当竞争行为审裁理路实证研究[J/OL].学术论坛，2019(5)：26 - 38.

[61] 陈芸莹.优化营商环境之精准法律服务：电子商务刷单炒信行为的刑法规制——基于中国裁判文书网典型案例的实证分析[C]//河南省法学会、山西省法学会、湖北省法学会、安徽省法学会、江西省法学会、湖南省法学会.第十二届“中部崛起法治论坛”论文汇编集.河南省法学会，2019：23 - 36.

[62] 代锋，夏红雨.中小企业诚信缺失与治理策略[J].决策与信息，2019(3)：95 - 101.

[63] 范静波.互联网环境下使用他人收集的信息应当遵守合理边界——上海汉涛信息咨询有限公司与北京百度网讯科技有限公司等不正当竞争纠纷案[C]//《上海法学研究》集刊(2019 年第 16 卷 总第 16 卷)——上海市第三中级人民法院(上海知识产权法院)文集.上海市法学会，2019：595 - 598.

[64] 龚维斌.我国社会结构：变化、特点及风险[J].中国特色社会主义研究,2019(4)：69-77.

[65] 洪雁,王端旭.管理者真能"以德服人"吗？——社会学习和社会交换视角下伦理型领导作用机制研究[J].科学学与科学技术管理,2011,32(7)：175-179.

[66] 侯军利,王伟光.创业者机会认知、行为决策与企业家精神——对JBV 1990—2017年的文献分析[J].科技进步与对策,2019,36(23)：153-160.

[67] 姜鹏.基于组织伦理氛围与个人道德认同匹配视角的员工越轨行为研究[D].杭州：浙江财经大学,2017.

[68] 靳明.中小企业经营者行为研究[J].管理工程学报,2000(1)：47-51.

[69] 李路路.中国70年社会结构变革及其研究.社会科学战线,2019(8)：19-25.

[70] 刘文彬.组织伦理气氛与员工越轨行为间关系的理论与实证研究[D].厦门：厦门大学,2009.

[71] 刘可道."天生犯罪人"：关于犯罪的生物学观察[N].中国社会科学报,2012-05-14(A08).

[72] 柳宏志.科技型中小企业的企业家经营能力与思维创新研究[D].杭州：浙江大学,2007.

[73] 罗帆,徐瑞华.高承诺人力资源管理实践对亲组织非伦理行为的影响——组织支持感的中介作用与道德认同的调节作用[J].中国人力资源开发,2017(10)：28-38.

[74] 王兴超,杨继平,刘丽,等.道德推脱对大学生攻击行为的影响：道德认同的调节作用[J].心理发展与教育,2012,28(5)：532-538.

[75] 卫旭华,张亮花.单题项测量：质疑、回应及建议[J].心理科学进展,2019,27(7)：1194-1204.

[76] 杨学锋.学习"学习理论"：从差别交往到社会学习[J].晋阳学刊,2018(6)：100-105.

[77] 叶明,郭江兰.误区与纠偏：数据不正当竞争行为认定研究[J].西北民族大学学报(哲学社会科学版),2019(6)：87-94.

[78] 占小军,陈颖,罗文豪,等.同事助人行为如何降低职场不文明行为：道德推脱的中介作用和道德认同的调节作用[J].管理评论,2019,31(4)：117-127.

[79] 赵静杰,赵娜,王特,等.高绩效创业者个体差异因素组态模型构建：基于信息搜寻行为视角[J].情报科学,2019,37(11)：144-153.

[80] 赵委委.技术发展与个体精神世界的建构[D].北京：中共中央党校,2019.

[81] 赵雪.职场精神力对亲组织非伦理行为的影响：组织承诺的中介作用和道德认同的调节作用[C]//中国心理学会.第二十二届全国心理学学术会议摘要集.中国心理学会,2019：1665-1666.

[82] 周克柱.中小企业非洲本土化经营管理研究[D].北京：中国政法大学,2016.

[83] 左文宜.社会学习对动态群体决策绩效的影响研究[D].广州：华南理工大学,2012.

附录　中小企业主 EBD 调查问卷

本问卷由专业的学者设计，仅用于学术研究。您不必填写姓名，除了本项目的研究员，任何他人不可能看到这份问卷。我们承诺对您的问卷严格保密，不会用于学术研究外的任何用途。请您放心作答，感谢您的参与！

1. 中小企业主个人情况

（1）您的年龄：

（2）性别：　　　　　① 女　②男

（3）婚姻状况：　　　① 已婚　②未婚

（4）家庭情况：　　　① 原始家庭，② 重组家庭，③ 其他

（5）您所在的省份：

（6）您的最高学历是：

① 无正规教育，② 小学，③ 中学，④ 高中，⑤ 大专，⑥ 本科，⑦ 硕士，⑧ 博士

（7）如果将全国年家庭收入分为七个档次，其中 1 代表全国家庭收入最低档次，7 代表全国家庭收入最高档次，而 2—6 为最低最高两者之间，请选择您认为的家庭收入大概档次（注：家庭收入包括所有收入来源如工资、利息、企业股权分红、养老金等）：

1　　2　　3　　4　　5　　6　　7

2. 请选择您对以下情况的反应（其中 1 为不会考虑去做，7 为会考虑去做，2—6 为不同程度上视情况而定）

1　　2　　3　　4　　5　　6　　7

（1）同意使用现金、无发票交易来获得折扣或避税

（2）在申请保险赔偿时，会试图增加赔偿项或赔偿额

（3）在进行网络销售时，会进行刷单行为

（4）在销售商品时，会隐瞒商品瑕疵

（5）在规定条款外，要求商家换货、退款、或赔偿

3. 请选择，对于题目 2 所述现象，您认为在同行中存在的情况（其中得分 1 为完全没有同行这样做，得分 7 认为大部分的同行天天或几乎天天这样做）：

1　　2　　3　　4　　5　　6　　7

4. 请选择，您对于题目 2 所述现象的看法

(1) 题目 2 题所述现象可能带来的收益或其他好处(其中 1 代表几乎没有好处,7 代表有非常大的好处):

1　2　3　4　5　6　7

(2) 题目 2 所述现象可能导致的惩罚或其他坏处(其中 1 代表几乎没有坏处/不会受到惩罚,7 代表有非常大的坏处/会受到的非常大的惩罚):

1　2　3　4　5　6　7

5. 以下列举了九个用来形容人的特征的词语:照顾人的、友善的、公平的、诚实的、守信的、慷慨的、乐于助人的、勤奋的、善良的、富有同情心的。请仔细阅读题目,并选择符合您实际情况的选项(其中 1 代表完全不同意,7 为完全同意)

1　2　3　4　5　6　7

(1) 从我平时的穿衣打扮看我具有以上品质特征

(2) 从我空闲时候所做的事情可以清楚地看出我具有以上品质特征

(3) 从我阅读的书籍杂志可以清楚地看出我具有以上品质特征

(4) 我与他人的沟通向他人传递了我具有以上品质特征的印象

(5) 我主动参与能够证明我具有以上品质特征的活动

(6) 成为拥有以上品质特征的人会使我自己感觉很好

(7) 这些品质特征是我自身诸多特征中相当重要的部分和内容

(8) 我对于自己成为具有以上品质特征的人而感到羞愧

(9) 拥有以上品质特征对我自己来说很重要

(10) 我非常迫切希望自己具备以上品质

贵公司雇员人数　　　　　;贵公司主要产业　　　　　。

调查结束。感谢您的热心参与及坦率作答!请将问卷返回给联系人,谢谢!

第三篇

CEO 权力与企业双元创新决策

——内部控制的调节作用

鲍　晴

一、绪论

（一）研究背景

创新是企业在激烈市场竞争中持续成长的关键，也是促进经济持续蓬勃发展的重要引擎（Solow，1957）。在改革开放四十余年的发展中，我国企业凭借“后发优势”，逐步追赶超越国际领先的跨国企业。然而近年来，逆全球化和贸易保护主义思潮抬头，贸易摩擦不断加剧，我国企业受核心技术“卡脖子”的问题日益凸显。与此同时，我国少数企业开始进入从“追赶者”向“领导者”转变的重要关口，在趋近国际技术创新前沿的同时，面临着技术创新“无人可跟，无规可循”的困境（彭新敏等，2017）。要解决上述困境，企业能否进行有效的双元创新决策或成为突破技术创新瓶颈的关键（Luo 和 Rui，2009）。

双元创新（ambidexterity innovation）是指企业在技术创新的过程中同时进行利用（exploitation）和探索（exploration）两种创新活动（Christensen，1997）。探索式创新强调企业通过探索新知识，生产出对整个市场而言的新产品从而获得长期竞争优势，而利用式创新则指企业在归纳提炼现有知识的基础上，通过改进现有产品获得短期市场竞争优势（Benner 和 Tushman，2003；He 和 Wong，2004）。有效的企业双元创新路径决策不仅反映企业根据自身资源配置能力对创新活动的准确定位（Zhang 等，2003），也为企业在稳定现有市场的同时提供了长期发展的可能，有助于新兴经济体的企业克服技术创新困境赶超领先企业（Prange，2012）。

近年来，在我国政府一系列政策影响下，我国技术创新投入呈逐年增长趋势。2018 年，我国投入研发经费由 2014 年的 13 015.63 亿元上升到了 19 688.93 亿元，同比增长 11.8%。其中，企业研发投入大幅增加，由 2014 年的 9 816.51 亿元上升到 15 079.30 亿元。然而，即使是 2018 年，我国总体研发投入强度距离“十三五”战略规划中 2.5%的目标仍有较大差距。与世界主要国家和地区研发投入强度横向对比来看，我国的研发投入强度仅处于中等水平，存在较大提升空间（图 3－1）。

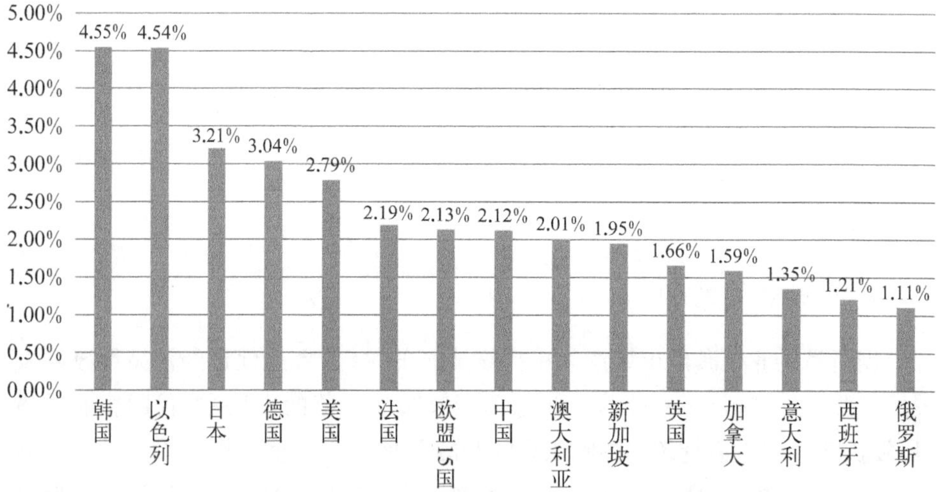

图 3－1　2017 年世界主要国家及地区研发投入强度情况

数据来源：OECD 网站（https：//stats.oecd.org/Index.aspx？DataSetCode=MSTI_PUB#）

除了研发投入总量不足的问题，我国绝大多数企业仍面临着核心技术不足的难题，技术创新依赖“引进-改良”的路径，革命性技术的创新能力不足。相较于利用式创新，探索式创新活动具有高风险和高投入的特征，对于企业的资源要求非常高，在实践中受到的制约也最多。表 3－1 我国研发投入分类数据显示，对已投产的产品工艺进行改进的试验发展研究投入超过总研发投入的八成，而

表 3－1　近 5 年我国研发投入情况

	2014 年	2015 年	2016 年	2017 年	2018 年
研发投入(亿元)	13 015.63	14 169.88	15 676.75	17 606.13	19 688.93
其中：企业研发投入	9 816.51	10 588.58	11 923.54	13 464.94	15 079.30
政府研发投入	2 636.08	3 013.20	3 140.81	3 487.45	3 978.64
其中：基础研究投入	613.54	716.12	822.89	975.49	1 090.37
应用研究投入	1 398.53	1 528.64	1 610.49	1 849.21	2 190.87
试验发展研究投入	11 003.56	11 925.13	13 243.36	14 781.43	16 396.69
GDP(亿元)	643 563.1	688 858.2	746 395.1	832 035.9	919 281.1
研发投入强度	2.02%	2.06%	2.10%	2.12%	2.14%

数据来源：国家统计局网站。

对为了获取新知识而进行创造性研究的基础研究投入和应用研究投入则十分有限。要提升我国整体研发投入强度,引导企业破除核心技术依赖,引导企业加大探索式创新的投入决策力度就成为了重中之重(Zaheer 等,2019;马连福等,2019)。

创新投入选择属于企业战略决策,根据高阶梯队理论,这主要由以 CEO 为核心的高管团队负责制定。权力作为高管团队特征的关键维度,是 CEO 实施创新路径战略选择的依仗和手段(Li 和 Tang, 2010; Golicic, 2003)。CEO 权力对企业的创新决策有重要影响作用(Haynes 和 Hillman, 2010; Chen, 2014),但现有研究集中在分析 CEO 权力对于研发投入强度的影响(胡明霞,2015;周建等,2013),少有研究深入到 CEO 权力如何影响双元创新战略选择以及通过何种途径发挥影响作用。然而,决定企业核心竞争力的不单是创新投入的多少,更在于创新资源如何投入、投入到什么方向,这关系到企业能否实现短期利润与长期优势之间平衡以实现可持续成长(Uotila 等, 2009;曾德明等,2016)。因此,了解企业如何通过配置高管权力选择相应的创新发展路径是本篇研究的要点之一。

与此同时,内部控制作为企业降低内部风险的重要机制,与企业高管在公司治理层面互相作用,势必会影响 CEO 决策风险感知(林钟高,2017),对企业双元创新决策产生重要影响。而学界在内部控制对企业决策影响作用上尚未达成共识。一说“内部控制促进论”,内部控制建设被认为是降低管理层委托代理矛盾,增强信息透明度(Goh 和 Li, 2011; Skaife 等,2008),加强企业治理(Li 等,2010),提升企业投资效率和价值的重要途径(Feng 等,2015; Cheng 等, 2013)。另一方面,内部控制也可能由于灵活性缺失和制度僵化,抑制新思想的产生,对创新投资产生不利影响(Baranchuk 等,2009)。从实践角度看,我国近年来对于内部控制框架建设的速度加快。2001 年,我国财政部颁布了我国内部控制第一个纲领性文件《内部控制基本规范》。2006 年,上交所和深交所先后出台《上市公司内部控制指引》,完善内部控制操作规范。2008 年,财政部等五部委又在借鉴国际惯例的基础上,立足我国国情,联合发布了《企业内部控制基本规范》,基本建立了我国内部控制体系的系统性架构。因此,将内部控制引入企业创新决策研究框架中也更符合中国企业管理实践需要。

本篇关注到行为代理理论将决策中的非理性因素引入心理学研究,弥补了传统的委托代理理论对代理人“风险回避”假设的不完全性,在企业治理层面完善了决策行为的研究框架。该理论目前已经在国外研究中被广泛应用于企业管理、金融学、经济学等领域,然而在国情下的实证研究仍然缺乏,至今未被系统引入创新投入领域(李纪珍等,2018)。与此同时,作为行为动机制论的重要内容,由 Keltner(2003)等提出的“权力的接近-抑制理论”为深入理解权力对个体心理及行为决策的影响提供了重要理论契机。因此,本篇基于行为代理理论与权力接近-抑制理论,构建了“个体行为决策-企业治理决策”的整合性分析框架,并结合中国企业管理实践,实证检验了 CEO 权力强度对于企业双元创新投入决策的影响,以及内部控制质量对于上述关系的调节作用,进一步明晰权力对企业双元创新路径决策的影响机制。本篇拓展了行为代理理论与权力接近-抑制理论在我国企业创新决策领域的研究,为深入理解高管团队特质对企业创新投入决策影响机制提供了新的研究视角,也为中国企业创新实践提供了新启示。

(二) 研究意义

与现有研究文献对比,本篇主要具有以下两方面的研究意义。

1. 理论意义

(1) 本篇丰富了传统高阶梯队理论对于企业技术创新影响的作用领域,现有文献研究大多基于 CEO 权力强度与企业绩效表现的关系,忽略了对 CEO 权力强度和企业创新行为的深入探讨。本篇丰富了企业创新投资影响因素研究理论,具象化、参数化 CEO 权力,研究 CEO 权力对推动对企业技术创新战略的影响,弥补了现有文献的不足,拓展高管权力理论的作用范围。

(2) 现有文献对于企业创新投资的研究主要集中在投资规模和绩效上,本篇基于创新投入的异质性视角,深入剖析企业创新投入模式,观察了 CEO 权力强度对于探索式创新投入和利用式创新投入两类样本的不同影响,这就拓展了现有创新投资研究视角。

(3) 本篇关注到现有文献对内部控制和企业创新投入行为探讨的不足,将企业内部控制完善程度引入研究模型,基于双元创新异质性视角,细致地解剖了内部控制质量在 CEO 权力强度对双元创新影响方面的调节作用,丰富了内部控制理论的相关研究。

(4) 本篇基于系统的文献梳理,分别从行为代理理论和权力的接近-抑制理论两个角度创造性地解释了高管权力对于双元创新投入行为的影响机制,并沿用上述两个理论分析了内部控制的调节作用机制,深化了行为代理理论和权力的接近抑制理论在企业决策行为中的应用研究。

2. 现实意义

本篇指出影响企业创新投入双元模式选择的两种内部环境因素，提供了企业内部治理与双元创新研究的典型案例。本篇细致剖析了影响高管风险承担倾向的生理和心理因素，打开了高管行为决策影响因素和作用机制的黑箱，揭示CEO 权力对于探索式创新的促进作用以及可能带来的过度投入风险，具有一定的警示作用。本篇深入探讨了企业内部控制质量对于促进双元创新投入平衡性和协同性的正向意义，有助于企业更加清楚地认识到健全内部控制体系的重要性，具有一定的管理实践意义。本篇深入国情，选取市场变革程度和技术变革程度都很高的高科技上市公司作为实证研究对象，尝试为解决我国高科技领域突破式创新不足问题、提升我国创新能力和国际竞争力提供经验证据。

（三）研究方法

(1) 文献研究法。首先通过阅读目前关于企业创新投资、双元创新投入模式选择以及内部控制影响因素的文献，对主要研究概念进行界定，明确研究方向。同时，进一步梳理相关研究的理论基础，结合高阶梯队理论、行为代理理论和权力接近-抑制理论，推导 CEO 权力与内部控制对企业创新投资的作用，以及对两种创新投入模式影响的相互关系和影响方向。

(2) 实证分析法。根据计量经济学研究方法，利用 Excel、SPSS 25.0 等数据处理软件，对从 WIND 数据库、国泰君安 CSMAR 数据库和巨潮资讯网手工收集的 2014—2018 年中证高新样本企业数据进行实证分析，根据文献研究基础，定义相关变量、构建研究模型，通过描述性统计分析、Pearson 相关性分析和 OLS 回归分析对于样本企业进行实证分析，得出研究结论。

（四）论文框架与内容

1. 本篇技术路线

如图 3 - 2 所示。

2. 本篇研究框架与内容

全篇围绕着 CEO 权力强度、双元创新投入、企业内部控制质量展开研究。

第一章：绪论。首先介绍了本篇研究的背景和研究意义，并进一步阐释了本篇的研究方法、研究内容和研究框架。

第二章：文献与理论基础。在本章中，首先梳理企业创新投资的研究概念、区别于其他普通投资的特点以及学界目前对于创新投资影响因素的研究。紧接

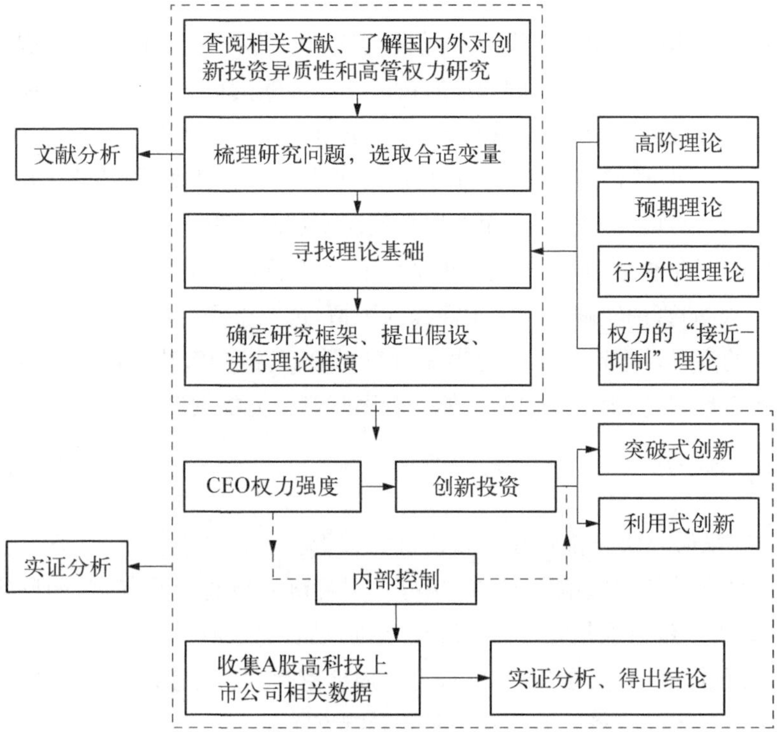

图 3-2　技术路线

着，针对企业双元创新投资模式展开梳理，总结双元创新投资的概念、特点以及企业内外部影响因素的国内外研究现状。随后，回顾了 CEO 权力内涵的研究历程、在高管权力理论的基础上明确了 CEO 权力强度的定义，并对 CEO 权力强度与企业创新的关系展开介绍，从 CEO 权力异质性的视角，梳理不同背景特征对创新影响的研究。最后，本章介绍了内部控制研究的发展历程，明确内部控制的框架，研究内部控制与企业绩效的关系。

第三章：研究假设。根据目前研究现状、研究背景与目的，本章针对高阶梯队理论、预期理论、行为代理理论和权力的接近-抑制理论的主要思想、研究方向和借鉴意义进行了概述，为后续假设提供较为扎实的理论支撑。接着，本章紧密围绕行为代理理论和权力的接近-抑制理论提出了 CEO 权力强度对企业创新投入及双元创新模式选择影响的研究机制，同时，将企业内部控制纳入研究框架，对于内部控制对 CEO 权力强度与双元创新投入的影响关系作进一步推测。

第四章：研究设计。本章介绍了研究样本的选择与数据来源、双元创新投入样本的划分依据、模型设计、变量的选择以及定义，并对研究样本进行分类处理，描述样本特征，为第五章实证研究做基础。

第五章：实证检验及分析。本章首先对样本特征进行了描述性统计分析，接着给出主要变量分类别的相关性分析，最后通过回归分析着重研究分析了 CEO 权力强度对企业创新投入的总体影响，CEO 权力强度对双元创新模式选择影响以及内部控制对于上述影响的调节作用。

第六章：研究结论与展望。在总结全篇研究结论的基础上，提出了相关政策性建议并说明对于未来研究方向与内容的展望。

二、文献与理论基础

（一）文献综述

1. 企业创新投资

企业创新理论最早由 Schumpeter 于 1912 年在其著作《经济发展理论》一书中提出，并逐渐经历了由生产创新观、市场创新观、组织创新观到协同创新观的转变。在 Schumpeter 生活的年代，创新活动被看作是伴随生产活动而产生——掌握生产要素和条件组合决策权的企业家，通过组合生产要素和生产条件创造出新的生产函数，产品和技术创新便应运而生。而新生产函数的出现则依赖于技术、资本和制度条件的支撑。随着发展经济学在 20 世纪中叶的兴起，学者们在解构技术创新概念的过程中，逐步将创新的外延拓展到市场创新。

市场创新观认为创新是包含新想法形成、新技术产生、新市场开拓、持续市场化以及后续销售活动的完整闭环（Freeman 等，1982），只有整个过程被完整实现才能称为创新（Mansfield，1968）。企业的创新能力正是体现在产品研发及市场化过程中统筹需求识别、问题提出、技术研究、产品推广等全过程的能力（Rogers，1995）。其中，企业的信息协同能力则显得至关重要，因为创新不仅是各种基础能力的集合，也是企业家学习能力集合（Collis，1994）。创新正是管理企业的企业家对相关资源归集、整合并加以运用的综合过程。这就将创新的外延推广到了组织创新领域。

在组织创新观中，学者们将创新视作管理者加强企业市场竞争地位的战略工具（Crossan 和 Apaydin，2010），无论是为响应内外部环境的变化还是采取先发制人的措施影响企业内外部环境，创新都可被视作组织变革的手段之一

(Damanpour, 1991)。Chandler 等(1998)在总结这一阶段学者研究的过程中指出,创新是现代企业根据自身定位,利用其资源整合能力,在产品开发、技术创新等领域取得超越竞争对手的优势,最终实现自身生存和发展的能力。创新理论发展至今,学界也基本形成了创新是基于企业复杂内部环境和外部环境协同作用的共识(Isaksen, 2009)。

由于创新活动具有复杂性、风险性和长期性等特性(Nelson 和 Winter, 1982),受到企业内外部各种因素的综合影响,创新投资便体现出区别于普通投资的重要特点: ① 高风险性和高回报性共生。创新投资因其复杂性比普通投资更难在短期获得投资回报,创新结果的不确定性较高,企业难以准确预测研发投资结果和收益。② 资源需求高。创新投入需要较高的转换成本,对于人力、物力等各项资源的需求更大,企业需要持续投入资源以保证研发活动持续性和成功(马光荣等,2014)。③ 成果保护要求高。创新投资具有正外部性,创新活动成果容易外溢,其他企业可能通过模仿成果规避前期投入从而获得巨额收益。

根据本篇研究需要,针对企业创新投入影响因素进行文献梳理。目前学界研究的创新投资的影响因素主要可以总结为外部因素和公司治理两个方面。在外部因素对创新投入选择的影响方面,市场环境是影响企业技术创新决策的重要因素,正确的企业市场战略能够促进研发创新。经济水平、体制建设和法律规范同样对企业创新投入有重要影响(韩立民和赵新华,2006)。除了外部环境影响,企业创新决策还受到外部资源的制约。企业并购为企业带来更多资源支持,有效促进企业创新投入增加(王维和李宏扬,2019)。上市行为作为企业获取外部资源的另一重要途径,能为企业提供更便捷的融资渠道,有利于减轻资源约束,促使企业创新投入爆发式增长。Atanassov 等(2007)在研究 1974—2000 年间美国企业的数据后发现,与银行信贷融资等关系型融资模式相比,股权和债券等融资方式也可以为管理层提供更多的自由裁量空间,更能促进企业的研发活动意愿。但股票流动性的增加对于企业创新投入有负面影响: 投机者的增多加大了管理层短期绩效的压力,另外,敌意收购威胁的增加,迫使管理层削减长期风险性投资(Fang 等,2014)。而机构投资者可以减少管理者对职业风险的忧虑,提升对创新活动风险的耐受度,因此,机构投资者持股比重越大,企业创新投入意愿越强(Aghion 等,2013)。但进一步研究也揭示上市后企业更偏好增加低风险创新项目投入(Wies 和 Moorman, 2015),提示了本篇细分创新投资模式研究的必要性。

在公司治理对创新决策的影响上，学者们发现企业规模、股权结构、产权性质或行业、经营性现金流、企业成长能力、高管团队等因素均会对企业创新决策产生显著影响。大量实证研究发现企业规模对于企业创新决策呈现倒U型影响(李经路，2015)：由于技术创新需要大量资源的投入，大中型的企业更能掌握这些资源，也能够更好的将创新成果转化为市场竞争优势，因而更容易选择增加创新投入(Arvanitis和Stucki，2014)，而小企业的经验和资源相对匮乏，风险承担能力较弱，技术创新投入和收益受限。但在特大型企业(刘国新和李勃，2001)和小企业(Acs和Audretsch，1988)而言，过于庞大的组织结构层级反而会束缚创新决策的灵活性，而较小的企业反而拥有简便的决策程序，更有强烈的动机增加创新投入。在股权结构方面，由于创新投资的回报周期较长，持股比例高的管理者更易具有长期眼光，愿意增加创新投入，而持股比例低的高管则更容易短视，不愿意进行风险较大的创新活动(刘伟和刘星，2007)，因此股权激励可以有效增强高管对于企业创新活动投入的动机(Baranchuk等，2009)。同时，企业的股权越集中，越倾向选择增加创新投入(赵洪江等，2008；Aghion等，2013)。在产权性质方面的研究则更具中国特色，研究发现我国民营企业存在创新瓶颈，创新投入水平显著低于国有企业(杨德明，2006)，而国有企业由于资源约束较少，创新成果转化能力较强，拥有更强的创新投入动力。学者们研究还发现经营性现金流越充裕、企业成长能力和盈利能力越强(权小锋等，2010；严汉民等，2019)，企业能投入创新活动的资源便更多，会显著影响企业创新投入水平，而对于那些技术密集度较高的行业，企业往往更重视创新投入(徐远华，2019)。

在高管团队对于对企业创新投入影响方面，董事会规模的扩大给技术创新投入决策带来负面影响(肖利平，2016)，而独立董事比例的增加则有助于提升企业技术创新投入，这可能是由于独立董事能带来更多的企业外部的技术知识和资源支持。也有学者发现高管的技术背景能显著增加创新活动动机，政治背景虽然能带来技术创新资源投入但是不能增加创新绩效(彭红星和毛新述，2017)。高管团队管理能力对于创新投入决策的影响，也是本篇关注的重点，将在后续章节中详述。

2. 双元创新投资及其决策相关研究

双元(ambidexterty)的概念最早由美国经济学家Duncan在1976年提出，用以描述利用性和探索性两种组织行为导向，前者指针对当前市场环境进行渐进性改造的能力，后者指组织针对未来需求进行突破性变化的能力。在研究过程中，大量学者逐渐将双元理论应用于创新活动的研究，March(1991)将组织学习行为分为“利用”和“探索”两类，Christensen(1997)则基于创新对于当前主流市场的影响将创新分为探索式创新(exploration)和利用式创新(exploitation)两类，双元创新的概念由此而生。

利用式创新是指通过“筛选、加工、提炼”，对现有能力、技术进行总结和改造升级的技术创新，更侧重通过总结提炼现有知识储备达到扩展知识体系的目的。利用式创新生产出的是基于原有产品组合的新产品，不会对现有主流市场造成较大的冲击，虽然能够满足短期的市场和企业业绩需求，但技术容易被竞争者赶超并淘汰，具有前期投入、研发风险相对较小，回报也较小的特点(Benner 和 Tushman, 2003; He 和 Wong, 2004)。

探索式创新则是指颠覆现有市场、产品、知识的技术创新，侧重通过“探索、实验、尝试”过程，离开现有知识体系去开拓新的知识体系，生产出整个市场范围内的新知识、新产品，并基于此开发新的销售途径和新市场(Levintha 和 March, 1993; He 和 Wong, 2004)。探索性创新成果由于颠覆和突破现有市场，能在未来相对长的时间内满足市场需求，可以获得更高的收益，在更长时间内提升企业业绩，但同时面临着风险较高、投资回报周期较长和市场不确定性等问题(Smith 和 Tushman, 2005; Lubatkin 等，2006; Esteve, 2010)。类似的概念还有 Freeman(2007)提出的演化性创新和破坏性创新，Dahlin 和 Behrens(2005)提出的连续性创新和非连续性创新。

由于双元创新企业在同一时间段内既进行探索性创新又进行利用性创新(Tushman 等，1996)，而企业能调度的内外部资源有限，对两者的投入决策问题便由此而生。双元创新决策是企业对两种创新战略的投入组合，体现企业根据自身的内外部资源调度能力对于其创新活动的定位，反映企业在坚持稳定短期市场表现的同时对于未来发展机遇和竞争优势的追求(March, 1991; Zhang 等，2003)。但由于组织行为通常有自我实现的惯性倾向，企业通常会陷入过分探索新技术的“失败陷阱”(Levinthal 和 March, 1993)，或由于短视而陷入利用式创新的“成功陷阱”(Ahuja 和 Lampert, 2001)。因此，双元创新投入选择的有效决策便成为了企业实现创新战略的关键。

现有的研究不仅对双元创新投资模式的特点作了区分，也对影响双元创新决策的因素进行了多角度的观察。在外部因素对双元创新选择的影响上，研究发现市场环境的不确定性对双元创新战略有重要影响：在动荡的市场环境中，企业出于自身生存和发展的强烈需求，更倾向于选择突破式创新(Laukkanen 等，2008)，而在动荡程度较低的环境中，企业主要凭借提升销售能力获得良好绩效，更倾向于选择利用式创新(陈锟和于建原,2009)。进一步区分环境不确定性特点发现,技术不确定性刺激探索式创新投入,抑制利用式创新投入的增加;而竞争强度抑制探索式创新投入选择,对于利用式创新决策影响不显著;需求不确定性对于双元创新选择影响均不显著(李妹等,2014)。

上市也被发现对双元创新决策有显著影响:私有化企业对于创新失败的容忍度较高,企业倾向于探索式创新尝试,而上市企业由于信息透明度的要求和投资者耐受程度的降低,管理者们倾向于选择较为保守的经营战略,刺激利用式创新投入的增加,上市公司的研发成果体现出更多利用式创新属性(Ferreira 等,2014; Gao 等,2015)。也有学者发现政府补贴作为企业重要的外部资源,会影响双元创新选择,促使企业增加探索式创新投入,补贴的不同方式对这种关系的影响有所不同(盛光华和张志远,2015)。

在内部因素对双元创新战略选择的影响上,组织结构对双元创新选择产生显著影响,集权化的组织结构抑制双元创新决策,分散化的组织结构对双元创新战略有促进作用(李忆和司有和,2009)。企业规模和成熟度也会影响双元创新路径选择,成熟的大企业反而在探索式创新中遇到更大阻力,倾向于选择利用式创新(Danneels, 2004)。马连福等(2019)从企业资本配置效率视角研究双元创新的路径选择问题,在对 2004—2017 年 A 股 1940 家上市公司的实证分析中发现,资本配置过度的企业流动性约束较小,对于资金使用成本不敏感,更容易偏好风险投资策略,接受探索式创新,而流动性约束大的企业对资金使用成本更加敏感,更加偏好风险较小的利用式创新,而独立董事财务监督效应的存在抑制了资本配置过度情形下管理层进行探索式创新的行为。

国内外学者们在关于高管团队对创新战略的影响方面也作了一定研究。高管作为组织意志的执行和体现者,其创新思维能力显著影响着双元创新战略选择(Lewis, 2000)。其中,高管团队组成的多样性、异质性职能背景以及跨职能互动都能够有效促进双元创新投入,有利于避免组织对于存量资源过度利用和对增量资源过度探索的两个极端(Mom, 2009; Jansen, 2006)。聚焦到家族企业看,由于家族企业的亲缘关系体现出的延伸型社会情感与探索式创新的长远导向相一致,亲缘关系显著促进探索式创新选择,抑制利用式创新选择,而冗余资源会强化亲缘关系对利用式创新投入的抑制作用,对亲缘关系和探索式创新投入之间的正相关关系没有显著影响(杜善重和李卓,2019)。

近年来,也有一些学者认为要以动态发展的眼光看待双元创新(如 Jansen

等,2006)。在对双元创新产生动态影响的因素方面,企业动态能力对于双元创新协同性有重要影响(李德强等,2017),如外部学习能力会对企业双元创新的协同性起到积极作用,因为组织间学习可以获取异质性知识,从而有利于探索式创新的增加(奚雷等,2018)。组织联盟的多样性由于能够带来更多异质性知识,也有助于提升双元创新平衡以及间断创新平衡(王双龙,2018)。顾群等(2018)基于2008—2014年深交所民营上市高新技术企业数据,探究了控制权私有收益对于企业双元创新投入的影响,发现控制权私有收益与创新投入平衡性负相关,而良好的公司治理水平有助于改善这种负相关关系。

3. CEO权力

权力是一种在实现既定目标的过程中能够持续地克服阻力(overcoming resistance)、压制不同意见并在决策中施加个人意志的能力(Pfeffer, 1981)。在公司治理层面,学者们对管理层权力的定义进行了充分的探讨。管理层权力是高管们在决策中施加个人意愿的能力(Rabe, 1962)。在企业内部控制存在缺陷或外部监督有所缺失的情况下,企业高级管理人员权力体现为在公司决策权、执行力、监督权方面施加个人影响的能力(Bebchuk等,2002)。CEO权力作为企业高管团队权力的核心,针对其定义和来源学界也做了集中探讨。CEO权力指CEO在面临董事会或其他高管反对时,能压制不同意见,持续对企业经营管理关键决策施加个人影响的能力(March, 1966; Adams等,2005),这些关键性决策包括但不限于制定薪酬水平、调整组织结构、实施并购策略、改善员工工作环境(赵息等,2013)。

为更好地定义总经理权力,学者们深入探究了经理权力的来源。1959年,Penrose在《企业成长理论》一书中揭示了企业管理者能力对于推动企业成长的重要性:企业是在一定管理结构框架内组织起来的生产资源结合体,在企业运营的过程中,经理人逐步积累与生产性资源相关的知识和技能,使用这些管理经验的机会成本为零,过剩管理资源的释放便推动企业的成长。正因如此,企业管理者运用管理资源的能力决定了不同企业的成长速度。有学者指出,这些能力体现在企业管理决策、克服内外部不确定性、协调各方资源、薪酬福利谈判等众多方面(刘焱,姚海鑫,2013)。

不同的企业所有权安排会影响公司治理格局,进而影响高管权力(Bebchuk和Fried, 2003)。委托代理理论指出,经理人的权力源于企业所有权的委托安排:现代企业中,经营管理权和所有权相互分离,经理人与股东之间的委托代理关系应运而生。股东作为委托人聘用经理人作为代理人,代替委托人进行企业经营管理活动，代理人基于契约授权相应获得一定的企业管理权力(Jensen, 1986)。随着研究的深入，学界逐渐认识到剩余配置权是管理层权力的真正来源。在不完全契约理论中，企业的控制权按照股东掌握程度被划分为特定控制权和剩余控制权，特定控制权可以被委托代理契约明确界定，而显然地，契约不可能完全明晰在未来的企业经营管理过程中将会出现的风险和相应决策，这就产生了对于未明确被委托代理契约规定的事项进行决策的所谓剩余控制权(Grossman 和 Hart, 1986; Hart 和 Moore, 1990)，当经理人基于个人效用函数背离股东利益最大化的生产目标时，必然引起对于企业剩余控制权的配置争夺(Shleifei 和 Vishny, 1997)。显然，这种处置契约未载事项的剩余控制权决定了管理者权力的大小。

基于企业所有权配置的高管权力理论，Finkelstein 于 1992 年提出现代企业管理层权力理论，他指出企业管理层的核心任务是协调处理内部和外部的不确定性，内部不确定性源自董事会和高管层以及高管层人员相互的博弈，外部不确定性源于如何在动荡的外部制度环境中持续决策并实现企业目标。进一步地，经理人权力源于组织权力、所有制权力、声誉权力和专家权力四个维度：经理人组织权力来源有企业所有权配置；所有制权力源于经理人通过拥有股权提升影响决策制衡过程的能力；专家权力源于通过经理人自身累积的对企业经营管理特定方面的专业知识技能而在决策中排除他人意愿的能力；声誉权力往往来自经理人自身的高学历和在外单位任职过程中所形成的、被广泛认可的形象，以及据此为企业带来更多资源的能力。

通过上述分析可以看出，学术界在对高级管理人员权力的研究过程中，逐步形成了 CEO 权力是在企业经营过程中发挥个人决策意志抑制外部影响的能力并由正式组织权力和非正式权力构成的共识。

4. CEO 权力强度与企业创新投入决策

从前文得知，CEO 权力强度的构成具有丰富的内涵。从 CEO 权力对研发投资的总体影响效应上看，多个行业研究显示 CEO 权力强度的提升会对企业战略决策和资源分配产生重要影响，显著促进了企业技术创新投入的增加(乔朋华和鞠晓峰，2015；王楠，苏杰和陈守双，2017)。

从管理者权力异质性视角看，国内外学者针对 CEO 权力强度的多维度构成要素对企业创新投入决策影响进行了一定的研究。在客观影响因素方面，CEO 的所有制权力对于企业双元创新策略选择有重要影响。CEO 的持股比例和股权薪酬激励能够改变 CEO 的风险偏好，提升 CEO 对企业长远目标的关注，刺激

CEO 增加创新投入(Barker 和 Mueller, 2002; Wu 和 Tu, 2007)。特别地,在家族上市公司中,CEO 的亲缘关系带来的所有制权力能够提升家族企业对于创新失败的包容度(潘红波和陈世来,2017)。从 CEO 声誉权力对于企业创新投入决策的作用上看,高管的教育背景和相关领域工作经验能提高 CEO 处理信息和辨别风险的能力,降低创新活动的不确定因素,有助于促进企业创新投入选择(Hambrick 和 Mason, 1984)。同时,在业内声望较高的 CEO 能提升企业形象,为企业带来更多的内外部资源,对于资源敏感的创新活动有较大促进作用(Marvel 和 Lumpkin, 2007)。张云等(2018)的研究从反面验证了这一结论,发现管理者期权薪酬与管理者权力强度都对研发投入具有正向影响,研究结果提示,管理者可能会利用期权薪酬获取租金而放弃创新活动,与管理者权力对创新活动的影响存在负协同效应。

从 CEO 专家权力对企业创新的影响上看,CEO 的职能背景是影响创新决策重要因素,曾经从事研发、技术、营销的 CEO 在任职期间更愿意增加创新投入,这可能是由于具备相应经验和知识或更熟悉产品市场(Porter, 1990; Daellenbach 等, 1999;孙烨等,2018)。也有学者从管理认知理论解释这一结论,以销售、研发、设计为代表的“热认知背景”的 CEO 更具有激情和创造力,倾向于加大企业技术创新投入,而以生产、会计为代表的较为冷静、严谨的“冷认知背景”的 CEO 则相反(尚航标等,2018)。进一步研究发现,拥有跨职能背景的通才型 CEO 由于掌握多领域知识经验,能更好地把控企业战略决策,更偏好创新投入选择,并显著提升企业创新绩效(Donaldson 和 Davis, 1991;赵子夜等,2018)。CEO 与董事长两职兼任也是因为能够赋予 CEO 更大的决策权,使 CEO 在快速变化的市场竞争环境中能迅速作出决策,从而正向促进企业研发创新投入和绩效产出(Albert 等, 1993;黄庆华等,2017)。

CEO 组织权力也会显著影响企业创新投入决策。CEO 任期过长,会阻碍企业变革性决策的制定。由于研发活动的回报周期较长,随着 CEO 任期的增长,CEO 认为在剩余任期内企业通过研发活动带来收益的可能性变小,因而会有减少研发投入、注重短期财务指标的“短视效应”的发生(Hambrick 和 Fukutomi, 1991; Tihanyi 等, 2000; Xu 和 Yan,2014)。但这一结论存在分歧,也有学者通过实证研究发现高管层任期与企业创新存在正相关关系,认为任期长的 CEO 权力更稳定,拥有较大的决策自由度,从而有利于创新投入的增加(Canarella 和 Gasparyan,2008;刘运国和刘雯,2007),而 CEO 继任对公司的研发投入会存在负向影响,这是因为董事会对新任 CEO 更严格的监督考核刺激

CEO的"速胜"动机，而董事会对于历史业绩偏离度的归因会显著影响这一关系，当不良业绩被归因于前任CEO时，继任CEO对于企业的研发投入会相应减弱（刘鑫和薛有志，2015）。

除了客观因素之外，不少学者针对CEO权力强度对创新决策的主观影响机制作了探讨。CEO权力也可通过改变心理特质影响决策：Hofstede（1980）发现不同的社会文化环境会影响CEO的性格特质，在推崇自由主义和个人主义的社会中，管理层往往也表现出更多的自我中心倾向，而在崇尚集体主义的环境中，管理层能更好地为企业集体目标服务。同时，CEO的开放性可以显著促进企业创新，这种关系在环境动态性高时得到加强，CEO与董事长兼任时，CEO开放性对企业创新的促进作用更强（刘良灿等，2018）。陈艳等（2017）的研究也表明，CEO权力强度刺激了企业的冒险倾向，强权CEO的过度自信心态更容易助推创新投入等风险性决策，高管为提升企业创新绩效更倾向于增加研发投入（Hirshleifer等，2010）。

同时，还有学者研究了CEO权力与公司治理的交互作用对创新投资关系的影响。张维今等（2018）在研究董事会资本与创新投入关系时发现，强权CEO能够激发具有人力及社会资源的董事们为企业创新提供资源的动机，进而有利于增加企业研发投入。Chen（2014）的研究验证了这一结论，他发现在电子信息行业中，CEO权力对董事会资本和创新支出的关系具有调节效应，强权CEO能够刺激有人力和社会资源的董事为其提供更多有价值的建议和帮助，从而有利于增强创新能力。王楠等（2019）以2010—2014年间创业板公司1607个观测值为基础开展实证研究，揭示董事会和CEO权力在公司治理中的交互影响，强权CEO能够显著降低董事会的政治关联对于企业研发投入的消极影响。

5. 内部控制

企业内部控制的含义随着时间推移不断扩展，经历了"操作程序观""管理过程观"到"风险管理观"的转变。1936年，美国会计师协会首次提出"内部控制"这一概念，并在1939年发布的《审计程序文告》中首次新增关于内部控制审查的内容。事实上，在20世纪40年代以前，内部控制的执行停留在内部牵制上，以账目核查和职务分离这一操作程序为主要手段。内部牵制是指员工可以通过由账户和程序构成的协作协同独立对其他员工的工作进行检查，以纠正错误防止舞弊。在1949年，美国CPA审计程序委员会将"内部控制"定义为企业为了保全资产和保护会计资料准确而制定的相关政策程序，并在1958年发布的《审计程序公告中》将内部控制划分为会计控制和管理控制。随后，美国注册会计师协会下属的审计准则委员会(ABS)将“内部控制”明确为企业为了保证稳健发展而构建的帮助企业提高资源利用效率和改善运营状况的程序体系，并将会计控制和管理控制明确为：会计控制是对资产安全、财务记录可靠性提供保证的程序安排，管理控制是会计控制的起点，包括了授权安排的组织结构。从内涵上看，这一时期的内部控制概念逐渐突破了财务会计领域局限，将成本控制、预算审批、报告制度、统计分析等程序纳入内部控制框架，是内部控制研究的一大进步。

1992 年，美国反欺诈财务报告委员会(COSO)发布《内部控制——整体框架》，对学界相关研究产生了较大的影响，标志着内部控制视角由“操作程序观”转变为“管理过程观”。报告指出内部控制是为实现财报可靠、运营高效和经营合规三个主要目的，由董事会、管理层和普通员工共同参与的管理控制过程，主要包括控制环境、风险评价、控制措施、信息沟通、控制监督五方面。

2002 年《萨班斯-奥克斯利法案》(SOX 法案)发布，将内控由“管理过程观”助推到“风险观”这一高度上，标志着内部控制相关研究进入成熟期。法案将管理层风险管理能力纳入内控框架，将原先的内控五要素拓展为控制环境、目标确定、风险识别、风险评估、风险处理、控制活动、信息沟通和控制解读八个方面。2008 年，我国财政部等五部委在借鉴国际惯例的基础上，立足我国国情，联合发布了《企业内部控制基本规范》，确立了我国企业内部控制的基本框架，是这一领域的一大突破。该规范科学界定内部控制内涵，确立内部控制的全面性原则、重要性原则、制衡性原则、适应性原则和成本效益原则。同时，该规范也明确了由企业、政府、审计机构共同参与组成的内控实施机制。

本篇的内部控制主要基于 COSO“风险观”和我国《企业内部控制基本规范》，强调的是对企业内部控制综合体系建设完善性的评价，以及政府、审计机构、社会公众参与企业内部控制的影响，并不仅仅局限于内部控制缺陷评价。

6. 内部控制与创新投入决策相关研究

由于内部控制缺失可能带来重大负面后果，学者们对于内部控制开展了丰富的研究。在影响内部控制的因素方面，研究发现企业规模(Bryan 和 Lilien, 2005; Ashbaugh-Skaife 等，2007)、上市决策(方红星和孙翯，2010；李越冬和刘伟伟，2014)、业务状况(Ge 和 McVag，2005)、审计委员会人数(Abbott 等，2004)、审计委员会专业性(Krishnan 和 Visvanathan，2007)、董事会独立性(Hoitash 等，2009；宋文阁和荣华旭，2012)等因素会对企业内部控制有效性产生重要影响，这里不再展开。

基于本篇的研究需要，着重讨论内部控制对企业创新投入决策的经济后果方面的研究。目前学界对于内部控制与企业创新活动之间的关系研究主要存在两种观点。一种是“内部控制促进论”，认为内部控制作为企业管理的制度安排，能够降低代理成本，规避逆向选择和道德风险情况的发生，或者提升信息透明度，从而促进企业技术创新活动投入(林钟高和常青，2017；李万福等，2011)。另一种是“内部控制悖论”，即认为过于复杂的内部控制程序使得投资项目审批效率降低，不利于创新活动的开展(张娟和黄志忠，2016；Zhang Ivy 和 Xi Ying，2007)。然而总体上看，我国企业内部控制的实施情况还处在待完善的阶段，对于技术创新投入决策的阻碍作用有限(李萍等，2015)。

内部控制在企业投资决策中的作用，主要分为内部控制对于投资不足和过度投资两个方面的作用。在投资不足方面，根据以往研究总结出信息不对称、委托代理问题两个方面的原因。一方面，信息不对称产生逆向选择问题，企业很难向市场传递现有投资机会质量的准确信息，难以以合理的资金成本筹集资金，导致净现值大于零的较好投资机会的浪费(Myers 和 Majluf，1984；Bertrand 和 Mullainathan，2003)。另一方面，企业委托代理问题的存在或产生道德风险，经理人的决策会偏离企业价值最大化的目标，而市场无法准确监管企业管理者的工作情况，导致个人自利偏好的投资者出于懒惰而投资不足(Aggarwal 和 Samwick，2006)。

研究认为，健全的企业内部控制有助于缓解投资不足情况的发生：内部控制存在缺陷的企业与其他企业相比具有更高的融资成本(Skaife 等，2008；Kim 等，2011；Costello 和 Wittenberg，2011；陈汉文和周中胜，2014)。完善的内部控制有利于明确企业创新投资项目的目标和所需资源，准确对投资项目进行风险评价(骆良彬和郑昊，2016)，提升会计信息披露质量，向外界传递企业投资项目的正向信息，降低资金成本中的信息不对称风险溢价，使得投资者更加信赖投资信息(Deumes 和 Knechel，2008)，从而有利于缓解融资约束给企业创新投入带来的抑制效应，缓解企业创新战略的融资约束。同时，良好的企业内部控制能够缓解管理防御对于企业创新投入决策的不利影响，降低委托代理问题(林钟高和陈俊杰，2016)。

至于内部控制对于企业过度投资方面的影响，在内部控制不健全的环境下，企业管理者具有过度投资动机，为了确保投资决策顺利实施，他们更有动机隐瞒信息(Bleck 和 Liu，2007)。Deumes(2008)在研究美国 1980—1994 年间的企业样本时也发现企业的内部控制缺陷可能导致对程序和规则漏洞的忽视，这使高管人员在决策中更容易产生源于过度自信的非理性行为。而内部控制质量的提升可以抑制高管的投机行为(Zhou 等,2013),显著削弱过度自信对于企业投资绩效波动的负面影响(陆可晶,2018;张乃文 2018)。郑培培等(2018)发现,内部控制对于过度自信的管理者和企业现金保有水平存在显著调节作用,这种调节作用的显著性随着内控质量的降低而提升。换言之,企业内部控制的健全程度能够抑制过度自信的高管对项目投资决策的不利影响。李万福(2011)基于流动性条件和预期投资偏离检验分析,发现内部控制能降低委托代理问题,与偏离正常水平的极端投资现象具有负相关关系,当内部控制较为健全时,不论是过度投资还是投资不足行为都得到抑制,而内控环境较差加剧了过度投资和投资不足现象的发生,良好的内部控制体系能够提升企业的资金配置效率。

(二)相关理论基础

1. 高阶梯队理论

高阶梯队理论(upper echelons theory)由 Hambrick 与 Mason 于 1984 年在管理学顶级期刊 *Academy of Management Review* 上正式提出。高阶梯队理论以企业中的高级管理人员团队与企业战略决策的关系为研究对象,将高管特征、组织决策、企业绩效三因素纳入统一的研究框架。与传统组织研究假设人的经济理性不同,高阶梯队理论以人的有限理性为研究基础。随着高阶梯队理论的提出,学者们逐渐认识到人的因素在企业行为研究中的重要作用。

然而,由于高管团队心理等主观性因素不易测量,绝大多数高管在面对数据调研时也不愿意如实反馈自己的认知和价值观,这给研究数据获取带来一定困难。Hambrick 与 Manso(1984)基于 Frank 和 Greenberg(1979)的研究,提出利用人口统计学特征分析管理者心理特征对于企业战略决策和经营绩效的影响。学者们基于这一研究方法针对高管团队异质性与企业创新决策相关问题开展了丰富的理论研究。异质性背景有助于企业从不同的视角对决策情境进行审视,有助于决策效率的提高。在年龄方面,年长的高管由于体力精力限制和更看重职业安全等原因,决策更加保守,对于风险性、创新性活动往往采取回避态度(Child, 1974; Carlsson 和 Karlsson, 1970;李建军等,2015)。在职能背景方面,Miles 和 Snow(1978)将高管职能背景划分为生产、财务等生产性职能背景和市场、销售、创新等具有开放性观点的职能背景两类,不同类别职能背景的高管有不同的风险决策偏好。在教育背景方面,由于教育对于个人价值观念塑造和偏好形成具有重要作用,管理学教育的经历对于企业风险决策的正确性有显著的正向作用,研究发现高管教育水平和企业创新投入水平显著相关(Kimberly 和

Evanisko, 1981; Pfeffer, 1981)。在任期长度层面,研究发现高管任期较长能促进企业价值观的形成和社会责任的承担,加强高管层对于企业战略和形象的承诺,也有助于为企业带来更多内外部资源,正向促进创新决策的产生(Hambrick和Geletkanycz等,2010; Gupta等,2017)。

目前学界对于高阶梯队理论的研究,已积累了充分的证据表明高管团队的心理特征和人口统计学特征对于企业决策和绩效有影响,未来研究可能会朝着以下几方面开展: ① 高管行为对企业绩效和行为的具体影响机制;② 高管决策的内生性影响,过去的决策和经历很可能对未来的决策产生了影响;③ 不同社会和组织文化对于高管行为的影响;④ 高管特征和薪酬体系的交互影响(Hambrick, 2007)。

2. 预期理论

预期理论(prospect theory)是由行为经济学先驱Kahneman和Tversky 1979年在《期望理论: 风险中的决策》一文中提出的。预期理论首次将心理学的实验方法和成果引入经济学,为行为经济学的开创奠定了扎实的理论基础。基于期望效用函数,该文作者通过调查和试验的方法解释了人们在不确定性决策中的实际行为和预期效用理论(ecpected utility theory)的偏差,修正了传统经济学的某些公理性质的假说,比如理性一致、偏好连贯等。预期理论通过分析决策过程、期望函数和权重分析,提出人们的决策行为偏离理性期望主要有四种方式,分别是确定性效应(certainty effect)、反射效应(reflection effect)、孤立效应(isolation effect)和保证效应(probabilistic insurance)。

确定性效应是指人们在面临不确定性决策时,往往会低估可能性结果而高估确定性结果。反射效应是指人们在积极情境(收益情境)下,往往会偏好确定性的预期,虽然这种预期值较低,反映出"风险厌恶"的特征,但是当人们处于消极情境(损失情境)下,人们倾向于冒险选择额度更大但是不确定的亏损,表现出"风险偏好"的赌博心态,这表明人们不仅仅偏好收益,也厌恶损失。保证效应是指在不同的险种中,人们倾向于购买保额低、保险范围小的保险而非保额高、保险范围大的保险。孤立效应是指在选择不同预期决策方案时,决策者往往忽略相同因素,而只关注了不同元素,从而导致偏好的变化,提示预期效用与财富变化水平而非财富的绝对量相关。由以上四个效应可以总结出预期理论的主要内容为: 决策者关注财富变化量而非绝对量,表现出风险厌恶的偏好。在赢利情境中,表现出谨慎的"风险厌恶"特点,而在损失情境中,往往表现出赌博冒险的"风险追逐"特点。因此,决策者在不确定情境的决策过程中,决策偏好可能受到多种因素影响而偏离“最优价值决策”的理性预期，证明决策者并非总是理性的。

与传统的预期效用理论相比，预期理论能够更加准确地反映在不确定条件下决策者的实际决策行为：首先，预期效用理论总是假定人们的决策满足完备、传递、独立和连续的公理化体系要求，但是在实际中，由于决策者的决策环境和个人认知水平不同，决策往往会偏离“理性”假设，出现偏好逆转的效应；第二，预期理论发现决策者对于亏损的消极情境比对盈利的积极情境更加敏感；第三，预期理论给事件发生的概率加入一个权重函数，对于较高的概率事件应该赋予较小的权重，对于小概率事件赋予较大的权重，这一修正更加贴近实际；第四，不同于传统预期效用理论认为决策是根据所能带来的绝对财富水平进行的这一观点，预期理论提出，决策依照财富变化的水平作出。值得一提的是，这里出现了“决策参照点”的重要概念，预期理论认为决策者是基于某一个参照点，按照未来决策事件的结果和参照点的偏差量和偏差方向来评估的，这一个参照点可以是当前效用水平，也可以是预期的效用水平。这一结论在本篇的假设提出中起到重要作用。

3. 行为代理理论

1998年，Wiseman和Gomeez-Mejia在结合代理理论和前景理论的基础上提出了行为代理理论(behavioral agency theory)，用以解决传统委托代理理论中对于代理人风险偏好假设过于简单的问题，这一理论对于代理人的风险性决策行为进行了更为有效的预测。传统委托代理理论认为代理人与委托人的利益函数不一致，从而导致代理人倾向于按个人利益而非公司利益决策，由于缺少通过资产组合分散风险的途径，在决策中倾向于减少风险水平而获得更高的预期收益。然而，委托代理理论解释不了在实践中大量存在的委托人风险偏好的现象(Wiseman等，1998)。同时，传统委托代理理论假设决策者的风险偏好是稳定不变的，因此忽略了不同情境下，风险偏好可能改变的情况。

根据前景理论，问题框架(problem framing)会影响决策者风险感知，在行为代理模型中，学者通过将可选策略的期望收益与特定参照点进行比较来界定“问题情境”：当风险和回报率不相同的决策带来的期望收益可以被接受时，会产生积极情境，而当可选决策承诺的是不可接受的期望收益时，消极情境便会产生。在积极情境和消极情境的决策中，风险偏好变化以“损失回避”的概念作为基础，比起获得财富，损失厌恶的决策者对于财富损失更加敏感，因而在面对损失情境时，会采取冒险行为试图减少损失。这里特别要区分的概念是“损失回避”与“风险回避”，损失回避指的是优先采取风险较高的行为避免预期损失，而不是选择风险较小的策略以减少损失。行为代理理论认为对于情境(积极或消极)的界定会影响决策者风险承担水平并决定风险偏好,当情境被界定为"积极"或者"收益"时,代理人的风险承担水平上升(一旦失去这份收益,损失程度更大),因此倾向于减少冒险行为。

同时,行为代理模型认为以往的绩效和现有财富会使决策的参照点提升,让情境被界定为"损失"的可能性增加。基于"参照点"假设,行为代理理论提出"即时禀赋"这一概念。即时禀赋指的是决策者能感知的纳入风险负担水平计量的现有财富或预期财富。当现有财富受到威胁时,代理人产生风险负担水平,为保护自身即时禀赋,对于确定性高的未来收益(比如工资)审慎决策,倾向于降低风险承担水平,而对不确定性高的未来收益,代理人采取风险偏好的冒险决策。后文正是基于这一逻辑,指出企业创新作为不确定性较高的未来收益影响了决策者风险偏好。

目前,这一理论已在西方得到了持续而广泛的研究,学者们对行为代理理论进行了大量扩展研究。

外在影响因素方面,学者们对于影响代理人风险负担水平和冒险行为的环境因素作了补充研究。Villena等(2009)揭示了CEO薪酬风险负担和职业风险负担会加强CEO的冒险倾向,而动荡的环境会加强这种负相关关系。Martin(2015)的研究提示,当代理人感知到企业具有较高价值时,可能会因为参照点的提升而增强风险负担水平与企业创新等冒险行为的正相关关系。

内在影响机制方面,学者们补充了影响行为代理模型的解释变量并拓展了相关变量的概念内涵。Balkin等(2000)将即时禀赋之一的CEO薪酬区分为长期薪酬和短期薪酬,Sanders(2001)则将股权划分为股票的所有权和期权。Chrisman等(2012)将动态视角引入"损失厌恶"概念,提出代理人对接近期发生的损失呈现更高的厌恶水平。Martin等(2015)研究了当决策同时涉及积极情境和消极情境时的问题,提出混合赌局的概念,发现预期未来收益的增加能显著削弱代理人出于保护现有财富而降低风险承担的行为。

然而,我国目前对于行为和创新的研究缺乏系统性,对于行为代理理论在企业创新管理方面的应用缺乏关注(李纪珍,2018)。本篇尝试基于行为代理理论研究企业创新决策相关问题,弥补这一研究领域的不足。

4. 权力接近-抑制理论

在心理学中很早就有"接近-回避"的相关概念,弗洛伊德很早就提出人的行为动机可以分为追求快乐和回避痛苦两种。这一"接近-回避"心理倾向也是行为动机抑制论的一个重要理论基础。随着研究的深入,"接近-回避"效应逐步被应用到更多行为动机抑制论的研究中,如Higgins(1997)提出的调节定向理论,这一效应的内涵也逐步被扩展为：人在受到积极的情境刺激时，表现出接近目标的行为倾向，在受到消极因素刺激时，显示出远离目标的行为倾向(Carve 和 White，1994；Higgins，1997)。这一倾向在学者的生理学研究中也可以得到证实，Gray（1987，1990)认为人格具有焦虑和冲动两大维度，分别对应神经系统中的行为抑制系统(BIS)和行为接近系统(BAS)，前者易受到威胁、惩罚等负面因素刺激而激活，表现出抑制和回避的行为，后者易受到奖励等积极刺激而表现出接近的行为。

在此基础上，Keltner，Gruenfeld 和 Anderson 于 2003 年提出了权力的接近-抑制效应理论（the approach-inhibition theory of power)，对于权力在心理学领域的研究有着重要的意义。该理论认为，权力的提升能激活个体的行为接近系统，增加个体积极的情绪和行为表达，而权力的降低会激活个体的行为抑制系统，增加个体消极的情绪和行为表达。从权力和情感维度解释，由于强权者拥有更多的资源，能够寻求到更多机会达成目标，同时他们的自由裁量权更大，能够更自由而不受阻碍地实现目标，而弱势者则更多地受到资源限制和他人控制，更易感受到焦虑和威胁。从权力和社会认知的角度解释，权力的提升能够改变个体的社会认知，研究表明在相同的环境中，强权者往往更加自信，不易受到他人观点的影响，对潜在机遇、成功等信息更敏感，表现出果断、坚持的行为特点，而弱势者表现出对他人意见的更多关注，无法坚持自己的意见，对于潜在威胁信息更加敏感，往往瞻前顾后，执行力度小（Guinote，2007；Anderson 和 Berdahl，2002；Overbeck 和 Park，2001）。从权力和社会行为的角度解释，特定环境蕴含大量的信息，而出于个体能力和资源的限制只能有选择地加工部分信息。而权力的提升能增加个体处理信息能力，从而使个体的行为和其认知更为一致。

权力接近-抑制理论还强调了个体与环境的匹配性，分为两类：外在环境要求和个体内在能力的匹配以及外在资源供给和内在身心需要的匹配(Edwards 等，1998)。与环境匹配的个体更容易感受到心理舒适感和幸福感，容易更自由的表达观点和作出决策(Joseph 等，2006)。而当个体与环境不匹配时，会产生负面心理感受，带来焦虑、失眠等影响。Harmon(2000)发现，当个体体验到积极情绪时，会更加坚持自己的观点，而当个体体验到的是消极情绪时，这种消极状态会给个体造成心理不适和认知失调，迫于这种内在负面体验的压力，个体倾向于采取行动减少这种消极的情绪体验，表现为改变自己的观点，使内在认知和外在环境重新匹配。

权力接近-抑制理论已经被广泛应用于国内外企业管理领域的研究中，也是本篇重要的理论基础之一。本篇将在后面的诸项假设中作出进一步阐释。

三、研究假设

（一）研究理论模型

学者们在讨论高管与企业创新决策时所采用的研究角度不一样，结果也有较大差异。企业双元技术创新投入决策主要由以 CEO 为代表的高管制定，而权力是高管制定决策所依赖的关键变量。在企业治理框架下，创新决策势必受到内部控制制度的重大影响。本篇将根据“CEO 权力强度—内部控制—企业双元创新决策”这一研究路线来探讨三者之间的关系，同时控制了对三者关系有影响的相关变量，建立了阐释三者关系的理论模型，见图 3－3。

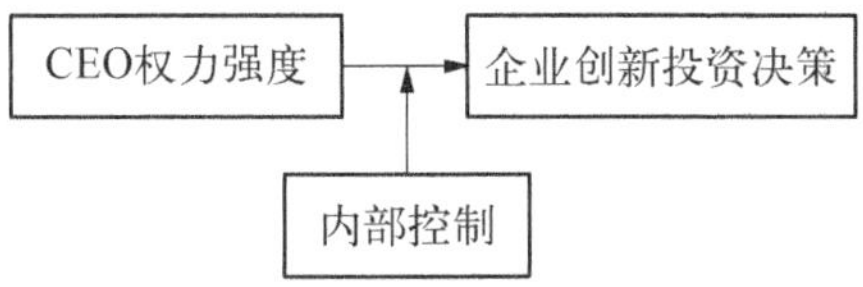

图 3－3　本篇理论模型

（二）CEO 权力强度与企业创新投入

在经济全球化背景之下，企业面临的市场竞争愈发激烈，我国企业若想生存并持续成长，就必须合理整合利用企业现有的内外部资源，提升创新研发能力。现有研究表明，高管团队成员可以运用各自在不同方面的经验、技能和资源网络，多方面地塑造企业绩效（Finkelstein 等，2009）。在企业的高级管理团队中，CEO 处于组织科层结构的顶点，在战略选择和后续决策方面拥有很大的自由裁量权，对企业决策和绩效有着至关重要的影响力，决定了企业成功的可能性。依据 Finkelstein（1992），CEO“权力”指某一个体独立行使其意志、压制不同意见的能力，可以划分为四个维度：组织权力、所有制权力、专家权力和声誉权力。组织权力来自 CEO 行使组织赋予的自由裁量权的能力，所有制权力来自 CEO 作为股东时话语权的提升，专家权力来自 CEO 利用其专业知识技能处理企业外部不确定性的能力（Hambrick，1991），声誉权力来自市场对其个人能力和声望的认可度。Child（1972）指出，由于企业战略决策不仅需要依靠 CEO 的专业知识技能、个人认知水平和信息处理能力，更需要 CEO 能够寻求企业在内外部管制中的合法性。当权力较大的 CEO 与董事会或其他高管的意见产生重大分歧时，较大的权力使其能够较好地压制其他意见，从而对企业的战略决策产生较大的影响。因此，CEO对于企业创新决策的影响力主要依赖于在公司治理结构中CEO的权力强度。

在企业治理层面，行为代理理论（BAT）指出企业高级管理人员的风险偏好依据他们所面临的特定环境而产生较大差异，这一差异已被广泛应用于企业绩效的研究中。由于企业的创新行为本身就是一种风险决策行为，行为代理理论非常适用于对企业创新决策的讨论（Uotila等，2009）。在研发创新的过程中，企业管理层运用自身认知模式考虑评价企业内外部环境因素，因此企业管理层的个体特征对于企业研发投资战略的制定和选择起着决定性作用（朱焱和张孟昌，2013）。强权CEO出于“损失厌恶”的心态，期望通过企业创新来积极保持企业成长，避免职业发展损失，同时也会基于现有权力这一参照点，形成对巩固自身权力、提升自身收益的更高期望，因此会加大企业创新投入水平，而弱势CEO这一动机则相对较弱，对于风险采取回避态度。Lewellyn和Muller-Kahle（2012）从这一心理学角度入手，发现了CEO权力强度和风险偏好的正相关性。

深入到个人心理方面，权力的行为接近-抑制理论可以很好地解释CEO权力对于创新决策的作用。权力的提升能够激活个体的行为接近系统（BAS），提升个体对潜在机会、奖励的敏感度，使其更加关注情境中的积极因素，采取接近导向的行为，而权力的降低能够激活个体的行为抑制系统（BIS），使其更多关注情境中的威胁因素，采取回避为主的行为。对于企业CEO而言，权力的提升激发了他们的行为接近系统，使他们对于企业的发展机会高度敏感，对未来保有较高的信心，在创新投入决策等风险性决策中，更多地关注收益机会，决策更为果断。而对于权力较弱的CEO而言，他们独立决策权较小，更多关注他人的意见，关注经营决策中的潜在损失和威胁，对于创新投入决策更为保守。不少学者的研究证实了管理层权力强度和风险偏好之间的相关性。Anderson和Galinsky（2006）的研究也发现高权力的个体在风险性决策中表现更为乐观，更多关注积极因素，偏好追求风险。Lewellyn和Muller-Kahle（2012）从权力行为接近-抑制理论出发，在调查美国次级抵押贷款行业内CEO权力对于风险承担倾向的影响时也得出类似结论。

因此，提出假设H1。

H1：CEO权力越强，越倾向于选择增加企业创新投入；反之，则倾向于削减企业创新投入。

（三）CEO 权力强度与企业双元创新投入

Kahneman 和 Tversky 在 1979 年提出预期理论时发现了框架效应的存在。框架效应指的是在对风险性行为的决策中，仅因为看待问题的情境不同，而非问题的收益、风险发生实质性改变，就可能导致决策者的行为偏好产生逆转。在积极框架（positive framing）的情境中，决策者往往表现出风险回避的倾向，喜欢选择确定性选项，而在消极框架（negative framing）的情境中，决策者体现出风险偏好倾向。这一问题产生的根源在于“损失厌恶”心态，决策者对于收益和损失的感知具有主观性，对于特定数量损失的厌恶感受远远大于对同等数量收益的效用感受，因此，决策者在消极框架情境中，往往由于较强烈的损失厌恶，作出规避期望损失的选择，即使这一选择会带来更高的风险。不同于传统的代理理论，行为代理理论在研究预期理论的基础上，提出高管人员在企业决策过程中既可能表现出风险回避倾向，也可能表现出风险偏好倾向，这就为本篇分析高级管理者的双元创新战略选择行为提供了理论契机。

前文已经叙述过探索式创新具有高风险高回报的特点，而利用式创新的风险和回报则相对较低，企业管理者正是基于对这两类创新相关风险的感知和评估，选择相应的双元创新投入行为。值得一提的是，这种选择并不一定是基于企业价值最大化的基本信念和期望。在现代企业的框架内，经营权和所有权的分离导致了委托代理问题的产生，股东作为委托人追求的是企业价值最大化，而 CEO 作为代理人则有自身的经济利益函数。由于企业未来的决策行为难以被纳入委托契约，不完全契约的产生就给 CEO 决策偏离企业价值提供了空间。有效的双元创新决策行为不仅给企业带来可观效益，也会给 CEO 带来减轻职业风险、维持管理者地位的好处。

从地位维持的维度看，权力较大的 CEO 具有维护自身强权领导地位的强烈动机，渴望建立“商业帝国”（Baker 等，2012），对于自身权力和财富损失会表现出强烈厌恶。出于规避确定性损失的强烈动机，CEO 往往会选择风险性更高的替代选项。尽管探索式创新投入与高风险伴随，但相较于利用式创新，探索式创新能带来的可观收益和对企业长期竞争力的提升，更有可能被强权 CEO 视作减轻职业风险、提升领导地位、规避现有财富地位损失的替代策略（Lewellyn 和 Muller-kahle，2012）。

从期望“膨胀”的维度看，历史经历会对决策者的风险承担倾向产生影响，过去风险性决策的成功经历和现在的财富积累水平都会为当前决策期望的形成提供参照(Bromiley，1991)。这一动态观点表明，对决策绩效提升的期望会反过来改变问题框架形成的参照点，会削弱积极框架的情境，促使决策者将情境界定为"损失"，为保护即时禀赋至少不会降低，决策者倾向于做出风险偏好的决策(Webber 和 Millimam，1997)。因此，强权 CEO 会基于以往经历形成更大的对提升自身收益和地位的期望，这一期望的"膨胀"使得决策者看待决策收益的情境改变，对于确定性收益的主观效用感受由于期望的提升而降低，这就影响了决策者对风险的感知，CEO 逐渐进入消极情境，倾向于将问题界定为"损失"，表现出规避确定性损失的风险承担倾向，选择加大探索式创新投入。

同时，虽然提高现有产品和服务的生产效率也是 CEO 的职责之一，但是利用式创新投入是一种渐进的改进现有产品和服务的方式，其成功不足以保障企业获得巨额利润和快速成长，因此在强权 CEO 眼中，通过利用式创新投入能获得的期望收益较低，无法为 CEO 规避职业风险、扩大现有财富和地位提供有效保障。李海霞和王振山(2015)的实证研究 CEO 权力强度和风险承担意愿的这一正相关性，并据此认为行为决策理论比传统的风险规避理论更适合解释管理层权力和企业风险偏好的关系。

在权力对个人行为的刺激作用上，权力接近-抑制理论也可以很好地解释这一问题。强权 CEO 倾向于采取积极-接近的态度，更容易在探索式创新这类高风险高收益的项目中关注到潜在机遇，同时强权 CEO 利用专业背景或社会资源来准确评估探索式项目的能力更强，因而更有意愿增加探索式创新投入。弱权 CEO 由于更多关注创新决策中的风险，对于探索式创新的高风险性更为敏感，由于自身准确识别并把握机遇的能力较弱，因而他们往往采取回避高风险性创新投入，有较强的动机通过风险性较小的利用式创新投入维持企业现状或稳定成长。

由此，提出假设 H2a、H2b。

H2a：CEO 权力越强，越倾向于选择增加企业探索式创新投入。反之，则倾向于削减企业探索式创新投入。

H2b：CEO 权力越强，越倾向于选择削减企业利用式创新投入。反之，则倾向于增加企业利用式创新投入。

（四）内部控制与企业双元创新

内部控制是为了约束企业不完全契约下的委托代理问题而建立的控制机制，企业通过制度性的安排建立互相制衡的控制系统，有助于合理配置企业人员的权力，抑制高管背离企业所有者利益的非理性行为，降低企业内部的交易成本，提高资本的配置效率（杨德明等，2006）。内部控制主要基于控制环境、风险评估、控制程序、信息沟通和内部监督五方面因素进行内部治理。

在控制环境方面，内部控制通过董事会、监事会和审计委员会等机构的设立，合理制衡组织全责安排，能够抑制高管滥用权力等非理性投资行为化。在风险评估方面，内部控制通过合理设定企业目标、准确分析和识别风险，降低投资收益的不确定性，防止高管利用信息不对称，弱化风险评估评估环境，出于个人自利动机投资高风险高收益的项目获得巩固自身收益的同时将失败风险转嫁给股东。在控制程序方面，内部控制通过设立职务分离、授权审批、凭证记录和预算控制等程序，防范和控制内部风险，针对投资项目风险点设计出的指标监控、项目审批、资金发放等程序有助于控制投资风险，提高企业绩效。在信息沟通方面，内部控制的完善能提高投资信息透明度，保证股东和外部利益相关者能够及时获得投资项目的详尽信息，使高管的非理性行为能够被外部监督者准确识别，降低高管出于个人动机的非效率投资行为（魏明海等，2007）。在内部监督方面，内部控制能够使企业内部的相关主体之间形成有效制衡，防止出现一言堂，监督制约相关各方特别是掌握剩余控制权的高管，提高他们的自利行为的机会成本，抑制其滥用权力损害企业利益的非理性行为，有助于控制目标的实现。因此，良好的内部控制水平能够加强企业内部治理，制约高管权力滥用，使企业的投资决策更加趋于理性，企业资源配置合理有效（方红星等，2015）。同时，内部控制可以通过制度设计有效激励合约，将企业高管的长期利益与股东利益函数尽可能趋于一致，从而降低代理成本（Porta 等，1997）。

上面已经阐述企业高管可能会由于委托代理问题和损失回避心态产生非理性的过度投资行为和冒险性的机会主义投资行为，从而倾向于增加企业探索式创新投入而减少企业利用式创新投入。然而，过度增加企业探索式创新投入也会产生不利影响：一方面，由于企业探索式创新活动承担高风险和高投入的特性，探索式创新活动往往占用大量企业现有资源，也使得股东的风险暴露水平大大增加；另一方面，企业探索式创新和利用式创新的恰当协同和平衡互补，才能使企业在长期竞争中利于不败之地（焦豪，2011）。

从个人行为偏差角度看，权力的提升促使 CEO 产生“过度自信”的行为接近动机，容易高估创新投资收益和低估创新投入风险，盲目增加探索式创新投入，权力的降低激活 CEO 消极回避的行为动机，使得创新投入决策过于保守，倾向于加大利用式创新投入提升企业绩效。良好的内部控制能够有效识别管理者的机会主义行为，抑制过度的资源投入，减少决策偏差。而良好的内部控制约束了外部资源供给,促使强权 CEO 自利的的内在需求产生错配,让决策者产生认知失调(cognitive dissonance)和心理不适(psychological discomfort),刺激 CEO 通过调整自身决策适应外部环境要求使得个体与环境达到重新适配。

从企业委托代理问题角度看,强权 CEO 基于过去财富或权力水平,产生维护自身权力、降低职业风险的需要,这导致了决策参照点的非理性提高,从而使得 CEO 更容易以消极情境看待决策问题,出于损失回避的动机,倾向加大冒险性的行为,过度提升探索式创新投入水平,降低利用式创新投入。良好的内部控制能够制定有利于企业长期发展的双元平衡战略目标并有效制约 CEO 权力的滥用,使 CEO 认知到理性稳定的预期收益,以积极情境看待创新投入决策,从而产生风险回避的的行为框架,适度减少探索式创新投入,以达到双元平衡和协同的战略目标。

基于以上两点理论分析,提出假设 H3a、H3b 如下。

H3a:内部控制约束强权 CEO 选择增加企业探索式创新投入的过度倾向。

H3b:内部控制约束强权 CEO 选择削减企业利用式创新投入的过度倾向。

四、研究设计

(一)数据来源

在我国经济结构转型升级的背景下,创新研发能力是企业生存和持续发展的关键。根据研究要求,本篇选取中证指数有限公司编制的中证高新技术企业指数(H30368)成分股作为研究样本。中证高新技术企业指数依据我国颁布的《高新技术企业认定管理办法》,从上海证券交易所和深圳证券交易所上市的所有高新技术企业中分别选取 50 家上市公司作为指数成分股,同时采用该比重进行加权计算,该指数自 2014 年 6 月 30 日始,每年调整一次,具体选样条件为:① 上市时间应超过一个季度,除非该股票自从上市以来日均 A 股总市值在所有沪深 A 股中排名前 30 位;② 剔除 ST 股票、* ST 股票以及暂停交易的股票。该指数选样方法为:① 对于样本空间内的股票按照最近一年的 A 股日均成交额进行由高到低的排名,剔除后 20%的股票样本;② 在剩余股票中选取所有具备“高新技术企业”资质的上市公司,按照最近三年研发投入总额占该企业营业收入比例最大的前 50 支沪市股票和前 50 支深市股票作为中证高新技术企业指数的 100 个样本股票。该指数选样方法能够较好展现我国高新技术上市公司的整体表现。

本篇选取 2014 年至 2018 年 5 年间的 500 个中证高新样本股企业,并借鉴国内外研究的通行做法，按照如下步骤对原始样本进行筛选：

(1) 鉴于财务数据特殊性，剔除金融、保险相关行业的上市公司 2 家。

(2) 将 CEO 权力强度、研发创新等相关数据披露不全的 39 家上市公司剔除。

(3) 剔除已经变为 ST、* ST 或停牌的股票 7 家。

(4) 剔除在研究期内产权性质发生变化的上市公司 1 家。

(5) 剔除上市公司的 CEO 当年发生变更的观测数据 2 家。

最终得到 449 个企业样本，其中 2014 年 80 个企业样本，2015 年 95 个企业样本，2016 年 98 个企业样本，2017 年 97 个企业样本，2018 年 79 个企业样本。

本篇中的 CEO 权力强度数据收集自国泰君安数据库(CSMAR)和万德数据库(WIND)，CEO 相关数据经过国泰君安数据库与企业年报记录交叉核对；企业的研发投入强度数据来自万德数据库(WIND)，探索式创新和利用式创新投入数据主要根据巨潮资讯网中的上市公司年报手工收集。本篇数据处理采用的软件是 EXCEL 2013 和 SPSS 25.0。

(二) 样本划分

财政部颁布的《企业会计准则》(财会〔2006〕第 6 号)中要求将企业内部研究开发项目的投资支出(R&D)区分为研究阶段支出(R)和开发阶段支出(D)并按照无形资产的类别在年报中进行明确披露。其中，研究指的是为获取并理解新的科学技术知识而进行的具有独创性的有计划的调查；开发指的是在进行商业性生产或使用前，企业将研究成果或者其他知识成果应用于某项生产计划或者设计，以生产出新的或者具有实质性改进的材料、装置和产品等。同时，该准则规定研究阶段支出(R)应当于发生时计入当期损益，全部予以费用化，开发阶段支出(D)进行有条件的资本化，即有条件的确认为无形资产，其余部分予以费用化。上述定义贴合国内外学界对于探索式创新和利用式创新的定义，其明确计量也为本篇提供了重要的数据契机。

本篇将收集到的 2014—2018 年中的 449 个企业样本根据以下条件划分为两个子样本：① 将有研究阶段支出的样本划分为探索式创新投入，即 $R > 0$，$D >= 0$；② 将无研发阶段支出但有开发阶段支出的样本确认为利用式创新投入，即 $R = 0$，$D > 0$。由此，本篇得到 271 个探索式创新投入样本和 178 个利用式创新投入样本。

表 3-2 体现探索式创新投入样本和利用式创新投入样本的年度分布，可以

看到两类子样本在各年度分布较为均匀。表 3－3 展现了两类创新投入企业的的频数分布，在 2014—2018 年间探索式创新投入 1～5 次的企业个数分别为 34 个、25 个、20 个、22 个和 8 个，在 2014—2018 年中利用式创新投入 1～5 次的企业个数分别为 50 个、26 个、10 个、11 个和 0 个。频数越大，对应的企业观测值个数越小，即上一年有某类创新投入的企业不一定在当年也有该类的创新投入行为，可以初步判断样本企业创新投入的时序相关性问题不算严重。

表 3－2　创新投入企业观测值分布

	2014	2015	2016	2017	2018	合计
探索式创新 ($R>0$, $D\geqslant 0$)	42	57	61	56	55	271
利用式创新 ($R=0$, $D>0$)	39	37	38	41	23	178

表 3－3　创新投入企业观测值频数分布

频数 / 投资类型	企业观测值在 2014—2018 年区间内出现的频数					
	1	2	3	4	5	合计
探索式创新 ($R>0$, $D\geqslant 0$)	34	25	20	22	8	109
利用式创新 ($R=0$, $D>0$)	50	26	10	11	0	97

（三）模型设计

本篇旨在研究 CEO 权力强度与企业双元创新投入之间的关系以及内部控制对上述关系的调节作用，根据前述理论研究和研究假设，借鉴张维今等(2018)、王楠等(2017)学者研究，建立创新投入基本模型 $RD=\beta CEOp+\beta Control+e$。$RD$ 是企业总体创新投入水平，$CEOp$ 代表总经理权力强度，$Control$ 代表影响企业总体创新投入水平的其他控制变量，e 为随机干扰项。

进一步地，本篇将总体创新投入样本根据研究阶段支出和开发阶段支出的不同特点，分为两个子样本分别设定模型进一步检验 CEO 权力强度对企业突破式创新和利用式创新的影响。本文采用的层次回归模型设定如下。

（1）模型 1 用以检验 CEO 权力强度与企业总体创新投入水平的关系。

$$
\begin{aligned}
RDinvest_{i,t} = & \beta_0 + \beta_1 CEOp_{i,t} + \beta_2 CF_{i,t} + \beta_3 ROA_{i,t} + \beta_4 Size_{i,t} + \beta_5 Lev_{i,t} \\
& + \beta_6 Growth_{i,t} + \beta_7 Holder10_{i,t} + \beta_8 Capex/Sales_{i,t-1} + \beta_9 Age_{i,t} \\
& + \beta_{10} SOE_{i,t} + \beta_{11} \sum Industry + \varepsilon \qquad (1)
\end{aligned}
$$

（2）模型 2 验证 CEO 权力强度与企业探索式创新投入水平的关系。

$$
\begin{aligned}
Rinvest_{i,t} = & \beta_0 + \beta_1 CEOp_{i,t} + \beta_2 CF_{i,t} + \beta_3 ROA_{i,t} + \beta_4 Size_{i,t} \\
& + \beta_5 Lev_{i,t} + \beta_6 Growth_{i,t} + \beta_7 Holder10_{i,t} + \beta_8 Capex/Sales_{i,t-1} \\
& + \beta_9 Age_{i,t} + \beta_{10} SOE_{i,t} + \beta_{11} \sum Industry + \varepsilon \qquad (2)
\end{aligned}
$$

（3）模型 3 检验 CEO 权力强度与企业利用式创新投入水平的关系。

$$
\begin{aligned}
Dinvest_{i,t} = & \beta_0 + \beta_1 CEOp_{i,t} + \beta_2 CF_{i,t} + \beta_3 ROA_{i,t} + \beta_4 Size_{i,t} \\
& + \beta_5 Lev_{i,t} + \beta_6 Growth_{i,t} + \beta_7 Holder10_{i,t} + \beta_8 Capex/Sales_{i,t-1} \\
& + \beta_9 Age_{i,t} + \beta_{10} SOE_{i,t} + \beta_{11} \sum Industry + \varepsilon \qquad (3)
\end{aligned}
$$

若 β_1 显著为正代表 CEO 权力强度促进企业创新研发投入，若 β_1 显著为负代表 CEO 权力强度阻碍企业创新投入水平，若 β_1 不显著则代表无影响。

（4）模型 4 用以检验企业内部控制对 CEO 权力强度和企业探索式创新投入行为的调节效应。

$$
\begin{aligned}
Rinvest_{i,t} = & \beta_0 + \beta_1 CEOp_{i,t} + \beta_2 IC_{i,t} + \beta_3 CEOp_{i,t} \times IC_{i,t} + \beta_4 CF_{i,t} \\
& + \beta_5 ROA_{i,t} + \beta_6 Size_{i,t} + \beta_7 Lev_{i,t} + \beta_8 Growth_{i,t} \\
& + \beta_9 Holder10_{i,t} + \beta_{10} Capex/Sales_{i,t-1} + \beta_{11} Age_{i,t} + \beta_{12} SOE_{i,t} \\
& + \beta_{13} \sum Industry + \varepsilon \qquad (4)
\end{aligned}
$$

（5）模型 5 用于检验企业内部控制对 CEO 权力强度和企业利用式创新投入行为的调节效应。

$$
\begin{aligned}
Dinvest_{i,t} = & \beta_0 + \beta_1 CEOp_{i,t} + \beta_2 IC_{i,t} + \beta_3 CEOp_{i,t} \times IC_{i,t} + \beta_4 CF_{i,t} \\
& + \beta_5 ROA_{i,t} + \beta_6 Size_{i,t} + \beta_7 Lev_{i,t} + \beta_8 Growth_{i,t} \\
& + \beta_9 Holder10_{i,t} + \beta_{10} Capex/Sales_{i,t-1} + \beta_{11} Age_{i,t} + \beta_{12} SOE_{i,t} \\
& + \beta_{13} \sum Industry + \varepsilon \qquad (5)
\end{aligned}
$$

若模型 5 交叉项系数 β_3 与模型 2 中 CEO 权力强度和企业双元创新投入相关系数显著相同说明企业内部控制的存在扩大了 CEO 权力强度对企业创新研发投入的影响，若模型 6 交叉项系数 β_3 与模型 3 中 CEO 权力强度和企业双元创新投入相关系数显著相反说明企业内部控制的存在抑制了 CEO 权力强度对企业双元创新研发投入的影响，若 β_3 不显著则代表无影响。

（四）变量定义

1. 被解释变量：研发投入

借鉴唐清泉等(2012)、毕晓方等(2017)的研究，本篇利用企业根据《企业会计准则》(2006))要求披露的费用化研发活动支出和资本化活动支出度量探索式创新投入和利用式创新投入，更具体地说，将只要有研究阶段投入(R)的样本归为探索式创新投入，仅有开发阶段投入(D)的样本归为利用式创新投入，将合计的研发费用支出归为总创新投入(RD Invest)。

2. 解释变量：CEO 权力强度

Finkelstein(1992)年提出的管理层权力理论及度量方法，他认为企业管理者的权力源于分析并处理企业内外部环境不确定性的能力，企业战略目标的抉择构成外部不确定性，董事会和高管间相互博弈构成内部不确定性，由此，他构建高管权力模型，将 CEO 权力划分为组织权力、所有者权力、专家权力和声誉权力。这一研究结果成为目前学界研究 CEO 权力强度的范本，在国内外相关研究中得到广泛应用。本篇借鉴该权力模型并参考权小锋等(2010)、李海霞(2017)等学者研究，结合我国的公司治理实践，选取四个方面八项指标度量 CEO 权力强度。

1) 组织权力($Power_1$)

组织权力源自正式组织中的科层结构，是常被提及的权力之一。CEO 位于组织结构的顶端，被赋予制定企业日常经营决策和管理领导企业的权力。本篇选取 CEO 是否两职合一(兼任董事长)、董事会规模是否高于行业中位数两个虚拟变量度量组织权力。一般认为，CEO 在本身已被组织授予一定决策管理权力的同时，若兼任董事长，则在董事会中具备了较高的话语权，权力进一步增强。同时，董事会规模越大，人数越多，就越难形成统一的意见与总经理相抗衡，总经理权力因此相应较大。若兼任董事长取值为 1，否则为 0；若董事会规模高于行业中位数取值为 1，否则为 0。

2）所有制权力($Power_2$)

企业经营者作为股东的代理人会拥有一定的所有制权力，这主要体现在CEO自身的持股水平，CEO自身的持股水平越高，拥有的股权越多，对于董事会决策就有更大的影响力或说制衡能力，若CEO为企业的创始人，也可能会在董事会中拥有更大的隐性影响力。由于我国的管理层股权激励实践起步较晚，企业高管层的持股水平普遍偏低(权小锋，2010)，本篇选择CEO是否持股而非持股比例这一虚拟变量衡量所有制权力。同时，除董事会之外，近年来蓬勃发展的机构投资者作为企业管理者经营决策重要的外部监督者，也对CEO的决策能力施加有力影响。因此，本篇选取CEO是否拥有股权以及机构投资者持股水平是否低于行业平均水平这两个虚拟变量衡量所有制权力大小。当机构投资者持股水平低于行业平均水平时，企业高管受到的外部监督影响越弱，则CEO拥有的决策权就越大。

3）专家权力($Power_3$)

专家权力源于CEO在复杂的内外部环境中有效的管理公司实现企业目标的能力。本篇选取CEO是否具有高级职称和CEO薪酬占排名前三位高管薪酬的比例两个虚拟变量度量CEO的专家权力。CEO获得高级职称的经历提升了他们处理公司事务应对不确定性的能力，当CEO具有较高的专业技术职称时，其在某领域拥有的知识和信息会较一般高管及董事更有优势，其专家权力也就越大。而根据杜晓荣等(2017)，CEO薪酬水平作为其运用自身能力为公司发展作出贡献的激励和回报，是衡量CEO在管理层中具备的内部权力的重要变量，其薪酬占比越大，反映其具有更高的管理公司的能力，其权力也就越大。

4）声誉权力($Power_4$)

CEO的声誉权力来自CEO凭借个人声望能够提升公司形象或帮公司赢得更多政府、金融机构等外部支持的能力，CEO可以利用声誉权力获取更多信息或更好地应对不确定性。本篇选择CEO是否具有高学历背景以及CEO是否在外部单位兼职两个虚拟变量度量CEO声誉权力。CEO的学历背景越高，就越能赢得社会各界对其管理能力的认可，同时，CEO在外部单位兼职，有助于建立自身的声望，这都有利于提升CEO的声誉权力。基于我国企业管理层治理实践，本篇中所指称的高学历是指具有硕士研究生以上学历背景。

根据李海霞(2017)、张金清等(2018)的研究，本篇综合以上四个维度八个方面的指标，对于各个维度指标取平均值，再对其赋值求和得到CEO权力强度综合指标，即 $Power = Power_1 + Power_2 + Power_3 + Power_4$，最终指标介于[0，1]之间。各指标具体定义见表3-4。

表 3-4 CEO 权力强度综合指标释义

综合指标	维度指标	具体指标	指标含义及具体赋值
CEO 权力强度 Power	组织权力	是否两职合一 Dual	兼任董事长取 1,否则取 0
		董事会规模 Board_S	董事会规模高于行业平均取 1,否则取 0
	所有制权力	是否持股 C_Share	CEO 持股取 1,否则取 0
		机构投资者持股水平 I_Share	持股水平低于行业平均取 1,否则取 0
	专家权力	是否具有高级职称 Rank	具有高级专业技术职称取 1,否则取 0
		薪酬占前三名高管比 CPS	薪酬占比高于行业平均取 1,否则取 0
	声誉权力	是否具有高学历 Edu	硕士及以上学历取 1,否则取 0
		是否在外兼职 Parttime_J	在外单位兼职取 1,否则取 0

3. 调节变量:企业内部控制

目前国外研究内部控制的研究较多采用企业披露的内部控制缺陷(ICW)作为衡量企业内部控制的指标,但根据本篇的研究目的,本篇主要关注的不是内部控制缺陷问题,而是内部控制规范程度对于 CEO 权力强度和企业创新研发投入产生的影响。本篇作者注意到,2008 年我国财政部等五部委立足本国国情并借鉴国际惯例,发布了《企业内部控制基本规范》,内容涵盖企业内部环境、风险评价、控制活动、信息沟通以及内部监督等方面,确立了我国企业内部控制的基本框架。在此基础上,深圳迪博企业风险管理有限公司设计出较为有效的上市公司内部控制指数指标,该指数采用主成分法计算,不仅涵盖企业内部披露状况指标,也涵盖了外部审计机构评价指标,能够较为科学地反映和衡量企业内部控制规范实施的效果,该指标也被国内内部控制研究的相关文献广泛采用。因此,本篇选取迪博数据库中的企业内部控制指数来衡量内部控制。

4. 控制变量

根据以往文献,为了控制其他因素对于研究变量相互关系的影响,本篇主要借鉴权小锋(2010)等人的研究,选取企业规模、股权结构、营业现金流、盈利能力、成长能力、杠杆率、成立年限、行业等因素作为控制变量。

(1) 经营性活动产生的现金流净额(CF)：创新活动往往伴随着高风险和高投入，企业内部现金流的充裕是研发创新活动开展的重要资源条件，经营性活动产生的现金流量净额作为企业创新投入内源性融资的重要来源，势必会对 R&D 投入产生影响。

(2) 总资产对数(lnAsset)：总资产反映公司整体规模，规模越大的公司获取资源的能力往往越强，风险承受能力更好，这就会对企业的研发投入水平产生影响。

(3) 资产负债率(Lev)：当企业本身的资产负债水平较高时，企业为了降低经营风险或满足债权人附加条件，会倾向于减少风险性支出增加确定性回报，这就抑制了风险性较高的研发活动投入。

(4) 资产回报率(RoA)：资产回报率反映企业盈利水平，较高的资产回报率会为企业积累资本，提供创新活动需要的资金等资源，开展研发活动也会提升企业盈利水平，在未来积累更多资金。

(5) 主营业务收入增长率(Growth)：反映企业成长性，成长性较高的公司通过经营业务回收资金、积累资本的能力更强，这有利于降低研发活动资源约束。

(6) 企业成立年限(Age)：成立年限越久，企业的经营能力相对较强，越有可能积累研发创新相应的知识和经验。

(7) 前十大股东持股比例(Hold10)：反映企业股权集中度。大量研究表明，企业股权集中度与企业成长能力、企业绩效及企业创新活动显著相关。

(8) 企业投资支出(Capex/Sales－1)：反映企业固定资产投资支出占上一年度营业收入的比例，若企业为扩大再生产，在机器、厂房及设备上投入大量资金，会挤占研发创新活动支出，带来不利影响。

(9) 产权性质(SOE)：根据第一大股东的性质将企业划分为国有企业和非国有企业，不少学者研究发现，不同产权性质的企业的激励和约束不同，对于追求创新活动的意愿不同，如在缺乏激励和约束的企业中，经理人往往表现出追求个人利益或短期利益，不愿意进行高风险、高投入的研发活动。

(10) 行业(Industry)和年份(Year)：设为哑变量。行业以证监会 21 个行业哑变量表示。

所有研究变量整理如表 3－5 所示。

表 3-5 研究变量定义

变量种类	变量名称	变量符号	变量定义
因变量	研发创新	lnRD	企业研发费用总支出的自然对数
自变量	CEO 权力强度	Power	四个维度八个指标等权平均值
调节变量	内部控制	IC	迪博数据库内部控制指数
控制变量	经营现金流	CF	经营活动产生的现金流量净额/营业收入
	企业规模	Size	当期期末总资产的自然对数
	资产负债率	Lev	企业上期期末的资产负债率
	盈利能力	RoA	当期总资产回报率
	成长能力	Growth	主营业务收入增长率
	成立年限	Age	企业成立年限到样本观测年的年数
	股权集中度	Hold10	前十大股东的持股占总股本比例
	投资支出	$Capex/Sales_{-1}$	企业固定资产投资支出与上期营业收入比例
	产权性质	SOE	企业第一大股东股权性质，国有企业为 1，非国有企业为 0
	行业变量	Industry	以证监会行业分类的哑变量表示
	年份	Year	以哑变量表示

五、实证检验及分析

（一）描述性统计

本篇采用 SPSS25.0 与 EXCEL 结合的方式对样本企业进行描述性统计，全样本的描述性统计分析如表 3-6 所示。总样本数量达 449 个，样本企业研发投入自然对数的均值达到 18.812，标准差为 1.092，最小值 16.169，最大值为 21.694，也即样本企业研发投入均值达到 1.48 亿元，最小值为 0.105 亿元，最大值达到 26.397 亿，这显示出即便在创新表现较好的高新技术企业样本中，企业研发投入量仍然有较大差异。分样本看，探索式创新投入样本量为 271 个，创新投入自然对数均值为 18.938，标准差 1.116，最小值 16.169，最大值 21.694，显示样本企业创新投入平均值为 1.68 亿元，最大值和最小值同总样本；利用式创新投入样本量 178 个，自然对数均值 18.619，标准差 0.225，最小值 16.634，最大值 21.288，也即样本企业创新投入均值达到1.22亿元，最小值0.168亿元，最大值达到17.599亿元。对比来看，企业目前积极做出探索式创新实践，但探索式创新投入企业间差距较大，而利用式创新投入企业间的差距较小，显示出双元创新研究的意义。

表3-6 变量描述性统计分析(分类整理)

变 量	样本量	均值	标准误	极小值	极大值
全样本创新投入	449	18.812	1.092	16.169	21.694
探索式创新投入	271	18.938	1.116	16.169	21.694
利用式创新投入	178	18.619	0.225	16.634	21.288
Power	449	0.513	0.201	0	1
CF	449	2.205	5.180	−26.158	36.071
RoA	449	3.939	8.164	−77.472	23.742
Size	449	3.087	0.045	2.980	3.214
Lev	449	33.309	19.740	1.399	99.517
Growth	449	21.532	31.55	−53.968	222.533
Hold10	449	54.663	13.545	20.290	90.620
$Capex/Sales_{-1}$	449	0.541	0.677	0.012	6.433
Age	449	17.114	4.281	8	51
SOE	449	0.245	0.431	0	1

从控制变量上看，2014—2018中证高新上市公司的规模平均值为3.087，最大值为3.214，最小值为2.980，标准差0.045，表明企业规模总体差异不是很大。企业的经营现金流平均值为2.205，标准差为5.180，而最大值达到36.071，最小值为−26.158，表示不同企业对经营现金流的能力差异较大，在增加研发投入的同时，管理层应重视对充裕现金流的经营，避免资金链断裂的风险。股权回报率均值3.939，标准差高达8.164，最小值为−77.472，最大值为23.742，企业盈利能力和资产利用能力有重大差异。成长性上看，企业的均值为21.532，标准差31.55，最小值−53.968，最大值222.533，企业总体成长势头较好，但个体差异非常大，有些企业迅猛成长，有些企业主营业务则面临重大滑坡。企业杠杆率均值33.309，标准差19.74，最小值1.399，最大值99.517，企业利用债务杠杆进行经营发展，企业大多选择保守的资本结构，但也有企业的资本结构非常激进。样本企业的固定资产投资略有差异，均值0.541，标准差0.677，与企业在一定时期内扩大再生产的投资项目有关。

（二）相关性分析

本篇采用 SPSS25.0 对变量进行 Person 相关性分析，表 3－7 分样本列示了各个变量的相关系数。从全样本创新投入看，权力强度和创新投入在 5%的水平上显著正相关，相关系数为 0.094，表现随着 CEO 权力强度的增强，企业总体研发强度趋于增强。分样本看，权力强度与探索式创新投入显著正相关，与利用式创新投入显著负相关，相关系数分别为 0.033 和－0.168。企业的经营性现金流在各类样本中与创新投入在 1%的水平上显著正相关，表明现金流的增加显著促进创新投入。资产回报率与全样本和利用式创新投入的样本回归系数为 0.039 和 0.056，都不显著，但具体的影响结果还需要通过回归分析进一步的检验。企业规模与三类样本都在 1%的水平上显著正相关，企业资产负债率则在 1%的水平上与三类样本显著负相关，表明随着负债的增加，企业的资金充裕度和风险承受能力下降，抑制研发投入，企业成长性与探索式创新投入样本显著正相关，与总样本和利用式创新投入样本相关系数未通过显著性检验。前十大股东持股比例与三类样本相关系数不显著，需要回归分析进行检验。企业上期固定资产投资和营业收入比例与三类创新投入负相关，并通过了 1%水平的显著性检验，表明固定资产投资的增加占用了企业创新投入的资源。总体来看，各主要变量的相关系数未超过 0.5，初步显示变量之间没有严重的多重共线性问题，因此，可以进一步作回归分析。

表 3－7　主要变量相关性统计分析（分样本整理）

变　量	全样本创新投入	探索式创新投入	利用式创新投入
Power	0.094**	0.033*	－0.168**
CF	0.397***	0.343***	0.444***
RoA	0.039	0.104*	0.056
Size	0.504***	0.494***	0.472***
Lev	－0.392***	－0.499***	－0.346***
Growth	0.036	0.165***	－0.027
Hold10	－0.077*	－0.047	－0.062
$Capex/Sales_{-1}$	－0.199***	－0.1776***	－0.207***
Age	0.157***	0.222***	0.072
SOE	0.327***	0.442***	0.114*

注：*，**，*** 分别表示相关系数在 10%、5%、1%水平下显著。

（三）回归分析

通过相关性分析可以初步看出 CEO 权力强度、企业双元创新之间的相关性，但还需回归分析控制其他变量进一步说明变量间的影响关系。本文采用多元线性回归模型更深入检验 CEO 权力强度对企业双元创新投入的影响和内部控制对这种影响关系的调节作用。

1. CEO 权力强度对企业创新投入决策的影响

CEO 权力强度与企业创新投入关系的回归分析如表 3 - 8 所示。模型 1 显示 CEO 权力强度对于企业创新投入的回归结果，调整后的 R^2 为 0.768，显示模型有较好的解释性。回归系数为 0.27，在 5%的水平上显著，表明 CEO 权力强度显著促进企业创新投入，这与 Anderson 等学者在 2006 年的研究结论一致，权力强度的增加改变了 CEO 的风险承担偏好。假设 H1 被验证。

表 3 - 8　回归分析结果

	（1）总创新投入	（2）探索式创新	（3）利用式创新
Power	0.270**	0.415***	−0.501**
	[2.004 0]	[2.667 9]	[−2.599 6]
CF	0.016 3***	0.008 51	0.028 5***
	[2.734 9]	[1.002 8]	[3.390 8]
RoA	0.003 09	0.010 6**	−0.000 481
	[0.865 3]	[1.991 8]	[−0.103 9]
Size	20.790***	22.790***	18.100***
	[24.318 3]	[20.640 3]	[13.932 3]
Lev	−0.001	−0.003	−0.001
	[−0.620 7]	[−1.156 1]	[−0.223 7]
Growth	0.000 63	−0.000 847	0.002
	[0.726 4]	[−0.783 3]	[1.363 2]
Hold10	−0.001 02	−0.001 28	0.000 927
	[−0.491 7]	[−0.466 1]	[0.298 3]
Capex/Sales - 1	−0.317***	−0.222***	−0.365***
	[−7.645 8]	[−4.176 7]	[−5.909 1]
Age	−0.002 66	−0.001 85	−0.006 57
	[−0.377 2]	[−0.201 4]	[−0.575 1]

续　表

	(1) 总创新投入	(2) 探索式创新	(3) 利用式创新
SOE	0.028 2	0.079 1	−0.254**
	[0.401 3]	[0.881 0]	[−2.294 2]
Control	−46.24***	−52.61***	−37.38***
	[−17.656 3]	[−15.694 5]	[−9.425 0]
Industry	控制	控制	控制
Year	控制	控制	控制
N	449	271	178
adj. R-sq	0.763 8	0.793 5	0.765 1

注：括号内为 t 值，*，**，*** 分别代表回归系数在 10%、5%、1%水平下显著，双尾检验。

进一步细分创新投入模式，用模型 2 和模型 3 验证 CEO 权力强度对探索式创新和利用式创新的回归效应。模型 2 揭示 CEO 权力强度与企业探索式创新的关系，调整后的 R^2 为 0.794，拟合优度较为理想，回归系数为 0.415，且通过了 1%水平的显著性检验，表明 CEO 权力强度的增加显著促进了企业探索式创新投入。模型 3 显示 CEO 权力强度与企业探索式创新的关系，调整后的 R^2 为 0.7651，回归系数在 5%的水平上显著为负，为−0.501，说明 CEO 权力强度的增加显著抑制了企业利用式创新投入水平。相比利用式创新投入，权力强度较大的 CEO 更偏向进行高风险、高收益的探索式创新活动。假设 H2a、H2b 被验证。

2. 内部控制的调节作用

为了进一步检验企业内部控制健全程度是否对 CEO 权力强度和企业双元创新之间的关系有影响，本篇将内部控制和权力强度的交叉项 IC×Power 引入模型 4 和模型 5。检验结果在表 3 - 9 中列示。

表 3 - 9　回归分析结果-调节效应

	(4) 探索式创新-调节	(5) 利用式创新-调节
Power	1.130***	−1.014***
	[2.751 4]	[−3.595 0]
IC	0.000 098 5	−0.001 14***
	[0.238 3]	[−3.139 0]

续　表

	(4) 探索式创新-调节	(5) 利用式创新-调节
IC×Power	−0.001 24*	0.000 953**
	[−1.903 1]	[2.372 9]
CF	0.008 67	0.031 0***
	[1.037 5]	[3.764 4]
RoA	0.012 0**	0.000 924
	[2.213 9]	[0.202 4]
Size	23.03***	18.03*** 95
	[21.141 2]	[14.253 9]
Lev	−0.003 02	0.000 742
	[−1.307 4]	[0.262 4]
Growth	−0.000 581	0.002 18
	[−0.543 4]	[1.651 6]
Hold10	−0.001 55	0.000 326
	[−0.571 6]	[0.107 6]
Capex/Sales - 1	−0.219***	−0.362***
	[−4.185 2]	[−6.009 7]
Age	−0.002 34	−0.008 25
	[−0.258 1]	[−0.740 4]
SOE	0.087 2	−0.240**
	[0.985 0]	[−2.228 1]
Control	−53.37***	−36.57***
	[−16.099 6]	[−9.452 7]
Industry	控制	控制
Year	控制	控制
N	271	178
adj. R−sq	0.799 9	0.777 5

注：括号内为 t 值，*，**，*** 分别代表回归系数在 10%、5%、1%水平下显著，双尾检验。

模型 4 解释了企业的探索式创新的调节变量，从表 3 - 9 中可以看出，模型 4 的调整 R^2 为 0.80，能够较为充分地解释内部控制对 CEO 权力强度和企业探索式创新的调节作用。由于权力强度对探索式创新投入的回归系数为正，而内部控制和权力强度的交叉项 IC×Power 系数为－0.001 24，表明内部控制负向调节 CEO 权力强度对企业探索式创新之间的影响。内部控制的强化能较好地管控高管人员的过度投资和冒险性倾向，使企业风险承担倾向有所减缓。对于利用式创新投入而言，内部控制和权力强度的交叉项 IC×Power 系数为 0.001，且通过了 5%水平上的显著性检验，而权力强度对利用式创新投入的回归系数为负，两个符号系数相反，表明内部控制的强化能够抑制 CEO 权力强度与利用式创新投入的负相关关系，减弱 CEO 权力强度的增加对于利用式创新投入的不利影响。综上，回归结果验证了假设 H3a 和 H3b。

（四）稳健性检验

为了进一步检验 CEO 权力对于企业双元创新投入决策的影响，本篇借鉴肖海莲等(2014)的研究，将样本按照以下标准重新划分：对于在研究期内(2014—2018 年)连续的仅进行开发阶段(D)投资的样本视作利用式创新投入，对于连续的只要有研究阶段(R)投资的样本 ($R>0$, $D\geqslant 0$) 归为探索式创新投资，把观则值在两种创新投资方式间跳跃的视作控制组。重新划分后的探索式创新观测值数量为 217，利用式创新观测值数量为 143，控制组观测值数量 89。重新进行回归检验的关键变量回归结果报告见表 3－10。

表 3－10 稳健性检验结果(关键变量)

	(1) 总创新投入	(2) 探索式创新	(3) 利用式创新	(4) 探索式创新-调节	(5) 利用式创新-调节
Power	0.270**	0.372*	－0.477**	0.985**	－0.142***
	[2.00]	[1.87]	[－1.99]	[2.34]	[－2.59]
IC				0.000	－0.001*
				[0.78]	[－1.73]
IC×Power				－0.003*	0.011**
				[－1.83]	[2.22]
N	449	217	143	217	143

注：括号内为 t 值，*，**，*** 分别代表回归系数在 10%、5%、1%水平下显著，双尾检验。

模型(1)显示 CEO 权力强度与总创新投入之间的相关系数在 5%的水平上显著为 0.27，表明 CEO 权力强度越大，越倾向于选择增加企业创新活动投入。

模型(2)显示 CEO 权力强度与探索式创新投入之间的相关系数显著为正，为 0.372，表明强权 CEO 倾向于增加企业探索式创新活动投入。模型(3)中，CEO 权力强度与利用式创新投入之间的相关系数在 5% 的水平上显著为负，提示 CEO 权力强度的提升会对企业利用式创新决策带来不利影响。模型(4)加入了内部控制作为调节变量，发现探索式创新和内部控制与权力强度交互项系数显著为负，这与模型(2)中探索式创新与权力强度的相关系数符号相反，提示负向调节效应的存在，表明内部控制负向调节 CEO 权力强度和探索式创新投入之间的正相关关系。模型(5)同样加入内部控制作为调节变量，显示了利用式创新和内部控制与权力强度交互项系数显著为正，与模型(3)中利用式创新与权力强度的相关系数符号相反，提示负向调节效应的存在，表明内部控制负向调节 CEO 权力强度和利用式创新投入之间的负相关关系。总体上看，稳健性检验的结果与表 3-8、表 3-9 基本一致，本篇的主要结论没有改变。

六、研究结论与启示

（一）研究结论

企业双元创新能力的提升有助于企业持续成长，也有助于国家创新战略的实施。CEO 是企业高管团队的核心，对企业经营决策有着至关重要的影响力。本篇从 2014—2018 年我国中证高新企业样本出发，实证研究了 CEO 权力强度对企业双元创新投资决策的影响，其次探究了企业内部控制质量对于 CEO 权力和双元创新决策之间关系的调节效应。本篇得出以下主要结论：

(1) CEO 权力强度正向影响企业创新投入决策。CEO 权力强度是一个包含组织权力、所有制权力、专家权力和声誉权力的综合变量，权力的提升赋予 CEO 更大的话语权，在与董事会或其他高级管理人员产生意见冲突时，CEO 有更大的能力压制不同意见。这种权力提升带来的处理内外部不确定性能力的提升刺激了 CEO 的行为接近系统，给他们带来了更积极的心理暗示，使得他们更加关注决策机会中的潜在收益，提高了对负面因素的心理承受能力，也由此产生了建立“经理帝国”、扩大现有(市场或个人)地位的强烈动机，从而增强了创新投资决策中的风险承担倾向。权力的削弱反映经理管理企业内外部事务能力的降低，激活了他们的行为抑制系统，对于环境中威胁因素的过度关注使得 CEO 的决策趋向保守，往往采取“回避”策略，降低企业创新投入。

(2) CEO 权力强度促进企业探索性创新投入决策，抑制了利用式创新投入决策。从个人心理角度看，强权 CEO 具备更高的处理企业内外部不确定性的能力，也有渠道为企业赢得更多资源，能更为准确的评估投资决策项目，也更被董事会和股东信任(CEO 不太会因为个别项目的投资失利而影响到职业稳定性)。对于上述能力的认知激活了他们的行为接近系统，使得他们对环境中的收益信息比对潜在损失信息更为敏感，更关注发展的机会而非潜在风险。弱势的 CEO 协调各方资源的能力和在高管团队乃至董事会中的话语权较弱，这增强了他们的行为抑制系统，在决策中表现得更为小心翼翼，偏好规避风险可能给自身并不坚实的职业地位带来的损失(例如换帅)。从企业治理层面看，强权 CEO 具有“损失厌恶”的强烈动机，对于自身和企业市场地位损失厌恶的主观效用感受远远超过了对同等收益偏好的感受，往往导致 CEO 宁可采取赌博心态承担风险性决策，也要规避职业发展中的潜在损失。同时，已经拥有的较高水平的权力地位使得 CEO“损失厌恶”心理的参照点提升，需要进一步扩大自身权力地位和企业市场优势才能保护即时禀赋不会降低。而探索式创新一旦成功，能为企业带来巨大的竞争优势和发展前景，能够让企业获得巨额利润引领市场，这就迎合了强权 CEO 的损失厌恶动机。而对于权力较小的弱势 CEO 而言，他们对企业地位和个人权力的期望参照点远远低于强权 CEO，往往以“收益偏好”而非“损失厌恶”的框架看待双元创新决策，出于“维稳”心态，偏好风险较小、能满足短期内市场地位维持需要的利用式创新。

(3) 内部控制负向调节 CEO 权力强度与探索式创新投入的正相关关系，负向调节 CEO 权力强度与利用式创新投入的负相关关系。对于强权 CEO 而言，内部控制有助于约束委托代理问题，通过相互制衡的制度安排，降低 CEO 出于维护自身职业发展利益而产生的非理性投资决策偏差，抑制过度投资和资本低效率配置对的产生。同时，对于非理性投资行为会被抑制的预期进一步降低了他们对于扩大自身财富地位的期望，使得“损失厌恶”的风险偏好框架重新逆转为“收益偏好”的风险回避框架，抑制其过度自信心态。这就会减少非理性的探索式创新投资项目，增加必要的利用式创新投入项目。对于弱势 CEO 而言，内部控制可视作决策程序中的风险控制机制，良好的内部控制为提升创新投资决策可靠性提供了补偿机制，使其能够更好地认识和发挥双元创新协同的优势。同时，良好的内部控制由于引入程序控制和集体决策，分担了由个体决策可能带来的效用偏差，这就在一定程度上降低了弱势 CEO 对高风险投资项目失败较高的顾虑，能够更为理性地看待和评估与风险相伴随的发展机遇，一定程度上促进了探索式风险投资项目的开展，抑制了过度保守、只关注维护现有市场地位的利用式创新投入决策。由此,健全的内部控制机制抑制了CEO权力变化给双元创新决策带来的过度投资倾向。

（二）理论贡献

第一,本篇丰富了高阶理论对于企业技术创新影响的概念内涵与适用情境。Hambrick和Manson(1984)认为高级管理团队心理认知的数据并不易准确获得,绝大多数高管对调查抱有隐瞒或者抵触态度,不愿意如实反馈自身的认知和价值观,因此剔除利用人口统计学特征作为高管团队背景的特征变量。目前学者在利用高级理论对企业决策进行分析的研究中,主要使用了年龄(李建军和李丹蒙,2015)、职能背景(Miles和Snow, 1978)、持股比例(Wu和Tu, 2007)、任职经历、财务状况(Hambrick, 2007)、教育和社会背景(Rogers, 1995; Pfeffer, 1981)等特征进行分析,但缺少综合性研究,特别是高管人员往往具有多重上述背景特征。权力作为高管团队决策的核心变量综合了高级管理人员多维度特征,能够更有效反映高阶理论作用下的高管决策问题(Finkelstein, 1992)。同时,现有研究虽然关注到高阶理论在企业创新决策中的应用(Vroom和Pahl, 1971;韩静等,2014),但少有研究深入到创新投资决策异质性视角,研究高管权力和企业双元创新决策之间的作用关系。本篇通过具象化、参数化高管权力多维特征变量,深入剖析企业创新投入决策模式,观察了CEO权力强度对于探索式创新投入和利用式创新投入两类样本的不同影响,这就拓展了高阶理论在企业创新决策领域的观察视角。

第二,本篇深化了创新情境下高管团队决策对于企业创新行为作用机制的认识。委托代理关系是企业决策研究的重要变量,传统代理理论认为代理人与委托人利益函数不一致,代理成本致使代理人出于保护个人财富地位的需要倾向于回避决策风险。然而,实践中有大量学者观察到企业创新决策存在的“风险偏好”倾向(Frydman等,2010; Dalton等,2007),其原因也未进一步探明。本篇观察到行为代理理论修正了传统理论中委托人风险偏好假设局限性,给更好地解释决策者风险性行为提供了理论契机,但该理论至今仍未被系统性地介绍到创新决策研究中。同时,现有高管权力与创新决策的相关研究缺乏对影响机制的探讨,而权力的接近-抑制理论或提供参考。本篇突破性地结合行为代理理论和权力的接近抑制理论,构建了“个体心理-企业决策-双元创新行为”的完整研究链条,对企业治理博弈下CEO决策心理以及对双元创新投入影响关系展开了细致剖析,也扩展了行为代理理论和权力的接近-抑制理论在企业决策行为中的研究对象。

第三，本篇拓展了企业创新情境中内部控制对于企业管理决策影响作用的研究。近年来，各国监管机构陆续出台了加强企业内部控制的政策（如美国SOX法案、日本J-SOX法案和我国的《企业内部控制基本规范》），企业内部控制成为了国内外学界研究的焦点。内部控制作为企业治理的关键风险免疫机制，对于企业投资的合理决策和有效实施势必产生重要影响，然而学界鲜少有文献探讨内部控制在企业创新决策中扮演的角色（李万福，2011），对其作用究竟是促进还是抑制也尚无定论（张娟和黄志忠，2016）。本篇将内部控制纳入企业创新决策的研究框架，从行为心理学角度阐释内部控制对企业创新决策者的影响和作用，并细致解剖其对创新投资的调节作用，从而为内部控制经济后果相关研究提供理论参考。

（三）结论启示

首先，完善对CEO权力的监督机制。高管权力是治理企业的一把“双刃剑”，过大的自由裁量权会给高管带来寻租的空间，同时也削弱了决策的科学性，容易导致过度投资和资本配置低效的风险。因此，企业在内部治理实践中，要进一步完善对高管权力的监督制衡机制，加强对权力过大的CEO的制衡，可以健全对决策的事前评估、事中控制和事后考核机制，将投资绩效纳入决策者的薪酬与福利绩效中去。同时，要充分发挥董事会的监督作用，保证董事会的独立性，引入独立董事，提升独立董事在企业治理中的话语权，避免CEO与董事长、副董事长等重要职位的兼任情况，数职分离，形成监督制衡。此外，要充分发挥监事会、股东大会以及外部监管机构的监督作用，完善股权结构，重视机构投资者的监督作用，对于高管非理性决策引起公司业绩下滑的情形要建立预警和及时纠错机制。

其次，完善对高效探索式创新的评估机制和激励机制。不可否认的是，强权CEO在探索式创新投入的进程中发挥了很强的推动作用，有助于引导企业增加探索式创新，提升核心技术的竞争能力，把握新一轮科技革命的浪潮。要在完善权力监督的基础上，加大对高管高质量投资决策的激励机制。除了薪酬激励之外，还可以充分发挥非物质激励的作用，如积极宣传CEO的形象事迹，推选高管参加优秀人物事迹评选等，满足CEO对于自我价值实现的需求。在选任高管时，要不拘一格用人才，注重CEO能力和过往的实绩，选择治理经验丰富、履历突出、声誉良好的经理人。同时，政府要积极推进市场化改革，完善经理人市场，健全声誉机制,助力人力资源的市场化配置,减少信息不对称,淘汰能力较差的CEO,充分披露历史决策,及时发现高风险性偏好。

最后,加强内部控制建设,保护投资者的利益。企业应认真落实内部控制相关规范要求,加强制度设计,同时保障内部控制机制的有效运行,要赋予内部审计机构充分职权,更好地发挥监督的作用。同时,不断提升上市公司的信息披露质量,政府可以完善相关立法要求,要求上市公司提升信息透明度,用市场的力量对企业决策形成监管和倒逼。值得注意的是,在保证内部控制程序有效性时,要警惕过于繁琐的程序,避免程序僵化,减轻对企业家创造力和能动性的束缚,为企业家决策提供一定的灵活度。

针对我国情境下高管团队创新决策影响机制研究的缺失,本篇突破性地结合行为代理理论和权力的接近-抑制理论,实证解释了CEO权力强度对于双元创新的影响,并阐明了这种影响可能的作用机制,为后续创新决策研究提供参考。但本篇仍存在以下不足,有待后续研究改进:首先,囿于数据的可获取性,参考学者研究,大多选择社会特征指标度量CEO权力强度,未来或可引入心理学研究方法,以更准确地测度和评估高管的心理特征。其次,由于时间有限,本篇仅选取中证高新样本股企业作为研究对象,未来可以拓展到A股全部上市公司,检验理论的适用性和研究结论。最后,本篇仅讨论了企业内部治理的实践,未来可将更多关注企业外部环境影响变量,将更多内部治理和外部因素结合纳入综合研究框架。

参考文献

[1] ABBOTT L J, PARKER S, PETERS G F. Audit committee characteristics and restatements[J]. Auditing: A Journal of Practice & Theory, 2004(3): 69 - 87.

[2] ACS Z J, AUDRETSCH D B. Innovation in large and small firms: An Empirical Analysis[J]. The American economic review, 1988: 678 - 690.

[3] ADAMS R B, ALMEIDA H, FERREIRA D. Powerful CEOs and their impact on corporate performance[J]. Review of Financial Studies, 2005, 18(4): 1403 - 1432.

[4] AGGARWAL R K, SAMWICK A A, THANK W, et al. Empire-builders and shirkers: investment, firm performance, and managerial incentives[J], Journal of Corporate Finance, 2006, 12: 489 - 515.

[5] AGHION P, VAN REENEN J, ZINGALES L. Innovation and institutional ownership [J]. American Economic Review. 2013, 103(1): 277 - 304.

[6] AHUJA G, LAMPERT C M. Entrepreneurship in the large corporation: A longitudinal study of how established firms create breakthrough inventions[J]. Strategic Management

Journal, 2001(22): 521 - 543.

[7] ALBERT A, CANNELLA J, MICHAEL L. Succession as a sociopolitical process: Internal impediments to outsider selection[J]. The Academy of Management Journal, 1993(4): 763 - 793.

[8] ALOI M, LASSELLE L. Growth and welfare effects of stabilizing innovation cycles[J]. Journal of Macroeconomics, 2007, 29(4): 806 - 823.

[9] ANDERSON C, BERDAHL J L. The experience of power: Examining the effects of power on approach and inhibition tendencies[J]. Journal of Personality and Social Psychology, 2002(83): 1362 - 1377.

[10] ANDERSON C, GALINSKY A D. Power, optimism and risk-taking[J]. European Journal of Social Psychology, 2006, 36(4): 511 - 536.

[11] ARVANITIS S, STUCKI T. The impact of venture capital on the persistence of innovation activities of startups[J]. Small Business Economics, 2014, 42(4): 849 - 870.

[12] ASHBAUGH-SKAIFE H, COLLINS D W, KINNEY W R. The discovery and reporting of internal control deficiencies prior to SOX mandated audits[J]. Journal of Accounting and Economics, 2007(2): 166 - 192.

[13] ATANASSOV J, NANDA V, SERU A. Finance and innovation: The case of publicly traded firms[J]. SSRN Electronic Journal, 2007(5): 1 - 60.

[14] ATUAHENE GIMA K. Resolving the capability-rigidity paradox in new product innovation[J]. Journal of Marketing, 2005, 69(4): 61 - 83.

[15] BAKER H K, DUTTA S, SAADI S, et al. Are good performers bad acquirers? [J]. Financial Management, 2012, 41(1): 95 - 118.

[16] BALKIN D B, MARKMAN G D, GOMEZ-MEJIA L R. Is company in high technology firms related to innovation? [J]. Academy of Management Journal, 2000, 43(6): 1118 - 1129.

[17] BARANCHUK N, DYBVIG P H. Consensus in diverse corporate boards[J]. Review of Financial Studies, 2009, 22(2): 715 - 747.

[18] BARKER V L, MUELLER G C. CEO characteristics and firm R&D spending[J]. Management Science, 2002, 48(6): 782 - 801.

[19] BEBCHUK L A, FRIED J M, WALKER D I. Managerial power andrentextraction in the design of executive compensation[R]. National Bureau of Economic Research, 2002.

[20] BEBCHUK L A, FRIED J M. Executive compensation as an agency problem[J]. Journal of Economics Perspectives, 2003, 17(3): 71 - 92.

[21] BENNER M J, M L TUSHMAN. Exploitation, exploration, and process management: The productivity dilemma revisited[J]. Academy of Management Review, 2003, 28(2): 238 - 256.

[22] BERTRAND M, S MULLAINATHAN. Enjoying the quiet Life? corporate governance and managerial preferences[J]. Journal of Political Economy, 2003(111): 1043 - 1075.

[23] BLECK A, LIU X. Market transparency and the accounting regime[J]. Journal of

Accounting Research, 2007, 45(2): 229 - 256.

[24] BROMILEY P. Testing a causal model of corporate risk taking and performance[J]. Academy of Management Journal, 1991(34): 37 - 59.

[25] BRYAN S H, LILIEN S B. Characteristics of firms with material weaknesses in internal control: An assessment of section 404 of sarbanes oxley[J]. Working Paper, 2005.

[26] CANARELLA G, GASPARYAN A. New insights into executive compensation and firm performance: Evidence from a panel of new economy firms[J]. Managerial Finance, 2008, 12(8): 537 - 554.

[27] CARLSSON G, KARLSSON K. Age, cohorts and the generation of generations[J]. American Sociological Review, 1970, 35(4): 710.

[28] CARVE C G, WHITE T L. Behavioral inhibition, behavioral activation, and affective responses to impending reward and punishment: The BIS/BAS Seales[J]. Journal of Personality and Social Psychology, 1994(67): 319 - 333.

[29] CHAN L, SUN L, ETTREDGE M. Financial executive qualifications, financial executive turnover, and adverse SOX 404 opinions[J]. Journal of Accounting and Economics, 2010, 50(1): 93 - 110.

[30] CHANDLER A D, HAGSTROM P, SOLVELL O. The dynamic firm: The role of technology, strategy, organization and regions[M]. Oxford University Press, NY. 1998.

[31] CHEN H. Board capital, CEO power and R&D investment in electronics firms[J]. Corporate Governance An International Review, 2014, 22(5): 422 - 436.

[32] CHENG MEI, DHALIWAL DAN, ZHANG YUAN. Does investment efficiency improve after the disclosure of material weaknesses in internal control over financial reporting[J]. Journal of Accounting & Economics, 2013, 56(1): 1 - 18.

[33] CHILD J. Organization structure and strategies of control: A replication of the Aston study[J]. Administrative Science Quarterly, 1972, 17(2): 163 - 177.

[34] CHILD J. Managerial and organizational factors associated with company performance [J]. Journal Management Studies, 1974(11): 13 - 27.

[35] CHRISMAN J, PATEL P C. Variations in R&D investments of family and nonfamily firms: Behavioral agency and myopic loss aversion perspectives [J]. Academy of Management Journal, 2012, 55(4): 976 - 997.

[36] CHRISTENSEN C M. The innovator's dilemma: When new technologies cause great firms to fail[M]. Boston, M A: Harvard Business School Press, 1997.

[37] COLLIS, D J. How valuable are organizational capabilities? [J]. Strategic Management Journal. 1994(15): 143 - 153.

[38] COSO. Internal control integrated framework [R]. Committee of Sponsoring Organizations of the Treadway Commission, 1994.

[39] COSTELLO A, WITTENBERG R. The impact of financial reporting quality on debt contracting evidence from internal control weakness reports[J]. Journal of Accounting Research, 2011(9): 97 - 136.

[40] CROSSAN M M, APAYDIN M. A multi-dimensional framework of organizational innovation: A systematic review of the literature[J]. Journal of Management Studies, 2010, 47(6): 1154-1191.

[41] CYERT R M, MARCH J G. A behavioral theory of the firm[J]. 2nd ed. Cambridge, MA: Blackwell, 1992.

[42] DAELLENBACH U S, A M MCCARTHY, T S SCHOENECKER. Commitment to innovation: the impact of top management team characteristics[J]. R&D Management, 1999.

[43] DAHLIN K B, BEHRENS D M. When is an invention really radical? Defining and measuring technological radicalness[J]. Research Policy, 2005, 34(5): 717-737.

[44] DAMANPOUR F. Organizational innovation: A meta-analysis of effects of determinants and moderators[J]. Academy of Management Journal, 1991(34): 555-590.

[45] DANNEELS E. Disruptive technology reconsidered: critique and research agenda[J]. The Journal of Product Innovation Management, 2004, 21(4): 246-258.

[46] DE WAEGENAERE A, SANSING R C, WIELHOUWER J L. Multinational taxation and R&D investments[J]. The Accounting Review, 2012, 87(4): 1197-1217.

[47] DEUMES R, KNECHEL W R. Economic incentives for voluntary reporting on internal risk management and control systems[J]. Auditing: A Journal of Practice & Theory, 2008(27): 35-67.

[48] DONALDSON, DAVIS J H. Stewardship theory or agency theory: CEO governance and shareholder retums[J]. Australian Journal of Management, 1991, 16(1): 49-95.

[49] DOYLE J, GE W, MCVAY S. Accruals quality and internal control over financial reporting[J]. The Accounting Review, 2007, 82(5): 1141-1170.

[50] DUNCAN R B. Characteristics of organizational environments and perceived environmental uncertainty[J]. Administrative Science Quarterly, 1972, 17(3): 313-327.

[51] EDWARDS FRANKLIN, SCOT KENNETH. Statement of the financial economists roundtable on the international competitiveness of U.S. capital markets[J]. Journal of Applied Corporate Finance, 2007, 19(4): 54-59.

[52] EDWARDS J R, CAPIAN R D, HARRISON R V. Person-environment fit theory: Conceptual foundations, empirical evidence, and directions for future research. In C.L. Cooper(Ed.), Theories of organizational stress[M]. Oxford University Press, 1998: 28-67.

[53] ESTEVE A. Open versus closed innovation: A model of discovery and divergence[J]. Academy of Management Review(AMR), 2010, 35(1): 27-47

[54] FANG V W, TIAN X, TICE S. Does stock liquidity enhance or impede firm innovation? [J]. The Journal of Finance, 2014, 69(5), 2085-2125.

[55] FENG M, LI C, MCVAY S, et al. Does ineffective internal control over financial reporting affect a firm's operations? Evidence from firms' inventory management[J]. The Accounting Review, 2015, 90(2): 529-557.

[56] FERREIRA D, MANSO G, SILVA A C. Incentives to innovate and the decision to go

public or private[J]. Review of Financial Studies, 2014, 27(7750): 256 - 300.

[57] FINKELSTEIN S. Power in top management teams: Dimensions, measurement and validation[J]. The Academy of Management Journal, 1992, 35(3): 505 - 538.

[58] FRANK R E, GREENBERG M G. Interest-based segments of TV audiences[J]. Journal of Advertising Research, 1979, 19(5): 43 - 52.

[59] FREEMAN C, CLARK J, SOETE L. Unemployment and technical innovation: A study of long waves and economic development[R]. Bums & Oates, 1982.

[60] FREEMAN C, SOETE L. Developing science, technology and innovation indicators: What we can learn from the past[J]. Research Policy, 2007, 38(4): 583 - 589.

[61] GAO H, HSU P H, Li K. Equity market listing and corporate innovation strategies: Evidence from private firms[J]. Social Science Electronic Publishing, 2015.

[62] GE W, MCVAYS. The disclosure of material weaknesses in internal control after the Sarbanes-Oxley act[J]. Accounting Horizons, 2005(3): 137 - 158.

[63] GOH B, LI D. Internal controls and conditional conservatism[J]. The Accounting Review, 2011, 86(3): 975 - 1005.

[64] GOLICIC L, FOGGIN H, MENTZER T. Relationship magnitude and its role in interorganizational relationship structure[J]. Journal of Business Logistics, 2003, 24(1): 57 - 76.

[65] GRANT RM. The knowledge-based view of the firm: Implications for management practice[J]. Long Range Planning. 1997, 30(3): 450 - 454.

[66] GRAY J A. Perspectives on anxiety and impulsivity: Commentary[J]. Journal of Research in Personality, 1987(21): 493 - 509.

[67] GRAY J A. Brain systems that mediate both emotion and cognition[J]. Cognition and Emotion, 1990(4): 269 - 288.

[68] GROSSMAN SJ, HART O D. The costs and benefits of ownership: A theory of vertical and lateral integration[J]. Journal of Political Economy, 1986, 94(4): 691 - 719.

[69] GUINOTE A. Behaviour variability and the situated focus theory of Power[J]. European Review of Social Psychology, 2007(18): 256 - 295.

[70] GUPTA A, BRISCOE F, HAMBRICK D C. Red, blue, and purple firms: Organizational political ideology and corporate social responsibility[J]. Strategic Management Journal, 2017, 38(5): 14 - 32.

[71] HAMBRICK D C, MASON P A. Upper echelons: the organization as a reflection of its top managers[J]. Academy of Management Review, 1984, 9(2): 193 - 206.

[72] HAMBRICK D C, FUKUTOMI G D. The seasons of a CEOs tenure[J]. Academy of Management Review, 1991(16): 719 - 742.

[73] HAMBRICK D C. Upper echelons theory: an update[J]. Academy of Management Review, 2007, 32(2): 334 - 343.

[74] HAMBRICK D C, GELETKANYCZ M A, FREDRICKSON J W. Top executive commitment to the status quo: Some tests of its determinants[J]. Strategic Management

Journal, 2010, 14(6): 401 - 418.

[75] HARMON J E. Cognitive dissonance and experienced negative affect: Evidence that dissonance increases experienced negatives affect even in the absence of aversive consequences[J]. Personality and Social Psychology Bulletin, 2000(26): 1490 - 1501.

[76] HART O, MOORE J. Property rights and the nature of the firm[J]. Journal of Political Economy, 1990, 98(6): 1119 - 1158,

[77] HAYNES K T, HILLMAN A J. The effect of board capital and CEO power on strategic change[J]. Strategic Management Journal, 2010, 31(11): 1145 - 1163.

[78] HE ZI-LIN, POH-KAM WONG. Exporation vs. exploitation: an empirical test of the ambidexterity hypothesis[J]. Organization Science, 2004(15): 481 - 494.

[79] HIGGINS E T. Beyond pleasure and pain[J]. American Psychologist, 1997(52): 1280 - 1300.

[80] HIRSHLEIFER D, LOW A, Teoh S H. Are overconfident CEOs better innovators? [J]. Mpra Paper, 2010, 67(4): 1457 - 1498.

[81] HOFSTEDE G. Culture and organizations[J]. International Studies of Management & Organization, 1980, 10(4): 15 - 41.

[82] HOITASH U, HOITASH R, BEDARD J. Corporate governance and internal control over financial reporting: A comparison of regulatory regimes[J]. The Accounting Review, 2009(3): 839 - 867.

[83] ISAKSEN A. Innovation dynamics of global competitive regional clusters: the case of the Norwegian centres of expertise[J]. Regional Studies, 2009, 43(9): 1155 - 1166.

[84] JANSEN J P, VAN DEN BOSCH F J, Volberda H W. Exploratory innovation, exploitative innovation, and performance: Effects of organizational antecedents and environmental moderators[J]. Management Science, 2006(11): 1661 - 1674.

[85] JANSEN J P, SIMSEK Z, CAO Q. Ambidexterity and performance in multiunit contexts: cross-level moderating effects of structural and resource attributes[J]. Strategic Management Journal, 2012, 33(11): 1286 - 1303

[86] JENSEN M, MECKLING W. Theory of the firm: Managerial behavior, agency costs and ownership structure[J]. Journal of Financial Economic, 1976, 10(4): 305 - 360.

[87] JENSEN M C. Agency costs of free cash flow, corporate finance and takeovers[J]. The American Economic Review, 1986, 7(2): 323 - 329.

[88] JOSEPHS R A, SELLERS J G, NEWMAN M L. The mismatch effect: When testosterone and status are at odds[J]. Journal of Personality and Social Psychology, 2006, 90: 999 - 1013.

[89] KAHNEMAN D, TVERSKY A. Prospect theory: An analysis of decision under risk [J]. Econometrica, 1979, 47(2): 263 - 291.

[90] KELTNER D, GRUENFELD D H, ANDERSON C. Power, approach, and inhibition [J]. Psychological Review, 2003(110): 265 - 284.

[91] KIM J B, B Y SONG, L ZHANG. Internal control weakness and bank loan contracting: evidence from Sox section 404 disclosures[J]. The Accounting Review, 2011(4): 1157 - 1188.

[92] KIMBERLY J R, EVANISKO M J. Organizational innovation: The influence of individual, organizational and contextual factors on hospital adoption of technological and administrative innovations[J]. Academy of Management Journal, 1981(24): 689-713.

[93] KRISHNAN G V, VISVANATHAN G. Reporting internal control deficiencies in the post-Sarbanes-Oxley Era: the role of auditors and corporate governance[J]. The International Journal of Auditing, 2007(2): 73-90.

[94] LAUKKANEN PH, SAININO L M, JAUHIAINEN T. Appropriability regime for radical and incremental innovations[J]. R&D Management, 2008, 38(3): 278-289.

[95] LEVINTHAL D A, MARCH J G. The myopia of learning[J]. Strategic Management, 1993, 14(2): 95-112.

[96] LEWELLYN K B, MULLER-KAHLE M I. CEO power and risk taking: Evidence from the subprime lending industry[J]. Corporate Governance An International Review, 2012, 20(3): 289-307.

[97] LEWIS, MARIANNE W. Exploring paradox: toward a more comprehensive guide[J]. Academey of Management Review, 2000, 25(4): 760-776

[98] LI J, TANG Y. CEO hubris and firm risk taking in China: The moderating role of managerial discretion[J]. Academy of Management Journal, 2010, 53(1): 45-68.

[99] LUBATKIN M H, SIMSEK Z, LING Y. Ambidexterity and performance in small-to medium-sized firms: The pivotal role of top management team behavioral integration [J]. Journal of Management, 2006, 32(5): 646-672.

[100] LUO Y, RUI H. An ambidexterity perspective toward multinational enterprises from emerging economies[J]. Academy of Management Perspectives, 2009, 23(4): 49-70.

[101] MANSFIELD E. The economics of technological change[M]. New York: Norton, 1968.

[102] MARCH J G. Power of power, in D. Eston(ed.), varieties of political theory[M]. Prentice Hall Press, 1966.

[103] MARCH J G. Exploration and exploitation in organizational learning[J]. Organization Science, 1991, 2(1): 71-87.

[104] MARTIN G, WASHBURN N, MAKRI M. Not all risk taking is born equal: The behavioral agency model and CEO's perception of firm efficacy[J]. Human Resource Management, 2015, 54(3): 483-498.

[105] MARVEL M, LUMPKIN G. Technology entrepreneurs' Human capital and its effects on innovation radicalness[J]. Entrepreneurship: theory & practice, 2007, (6): 267-282.

[106] MILES R E, SNOW C C. Organization strategy, structure and process[M]. New York: McGraw-Hill, 1978.

[107] MITRA S, JAGGI B, HOSSAIN M. Internal control weaknesses and accounting conservatism: evidence form the post salaries oxley period[J], Jounral of Accountings

Auditing & Finance, 2013, 28(2): 152 - 191.

[108] MOM T J M, VAN DEN B O S C, FA J, et al. Understanding variation in managers' ambidexterity: Investigating direct and interaction effects of formal structural and personal coordination mechanisms[J]. Organization Science, 2009, 20(4): 818 - 828.

[109] MYERS S, MAJLUF N. Corporate financing and investment decisions when firms have information that investors do not have[J]. Journal of Financial Economics, 1984(13): 187 - 221.

[110] NELSON R R, WINTER S G. The schumpeterian tradeoff revisited[J]. The American Economic Review, 1982, 72(1): 114 - 132.

[111] OVERBEEK J R, PARK B. When power does not corrupt: Superior individuation processes among powerful pereeivers[J]. Journal of Personality and Social Psychology, 2001(81): 549 - 565.

[112] PENROSE E T. The theory of the growth of the firm[M]. New York: John Wiley & Sons, 1959.

[113] PFEFFER J. Power in organizations [M]. Cambridge, MA: Ballinger Publishing Company, 1981.

[114] PORTA L R, LOPEZ-DE-SILANES F, SHLEIFER A. Legal determinants of external finance[J]. Journal of Finance, 1997, 52(3): 1131 - 1150.

[115] PORTER M. Have we lost faith in competition? [J]. Across the Board, 1990(9): 37 - 41.

[116] PRANGE C. Ambidextrous internationalization strategies: The case of Chinese firms entering the world market[J]. Organizational Dynamics, 2012, 41(3): 245 - 253.

[117] RABE W R. Managerial power [J]. Califomia Management Review, 1962, 4 (3): 31 - 39.

[118] ROGERS E M. The diffusion of innovations [M]. New York: Free Press, 1995: 866 - 879.

[119] SANDERS WG. Behavioral responses of CEOs to stock ownership and stock option pay [J]. 2001, 44(3): 477 - 492.

[120] SANJAY DESHMUKH, GOEL M, KEITH M HOWE. CEO overconfidence and divided policy[J]. Journal of Financial Intermediation, 2013, 22(3).

[121] SCHRIESHEIM C A, HOUSE R J, KERR S. Leader initiating structure: A reconciliation of discrepant research results and some empirical tests[J]. Organizational Behavior & Human Performance, 1976, 15(2): 297 - 321.

[122] SCHUMPETER J A. Theory of economic development[M]. Routledge, 1912.

[123] SHEIKH S. The impact of market competition on the relation between CEO power and firm innovation[J]. Journal of Multinational Financial Management, 2018, 44 (3): 36 - 50.

[124] SHLEIFER A, VISHNY R W. A survey of corporate governance[J]. The Journal of Finance, 1997, 52(2): 737 - 783.

[125] SKAIFE A H, COLLINS D W, KINNEY W R, et al. The effect of sox internal control deficiencies and their remediation on accrual quality[J]. The Accounting Review, 2008, 83(1): 217 - 250.

[126] SKAIFE H A, VEENMAN D, WANGERIN D. Internal control over financial reporting and managerial rent extraction: Evidence from the profitability of insider trading[J]. Journal of Accounting & Economics, 2013, 55(1): 91 - 110.

[127] SMITH W K, TUSHMAN M L. Managing strategic contradictions: A top management model for managing innovation streams[J]. Organization Science, 2005, 16(5): 522 - 536.

[128] SOLOW R M. Technical change and the aggregate production function[J]. The Review of Economics and Statistics, 1957, 39(3): 312 - 320.

[129] STEPHENS N M. External auditor characteristics and internal control reporting under SOX section 302[J]. Managerial Auditing Journal, 2011(2): 114 - 129.

[130] TIHANYI L, ELLSTRAND A E, DAILY C M. Composition of the top management team and firm iInternational diversification[J]. Journal of Management, 2000(6): 260 - 275.

[131] TUSHMAN M L, O'REILLY III C A. Ambidextrous organizations: Management evolutionary and revolutionary change[J]. California Management Review, 1996, 38(4): 8 - 30.

[132] UOTILA J, MAULA M, KEIL T, et al. Exploration, exploitation, and financial performance: Analysis of S&P 500 corporations[J]. Strategic Management Journal, 2009, 30(2): 221 - 231.

[133] VILLENA V N H, GOMEZ-MEJIA, REVILLA E. The decision of the supply chain executive to support or impede supply chain integration: A multidisciplinary behavioral agency perspevtive[J]. Dicision Sciences, 2009, 40(4): 635 - 665.

[134] VROOM V H, PAHL B. Relationship between age and risk taking among managers [J]. Journal of Applied Psychology, 1971, 55(55): 399 - 405.

[135] WEBBER E U, MILLIMAN R A. Perceived risk attitudes: Relating risk perception to risk choice[J]. Management Science, 1997(43): 123 - 144.

[136] WIES S, MOORMAN C, et al. Going Public: How stock market listing changes firm innovation behavior[J]. Journal of marketing research, 2015, 52(5): 694 - 709.

[137] WISEMAN R M, GOMEZ-MEJIA L R. A behavioral agency model of managerial risk taking[J]. Academy of Management Review, 1998, 23(1): 133 - 153.

[138] WU J, TU R. CEO stock option pay and R&D spending: A behavioral agency explanation[J]. Journal of Business Research, 2007, 60(5): 482 - 492.

[139] XU C, YAN M. Radical or incremental innovations: R&D investment around CEO retirement[J]. Journal of Accounting, Auditing and Finance, 2014, (29): 47 - 76.

[140] ZAHEER KHAN, YONG KYU LEW, SVETLA MARINOVA. Exploitative and exploratory innovations in emerging economies: The role of realized absorptive capacity and learning intent[J]. International Business Review, 2019, (28): 499 - 512.

[141] ZHANG A, ZHANG Y, ZHAO R. A study of the R&D efficiency and productivity of Chinese firms[J]. Journal of Comparative Economics, 2003, 31(3): 444 - 464.

[142] ZHANG I V Y, XI YING. Economic consequence of the Sarbanes-Oxley Act of 2002 [J]. Journal of Accounting and Economics, 2007, 44(1): 74 - 115.

[143] ZHOU J, KIM J, YEUNG L. Material weakness in internal control and stock price crash risk: Evidence form Sox section 404 disclosure[J], Working paper, 2013.

[144] 毕晓方,翟淑萍,姜宝强.政府补贴、财务冗余对高新技术企业双元创新的影响[J].会计研究,2017(1): 46 - 52,95.

[145] 陈汉文,王韦程.谁决定了内部控制质量: 董事长还是审计委员会? [J].经济管理,2014(10): 97 - 107.

[146] 陈汉文,周中胜.内部控制质量与企业债务融资成本[J].南开管理评论,2014,17(3): 103 - 111.

[147] 陈锟,于建原.营销能力对企业创新影响的正负效应——兼及对"Christensen 悖论"的实证与解释[J].管理科学学报,2009,12(2): 126 - 141.

[148] 陈艳,樊星,程媛.CEO 权力强度、过度自信与财务报告舞弊[J].天津财经大学学报,2017,10: 78 - 98.

[149] 杜善重,李卓.亲缘关系与双元创新——来自中国家族上市公司的经验证据[J].经济与管理研究,2019,40(10): 115 - 131.

[150] 杜晓荣,杨丰肃.CEO 权力与企业技术创新: 掠夺之手还是扶持之手[J].财会通讯,2017(9): 29 - 35.

[151] 方红星,孙翯.交叉上市公司内部控制缺陷披露的影响因素与市场反应——基于兖州煤业的案例研究机[J].上海立信会计学院学报,2010(1): 28 - 36.

[152] 方红星,陈作华.高质量内部控制能有效应对特质风险和系统风险吗? [J].会计研究,2015,4: 70 - 77.

[153] 顾群,李敏,郑杨.控制权私有收益对企业双元创新平衡影响研究: 公司治理的调节作用[J].贵州财经大学学报,2018(2): 78 - 85.

[154] 韩静,陈志红,杨晓星.高管团队背景特征视角下的会计稳健性与投资效率关系研究[J].会计研究,2014(12): 25 - 31.

[155] 韩立民,赵新华.企业自主创新环境分析及优化创新环境的对策——以国家创新体系企业研发中心青岛试点为例[J].科学学研究,2006(8).

[156] 胡明霞.管理层权力、技术创新投入与企业绩效[J].科学学与科学技术管理,2015(8): 140 - 149.

[157] 黄庆华,陈习定,张芳芳,等.CEO 两职合一对企业技术创新的影响研究[J].科研管理,2017,38(3): 69 - 76.

[158] 焦豪.双元型组织竞争优势的构建路径: 基于动态能力理论的实证研究[J].管理世界,2011,(11): 76 - 91.

[159] 解维敏,唐清泉,陆珊珊.政府 R&D 资助,企业 R&D 支出与自主创新——来自中国上市公司的经验证据[J].金融研究,2009(6): 86 - 99.

[160] 李德强,彭灿,奚雷.动态能力对双元创新协同性的影响: 环境竞争性的调节作用[J].运

筹与管理，2017，26(9)：184－192.
[161] 李海霞，王振山.CEO权力与公司风险承担——基于投资者保护的调节效应研究[J].经济管理，2015(8)：76－87.
[162] 李海霞.CEO权力、风险承担与公司成长性——基于我国上市公司的实证研究[J].管理评论，2017，29(10)：198－210.
[163] 李纪珍，刘成城，陈聪.行为代理模型研究评述与展望[J].技术经济，2018，37(12)：61－68.
[164] 李建军，李丹蒙.创业团队人力资本特征与高新技术企业研发投入——基于我国创业板公司的实证研究[J].软科学，2015，29(3)：79－83.
[165] 李经路.公司规模对研发投入影响的研究——2010—2014年创业板的证据[J].兰州财经大学学报，2015，31(6)：89－97.
[166] 李妹，高山行.环境不确定性对利用式创新和探索式创新的影响研究[J].华东经济管理，2014，28(7)：131－136.
[167] 李萍，舒伟，唐清泉，等.内部控制能提高企业R&D投资的价值相关性吗？[J].中国会计评论，2015，13(3)：325－346.
[168] 李万福，林斌，宋璐.内部控制在公司投资中的角色：效率促进还是抑制?.管理世界，2011，2：81－99.
[169] 李忆，司有和.探索式创新、利用式创新与绩效：战略和环境的影响[J].南开管理评论，2009(10)：4－12.
[170] 李越冬，刘伟伟.内部巧制重大缺陷影响因素分析——基于企业内部特征视角的实证研究的[J].会计之友，2014(15)：86－94.
[171] 林钟高，陈俊杰.管理防御、企业研发投入与内部控制治理[J].中国注册会计师，2016(10)：52－59.
[172] 林钟高，常青.内部控制监管、内部控制缺陷及修复与董事会治理[J].会计与经济研究，2017(1)：65－83.
[173] 刘国新，李勃.论企业规模与R&D投入相关性[J].管理科学学报，2001(4)：68－72.
[174] 刘良灿，宁鑫，吕潮林.CEO开放性促进了企业创新吗？——基于创业板上市公司的实证研究[J].经济与管理评论，2018(2)：82－92.
[175] 刘伟，刘星.高管持股对企业R&D支出的影响研究——来自2002—2004年A股上市公司的经验证据[J].科学学与科学技术管理，2007(10)：172－175.
[176] 刘鑫，薛有志.CEO继任、业绩偏离度和公司研发投入——基于战略变革方向的视角[J].南开管理评论，2015，18(3)：34－47.
[177] 刘焱，姚海鑫.上市公司内部控制实质性缺陷与债务融资约束[J].软科学，2013，27(10)：78－82.
[178] 刘运国，刘雯.我国上市公司的高管任期与R&D支出[J].管理世界，2007(1)：128－136.
[179] 陆可晶.内部控制有效性、高管过度自信与企业绩效波动[J].财会通讯，2018(15)：77－81.
[180] 骆良彬，郑昊.内部控制视角下的企业研发投资风险防范探究[J].福建论坛(人文社会科学版)，2016(8)：28－32.

[181] 马光荣,刘明,杨恩艳.银行授信、信贷紧缩与企业研发[J].金融研究,2014(7):76-93.
[182] 马连福,高塬,秦鹤.企业双元创新路径选择研究——基于资本配置效率的视角[J].科学学与科学技术管理,2019,40(8):19-32.
[183] 潘红波,陈世来.CEO或董事长的亲缘关系与企业创新——来自家族上市公司的经验证据[J].山西财经大学学报,2017,39(1):70-82.
[184] 彭红星,毛新述.政府创新补贴、公司高管背景与研发投入——来自我国高科技行业的经验证据[J].财贸经济,2017(3):147-161.
[185] 彭新敏,郑素丽,吴晓波,等.后发企业如何从追赶到前沿?——双元性学习的视角[J].管理世界,2017(2):142-158.
[186] 乔朋华,鞠晓峰.CEO权力对科技型中小企业技术创新效率的影响研究[J].科技管理研究,2015(3):94-96.
[187] 权小锋,吴世农.CEO权力强度、信息披露质量与公司业绩的波动性——基于深交所上市公司的实证研究[J].南开管理评论,2010,13(4):142-153.
[188] 尚航标,房珈竹,李卫宁.CEO职业背景对创业企业技术创新影响研究[J].华东经济管理,2018,32(7):142-149.
[189] 盛光华,张志远.补贴方式对创新模式选择影响的演化博弈研究[J].管理科学学报,2015(9):34-45.
[190] 宋文阁,荣华旭.董事会特征与内部控制目标的实现——来自中国上市公司的经验证据[J].财经理论与实践,2012(5):64-68.
[191] 孙烨,邵方婧,尹罂天.董事会资本、CEO权力对企业技术创新的影响研究[J].湖北社会科学,2018(2):98-103.
[192] 唐清泉,肖海莲.融资约束与企业创新投资-现金流敏感性——基于企业R&D异质性视角[J].南方经济,2012(11):40-54.
[193] 铁亮,田中禾.美国内部控制理论发展研究[J].财会通讯,2010(10):128-129.
[194] 王楠,苏杰,陈守双.创业板上市公司CEO权力与企业研发投入[J].商业研究,2017(7):111-117.
[195] 王楠,苏杰,黄静.CEO权力异质性视角下政府资助对创业板企业研发投入的影响研究[J].管理学报,2017,14(8):1199-1207.
[196] 王楠,黄静,王斌.董事会社会资本、CEO权力与企业研发投资——基于创业板上市公司的实证[J].科研管理,2019,40(5):245-253.
[197] 王双龙.联盟关系的多样性对企业创新平衡模式的影响机制研究[J].科学学与科学技术管理,2018,39(1):108-117.
[198] 王维,李宏扬.新一代信息技术企业技术资源、研发投入与并购创新绩效[J].管理学报,2019,16(3):389-396.
[199] 魏明海,柳建华.国企分红、治理因素与过度投资[J].管理世界,2007(4):88-95.
[200] 奚雷,彭灿,张学伟.外部学习与双元创新协同性的关系——环境动态性的调节作用[J].技术与经济管理研究,2018(8):27-32.
[201] 肖利平.公司治理如何影响企业研发投入?——来自中国战略性新兴产业的经验考察[J].产业经济研究,2016(1):60-70.

[202] 徐远华.企业家精神、行业异质性与中国工业的全要素生产率[J].南开管理评论，2019，22(5)：13－27.

[203] 严汉民，陈梦.R&D 对企业盈利能力影响的实证研究——基于创业板信息技术业上市公司的面板数据[J].商业会计，2019(23)：38－43.

[204] 杨德明，辛清泉.投资者关系与代理成本——基于上市公司的分析[J].经济科学，2006，28(3)：47－60.

[205] 杨小舟.公司治理、内部控制与企业风险管理[M].北京：中国财政经济出版社，2006.

[206] 叶康涛，曹丰，王化成.内部控制信息披露能够降低股价崩盘风险吗？[J].金融研究，2015(2)：192－206.

[207] 曾德明，李励，王泓略.研发强度对二元式创新的影响——来自汽车产业上市公司的实证研究[J].科学学与科学技术管理，2016(1)：69－79.

[208] 张金清，肖嘉琦.高管特征差异会影响企业绩效吗？——CEO 权力与企业环境的调节作用[J].商业研究，2018(8)：125－132.

[209] 张娟，黄志忠.内部控制、技术创新和公司业绩——基于我国制造业上市公司的实证分析[J].经济管理，2016，38(9)：120－134.

[210] 张乃文.管理者过度自信、内部控制与企业价值关系的实证研究[D].青岛：青岛理工大学，2018.

[211] 张栓兴，邓杨娟，康华.首席执行官权力对研发投入的影响研究——基于企业社会责任的中介作用[J].生产力研究，2018(3)：130－137.

[212] 张维今，李凯，王淑梅.CEO 权力的调节作用下董事会资本对公司创新的内在机制影响研究[J].管理评论，2018，30(4)：71－81.

[213] 张云，李春玲，王寅.股票期权风险承担激励、管理者权力与企业研发创新[J].科技进步与对策，2018，36(12)：132－138.

[214] 赵洪江，陈学华，夏晖.公司自主创新投入与治理结构特征实证研究[J].中国软科学，2008(7)：145－149.

[215] 赵息，张西栓.内部控制，高管权力与并购绩效——来自中国证券市场的经验证据[J].南开管理评论，2013，16(2)：75－81.

[216] 赵子夜，杨庆，陈坚波.通才还是专才：CEO 的能力结构和公司创新[J].管理世界，2018(2)：123－143.

[217] 郑培培，郑琳煜，汪寿成.管理者过度自信、内部控制质量与审计费用[J].时代金融，2018(30)：220－222.

[218] 周建，金媛媛，袁德利.董事会人力资本、CEO 权力对企业研发投入的影响研究——基于中国沪深两市高科技上市公司的经验证据[J].科学学与科学技术管理，2013(3)：170－180.

[219] 朱焱，张孟昌.企业管理团队人力资本、研发投入与企业绩效的实证研究[J].会计研究，2013(11)：45－96.

第四篇

CEO 接替、性别与公司业绩

——基于多分类倾向得分法的实证研究

续一帆

一、绪论

“玻璃天花板”被用来描述组织中的性别歧视限制了有能力的女性晋升至高层。近年来，随着全球范围内性别平等意识的发展，女性的就业比例和受教育程度显著提高，越来越多的女性进入公司管理层，但总体而言仍处于劣势，尤其是CEO层面，男性依然掌控着公司的大局。

最近几年越来越多的文献关注到企业高管性别对公司治理的影响，女性高管的主题逐渐引起学者的重视，原因主要在于：① 组织行为学方面的研究证明，男性与女性在领导方式上存在明显差异(Eagly等，2003)，女性高管的某些共同特点，比如风险厌恶、不过度自信，可能会对企业的行为产生影响。② 根据异质性理论，高管团队的特征多元化能促进知识与信息的交换，对公司绩效有积极影响(Buyl等，2011)，而女性高管在背景和经验方面与男性通常有所差异，从这个角度，性别多元化的企业可能会更好地适应商业环境。

基于这两个逻辑出发点，国内外很多研究纷纷关注女性高管对公司业绩的影响，但是研究结果不一。一方面，部分学者认为高管性别多元化能带来多元化的视角，各方面信息和知识都得以沟通，制定的战略能够符合各方的利益诉求，因而在推进时可以减少阻力(李江雁，2014)；同时女性具有有风险厌恶和不过度自信等特征，能提高公司决策的科学性以及战略实施的可靠性。基于这两点，通过许多大样本的实验，发现女性高管与公司业绩呈现显著正相关。另一方面，也有研究认为，性别多元化的高管团队由于行为和思考方式的差异，会加大成员间的分歧与矛盾，从而降低做决策的效率，不能对环境变化及时做出反应(况学文等，2012)；同时根据社会认同理论(Tajfel和Turner，1986)，不同性别的领导可能会受到内群体的排斥，间接降低了权力。基于这两点假设，也有实证研究发现，女性高管与公司业绩呈负相关。针对截然相反的研究结果，Kirsch(2018)认为对于这一话题的实证研究，应把研究对象的选择和内生性的处理都纳入考虑范围。

根据委托代理理论，现代企业制度将所有权与经营权分离，企业决策权往往掌握在少数人手中,高管的个人特征对公司的发展和业绩能够直接造成影响(Donald Hambrick 等,1984);而 CEO 是在一个企业中负责日常事务的最高行政人员,在高管团队中是最重要的角色(Markus Fitza, 2014),因此 CEO 的个人特征是公司治理的一个研究领域。中国上市公司的 CEO 平均任职期限只有 3.58 年(李培功和肖珉,2012),常在一个聘期内结束任职,与欧美上市公司 CEO 的 6 年左右的任期相比(Favaro 等,2012)无疑短了很多,中国上市公司 CEO 接替更加频繁。因此本篇的关注点不在于 CEO 对公司的长期影响,而是选择 CEO 接替的事件区间作为研究对象。

女性 CEO 数量缺位在全球范围内普遍存在,Huang 和 Darren(2013)的研究显示,只有 2%的美国大型上市公司的 CEO 为女性;Faccio(2016)对 18 个欧洲国家的研究显示女性 CEO 占比为 9.4%;*Wall Street Journal* 在 2014 年的调查发现 3%的北欧企业 CEO 为女性,4.8%的美国 500 强企业 CEO 为女性。本研究对 2016 年全 A 股上市公司的数据进行统计,得出我国女性 CEO 占比为 6.1%。对于女性 CEO 接替的市场反应,Lee 和 James(2007)发现投资者对女性 CEO 接替和男性 CEO 接替的反应不同,女性 CEO 接替对股价有显著负面影响。基于股价反映公司会计业绩的假设(李小荣和刘行,2012),投资者预期女性 CEO 接替会损害业绩,这也通常被认为是女性 CEO 数量缺位的解释之一(Kirsch, 2018)。

根据高阶理论(Donald Hambrick 等,1984),CEO 的思维方式和认知观念会对战略决策行为产生影响,而 CEO 的人口统计学特征又会对其思维与观念造成影响。异性 CEO 在领导方式和个人特质等方面的差异会改变团队既有的行为模式,降低战略实施的效率,因此异性 CEO 接替可能会对公司业绩造成负面影响,Zhang 和 Qu(2016)的研究也证明了这一点。

基于以上背景和研究,本篇探讨 CEO 接替中性别与业绩的关系:女性 CEO 或者异性 CEO 接替是否会损害公司业绩?什么因素会影响这一关系?

本篇的理论模型如图 4-1 所示。从 Grusky(1964)的研究结果出发,CEO 的接替是一种突变的、破坏性的过程,在此基础上,任何增强这种突变的行为都会降低公司的表现,减缓突变的行为能提高公司的表现。由于男性与女性 CEO 的领导风格与偏好不同(周泽将和刘中燕等,2016; Anna 和 Martin, 2009; Eagly 等,2003),而且基于社会认同理论(Tajfel 和 Turner, 1986),异性 CEO 可能会被归为外群体,降低决策落实的效率(Zhang 和 Qu, 2016),因此本篇认为:异性 CEO 接替增强了内部环境的突变,可能会损害公司业绩,能够减缓这种突变的因素可能起到调节作用。而如果前任和继任者都为女性，偏好与风格相近，且团队对女性领导的认同增强，所以女性 CEO 接替可能不是损害业绩的原因。

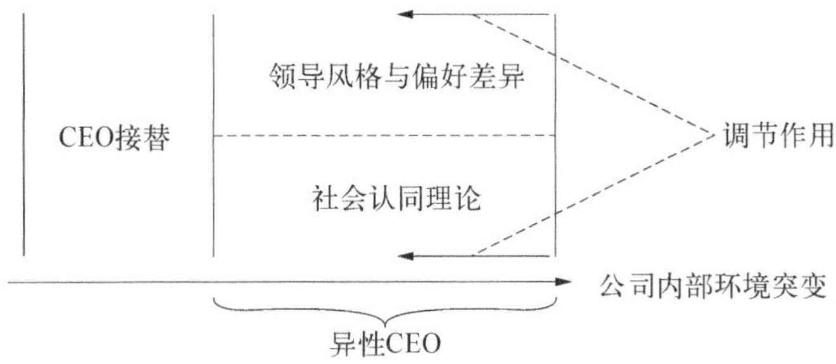

图 4-1　理论模型

为了处理 CEO 接替与女性高管两个话题的内生性（李文涛和丁冬，2016；Kirsch，2018），本篇采用倾向得分法（propensity score estimation），但该方法通常运用于两分类资料，比如男性或者女性。为了区分检验女性和异性的影响，本篇引入了 McCaffrey 等（2013）设计的针对多分类资料的倾向得分方法，应用于 CEO 接替的 4 分类性别组合：男-男、男-女、女-男、女-女①。该方法采用机器学习的 GBM 算法（generalized boosted model），用大量回归树迭代拟合，以捕获处理组与协变量之间复杂的非线性关系，能更好地达到协变量在处理组与对照组上的均衡性（Parast 等，2016），同时估算成对 ATE，明确分类之间的关系。

基于上述 4 种分类，若是异性 CEO 接替损害公司业绩，则男-女、女-男与业绩负相关，女-女不显著；若是女性 CEO 接替损害公司业绩，则男-女、女-女与业绩负相关，女-男不显著。

本篇以 2004—2015 年中国 A 股上市公司 3534 条 CEO 接替数据为样本作实证研究。结果显示：① 损害公司业绩的是异性 CEO 接替，而不是女性 CEO 接替。② 继任 CEO 权力强度能削弱男-女 CEO 接替对业绩的负面影响。③ 公司的国有性质能削弱女-男 CEO 接替对业绩的负面影响。

本篇的贡献在于：① 拓展了女性高管在公司治理方面的研究，以往的研究大多只是关注管理者本身的性别（李江雁，2014；Levi 等，2014；Huang 和 Kisgen，2013），本篇从性别变化的角度入手，提供了新颖的视角，为女性 CEO 数量缺位的解释进行补充。② 实证检验了 CEO 接替事件中性别与业绩的关

① 男-女 CEO 接替表示前任 CEO 为男性，继任 CEO 为女性，其他三种分类同理。为简化，下文将直接使用“X-X”的形式表示 CEO 接替的 4 种性别组合。

系,将性别与CEO接替联系起来,这一角度在国内文献中少有,本篇的探索丰富了该领域的研究。③ 倾向得分方法通常只被使用于两分类资料,本篇引入了针对多分类资料的倾向得分方法,应用于CEO接替的4种分类,为该方法的实践作出了拓展。

本篇的后续安排如下:第二部分是文献回顾与假说发展,第三部分是样本选择与研究设计,第四部分是检验结果与分析,第五部分是研究的结论与展望。

二、文献回顾与假说发展

(一)高管性别差异的影响

组织行为学相关研究发现女性高管与男性有不同的领导风格,Eagly等(1990)通过Meta-analysis发现女性高管倾向使用民主或参与型的风格,而男性高管更偏向专制和指导型的风格。Eagly等(2003)进一步发现女性CEO多是变革型,而男性CEO偏向交易型或命令型。

女性经济学从高阶理论(Donald Hambrick等,1984)出发,认为高管的性别作为一个重要的人口统计学特征,会影响公司各方面绩效。周泽将等(2016)通过整理文献,把女性高管的特征总结为风险厌恶、不过度自信与伦理道德三个方面。

1. 风险厌恶

Powell和Ansic(1997)通过实验研究发现,女性在作财务决策时与男性采取不同的战略,更倾向于规避风险。Anna等(2009)通过70个女性CEO接替事件发现通过任命女性CEO,企业的风险偏好显著降低,这是由于女性的风险厌恶特质造成;同时高风险行业的企业更偏好聘用女性CEO来降低风险。祝继高等(2012)的研究发现在金融危机期间,女性董事多的公司会通过减少长期借款,为企业储备债务融资能力,有利于减少公司的过度投资,从而帮助公司克服金融危机。陈金龙和肖玲(2015)的研究发现,女性高管能显著抑制企业过度投资,从而提高企业价值。张涛和洪敏(2018)的研究证明女性高管比例越高,则上市公司规避风险的能力越强。

2. 不过度自信

Brad和Terrance(2001)利用大量的个人股票交易数据发现,由于过度自信,男性比女性的交易量多出45%,但收益率更低。Huang和Kisgen(2013)的研究发现,女性和男性CEO在作财务和投资决策时不同,男性CEO会执行更多的并购重组和发行债券，但是收益率比女性CEO的公司低，这证明了男性CEO相对于女性的过度自信。Levi等(2014)通过研究S&P 500企业发现，女性CEO领导的公司与男性CEO领导的公司相比，发生并购的频率更低，而且董事会中每增加一位女性，并购溢价下降7.6%，并购委员会中每增加一位女性，并购溢价下降15.4%，从而间接证实了女性高管的不过度自信之说。

3. 伦理道德

Michael Betz等(1989)认为男性与女性由于各自不同的发展历程从而产生不同的价值观念，影响到工作中对于不道德行为的态度。Bernardi等(2009)发现500强公司女性董事比例越高，越有可能进入“世界最佳道德公司”排行榜。黄荷暑和周泽将(2015)的研究发现，女性高管越多，企业的社会责任信息披露水平越高。淦未宇等(2015)的结果显示，女性高管的比例与公司发生违背伦理的违规操作的概率呈现显著负相关。周泽将和刘中燕等(2016)的研究结果证明女性高管显著抑制了财务舞弊行为。朱文莉和邓蕾(2017)发现女性高管人数及比例与企业社会责任履行呈显著正相关关系。

女性高管的特质如何影响企业表现，尤其是财务业绩，是众多实证研究关注的核心，但其结果仍然有很大分歧。

一部分实证研究显示女性高管与公司业绩正相关。研究S&P 500公司15年的数据，发现女性高管比例与公司业绩呈现正相关，但只限于创新型企业。Nuria Reguera-Alvarado(2015)选取西班牙上市公司数据，研究发现董事会性别差异化和公司绩效显著正相关。Post和Byron(2015)通过Meta-analysis发现，女性董事比例与会计回报之间呈显著正相关，并且这个关系在股东权益保护水平越高的国家越明显。闫永海(2014)对我国中小企业板上市公司的研究结果显示，董事会性别多元化与公司财务绩效之间呈正相关。陈金龙等(2015)发现，上市公司的女性高管会通过抑制企业过度投资对企业价值产生正面影响。李颖等(2016)用中国文化创意产业的上市公司为样本，研究结果显示，企业中女性高管比例及其年龄、专业背景、学历等各种特质都会对企业业绩产生积极作用。

同时，也有部分研究发现女性高管与公司业绩之间呈现负相关。Adams和Ferreira(2005)的研究指出，虽然董事会性别多元化对控制职能有积极作用，但对公司整体表现仍是负面影响，这种负相关主要是由消极的收购防御造成的。Haslam等(2010)对FTSE 100公司的研究结果显示，女性高管与公司的业绩关系不显著，但与公司股票收益呈负相关；同时，完全由男性组成的董事会的公司估值更高，因为股东们认为女性领导的表现更弱。王明杰和朱如意(2010)发现女性董事数量的多少与公司绩效的好坏之间呈现显著负相关，且女性董事的平均学历水平能削弱该负面作用。况学文(2012)的实证研究结果显示，董事会中女性的比例与公司业绩之间呈显著负相关。

综上所述，男性与女性高管的领导风格不同，女性高管有风险厌恶、不过度自信等个人特质，但如何影响公司绩效并不明确。

（二）CEO 接替的性别与业绩

CEO 接替是企业生命周期中最重要的事件之一，取决于 CEO 职位的象征作用和实质权力(Finkelstein 和 Hambrick，1996)。CEO 接替产生的原因主要有两种解释：管理能力假说和替罪羊假说(李文涛和丁冬，2016)。David(1995)的实证研究显示，CEO 的接替源于更换前公司业绩的显著退步，在新任 CEO 接替后公司业绩会上升，说明 CEO 的能力不足导致变更，也即管理能力假说。William 和 Norman(1964)认为当外部环境对公司发展不利时，董事会即使知道不是 CEO 的个人过失，也会将其更换，是所谓替罪羊假说。也正是基于这两点原因，CEO 接替的研究受到内生性的影响。但无论哪种原因，CEO 接替本身会对公司内部环境造成很大影响。

Grusky(1964)认为，CEO 的接替是一种突变的、破坏性的过程，在此基础上，任何增强这种突变的行为都会降低公司的表现，而减缓突变的行为则能提高公司的表现；同时他通过研究指出，内部继任者与外部继任者相比，具有更小的破坏性，对公司业绩有利。Yan Zhang 和 Rajagopalan(2004)的实证研究发现，有秩序的内部 CEO 选拔制度能减缓内部环境的突变，从而提高公司业绩，也证明了该结论。

正如前述，CEO 性别不同会导致领导风格与偏好有所差异。女性 CEO 倾向民主参与型，厌恶风险；男性 CEO 倾向专职命令型，过度自信。不仅是 CEO 个人，整个领导团队的风格都会不同，Oliver 等(2018)通过实证研究发现，任命女性 CEO 企业的董事会注重服务与协作职能，而男性 CEO 企业的董事会更偏重控制与监督职能。对于资源分配方面的偏好，Manner(2010)发现女性 CEO 会投入更多资源来提高企业社会绩效，更加关注利益相关方。Levi 等(2014)指出女性 CEO 的公司并购活动比男性 CEO 的公司更少。王清和周泽将(2015)通过实证研究发现女性高管与企业 R&D 投入之间呈显著负相关。Faccio 等(2016)的研究显示，女性 CEO 的企业相比男性 CEO 的企业，拥有更低的杠杆率，收入稳定性更高，但是资产配置效率更低。

因此本篇认为，异性CEO接替可能会显著地改变管理团队既有的模式，导致内部环境的突变，损害公司业绩；而同性CEO接替，比如女-女，更换前后都是女性，企业领导风格和偏好上比较相近，就会减缓突变的破坏性。

社会认同理论(Tajfel和Turner，1986)认为，个体会根据特征，比如性别、年龄、工作对人们分类，并对自己归属的群体产生认同感，具有内群体偏好和外群体偏见。Chattopadhyay等(2004)指出，性别和种族是社会认同和分类最重要的标准，因为它们直观且稳定。Bargh(1999)通过文献整理发现，基于性别或种族的偏见常常会作用于人们的判断，直接地影响个体对他人的态度或行为。基于该理论，Subašić(2011)的研究发现，外群体的领导需要致力于吸引下属的注意，仔细控制下属的行为，使其与自己的目标相符；而内群体的领导更容易让下属接受他的理念并施加影响。

许多研究表明，女性与男性CEO在社会认同中存在差异。Heather等(2013)的研究显示，男性CEO被认为是独立的个体，女性CEO被认为是一个群体，也即每个女性CEO的能力都会影响到投资者对其他公司的女性CEO的评价，这是因为女性CEO更稀少。Zhu等(2014)通过实证研究发现，新任高管会面临重分类的过程，为了被分为内群体，需要与同事在各方面更相似。

因此本篇认为，继任CEO面临的重分类取决于前任CEO的特征，因为这种分类主要在短期产生影响(Zhu，2014)，而前任CEO经过任期后可被视为内群体。若前任CEO为男性，女性继任者很可能会被贴上外群体的标签，降低高管团队的效率；但若前任CEO为女性，团队对于女性领导的社会认同和接受度就会增强，女性继任者不再受到原本内群体的排斥。

综上所述，本篇提出假设如下。

H1：异性CEO接替与公司业绩负相关，女性CEO接替与公司业绩关系不显著。

(三)调节作用

关于异性CEO接替损害公司业绩的调节作用，根据Eagly和Karau(2002)的角色一致性理论，在人们的潜意识中，女性这一性别角色被认为与领导者角色不符。Wang等(2019)的研究显示，人们对女性CEO与男性CEO的评价与认识不同。因此异性CEO接替所包含的男-女和女-男接替也有差异，这个差异体现在两种接替受到的调节作用可能不同。

1. CEO 权力的影响

权力是管理者执行战略的关键因素。Finkelstein(1992)建立了 CEO 权力模型,他认为 CEO 有两项核心任务和四种权力:任务一为处理企业内部的不确定性,即应对董事会和其他人员;任务二为处理企业外部的不确定性,即外部环境的波动;针对任务一,CEO 有组织权力和所有制权力,使其能够对内部环境实施控制;针对任务二,CEO 有声誉权力和专家权力,使其得到支持和信任。基于此模型,CEO 的四种权力均能增强公司内部环境的凝聚力,提高 CEO 的说服力,有助于继任者被归属于内群体,提高团队战略实施的效率。

Adams 等(2005)指出,只有当高管对公司决策有足够的影响力时,才能影响到公司业绩。韩立岩和李慧(2009)通过实证研究发现,企业发生财务危机时,CEO 权力越小,危机越严重;企业财务正常时,CEO 权力越大,财务业绩越好。然而将性别纳入考虑因素后,Oliver 等(2018)使用 2010—2015 年 S&P 1500 企业 CEO 变更数据,研究接替后 CEO 面对的内部环境,发现任命女性 CEO 的企业更多采用服务与协作的董事会职能,男性 CEO 的企业偏重控制与监督的董事会职能。Oliver 等将其称之为"仁慈的性别歧视",即男性不听话但能干,女性听话但无能。董事会认为女性 CEO 更需要团队的帮助与配合,因此赋予她们更多权力,而男性 CEO 比起权力更需要被监督。基于该研究,本篇认为权力对女性 CEO 继任者的效果更明显,对于男性继任者的效果则更弱。

综上所述,本篇提出假设 2:

H2:继任 CEO 的权力能削弱男-女 CEO 接替对公司业绩的负面影响,对女-男 CEO 接替与业绩的关系不显著。

2. 国有性质的影响

基于我国的市场背景,国有企业与非国有企业在很多地方都有不同的影响。李维安和徐业坤(2013)的研究证明,与非国有企业相比,国有企业对公司业绩的敏感性更低。Zhang 和 Qu(2016)发现国有企业的 CEO 提前离职的概率显著低于非国有企业。杨瑞龙等(2013)的研究发现,国企职位的经济报酬没有对国企领导的升迁产生显著的影响,这表明国企领导角色扮演更像是政府官员而非职业经理人。高明华(2015)指出,我国国企 CEO 的任命往往不是通过市场竞争,而是靠国资监管机构或组织部门的"独具慧眼"。虽然国家一直致力于国企去行政化改革,国有企业的行政级别制度仍然根深蒂固,国企高管虽然不是公务员编制,但却参照同级别公务员管理,以政治晋升为主。基于以上背景,国企高管团队有明确且稳定的等级制度,国企 CEO 通常级别更高,因为处于同一体制中,容易被内群体认同;而行政任命作为一种被常年遵循的程序,也在一定程度上减缓了内部环境的突变(陈仕华等,2015)。

Zhang(2012)的研究发现,女性CEO在非国有企业的比例不断上升,在2010年达到8.2%,国有企业女性CEO的占比反而不断下降,2010年只有3.6%;同时,女性董事和女性高管在国有企业的比例都只有非国有企业比例的一半左右。Zhang认为造成这一显著差距主要有两个原因:① 非国有企业的女性CEO有很多都是公司建立者,或者公司建立者的女儿,家族企业给了女性CEO捷径。② 非国有企业面临激烈的竞争,有动机寻找不同背景的人才;而国有企业往往位于"舒适区",可以只提拔符合某些标准的人,比如男性、党员。基于该项研究与角色一致性理论,本篇认为在国企,男-女CEO接替可能被感知为"偏离正常"的事件,而女-男CEO接替被认为"回归正常"的事件,国有性质对男性CEO继任者的效果更明显。

综上所述,本文提出假设3:

H3:公司的国有性质能削弱女-男CEO接替对公司业绩的负面影响,对男-女CEO接替与业绩的关系不显著。

三、样本选择与研究设计

(一) 样本选择

本篇选择中国2004—2015年所有A股上市公司作为初始样本,并对数据进行筛选和处理,具体如下:① 剔除金融行业公司;② 剔除ST公司;③ 剔除数据有缺失的样本;④ 对连续变量进行上下1%的Winsorize处理。最终获得CEO接替数据3 534条。除部分数据需要查询上市公司年报手工整理以外,其余数据均从CSMAR数据库直接获得。国泰君安CSMAR数据库是根据国际标准开发的经济金融研究型数据库,包含中国上市公司的财务数据、高管数据和其他相关信息等。

(二) 变量定义

1. 被解释变量

企业业绩改善指标*IMROA*为被解释变量,该指标从资产回报率*ROA*出发,计算方法(程雁蓉,2016)如下:

$$ROA = 净利润/资产平均总额$$

由于不同的行业受到宏观环境及政策的影响不同，本篇对 *ROA* 用行业中位数进行调整。行业根据中国证监会 2001 年版《上市公司分类与代码》划分为 13 个行业，去掉金融业后剩余 12 个行业。*ADROA* 表示经行业中位数调整的 *ROA*，*MEDIA* 表示该年度同行业上市公司的业绩中位数，公式具体如下：

$$ADROA = ROA - MEDIA$$

本篇研究 CEO 的接替对公司业绩的影响，所以构建 *IMROA* 表示 CEO 接替前后企业短期绩效的变化，用 CEO 接替发生后一年经行业调整的 *ROA* 减去 CEO 接替发生前一年经行业调整的 *ROA*。直观地来说，$IMROA > 0$ 代表 CEO 接替后业绩得到改善；$IMROA < 0$ 代表 CEO 接替后业绩没有得到改善。公式具体如下：

$$IMROA = ADROA_{t+1} - ADROA_{t-1}$$

2. 解释变量

设置三个虚拟变量 *MF*，*FM*，*FF*。作为解释变量，若为男-女接替，$MF = 1$，$FM = FF = 0$；若为女-男接替，$FM = 1$，$MF = FF = 0$；若为女-女接替，$FF = 1$，$MF = FM = 0$；若为男-男接替，则 $MF = FM = FF = 0$。

3. 调节变量

本篇用两职合一指标 *SUC_DUAL* 表示 CEO 权力，因为在我国公司治理的实践中，领导权的结构是影响 CEO 权力最重要的因素，公司 CEO 由董事会任命并向董事会负责，兼任董事长和总经理会大幅强化 CEO 的权力(熊婷，2016)。如果继任 CEO 同时担任董事长和 CEO，则 $SUC\_DUAL = 1$，否则 $SUC\_DUAL = 0$。

同时设置虚拟变量，SOE 作为国企指标，如果该企业是国有企业，则 $SOE = 1$，否则 $SOE = 0$。

4. 控制变量

PRE_ADROA 是 CEO 接替前一年的经行业调整的业绩；*FIRM_SIZE* 是公司规模，用总资产的自然对数得到；*FIRM_AGE* 是公司年龄，用企业成立至 CEO 接替之间年数的自然对数得到；*DA_RAT* 是资产负债率；*IND_DIRE* 是独立董事占董事会人数比例；*FE_BOARD_RAT* 是女性董事占董事会人数比例；*SUC_OWN* 是继任 CEO 持股占总股本比例；*SUC_AGE* 是继任 CEO 的年龄；同时设置年份和行业虚拟变量 *YEAR* 和 *INDUSTRY*。见表 4-1。

表 4-1　变量一览表

变　量		定　义　与　说　明
被解释变量	*IMROA*	企业绩效改善，$IMROA = ADROA_{t+1} - ADROA_{t-1}$，CEO 接替后一年的业绩减去前一年的业绩
解释变量	*MF*	若是男-女接替，$MF = 1$，否则 $MF = 0$
	FM	若是女-男接替，$FM = 1$，否则 $FM = 0$
	FF	若是女-女接替，$FF = 1$，否则 $FF = 0$
调节变量	*SUC_DUAL*	两职合一，如果继任 CEO 同时担任董事长和 CEO，则 $SUC\_DUAL = 1$，否则 $SUC\_DUAL = 0$。
	SOE	国企，若是国有企业，则 $SOE = 1$，否则 $SOE = 0$。
控制变量	*PRE_ADROA*	CEO 接替前一年业绩，也即 $ADROA_{t-1}$，前一年经行业中位数调整的 *ROA*。
	FIRM_SIZE	公司规模，接替当年总资产的自然对数。
	FIRM_AGE	公司年龄，企业成立至 CEO 接替之间年数的自然对数。
	DA_RAT	资产负债率＝总负债/总资产，表示公司资本结构。
	IND_DIRE	独立董事占董事会人数比例
	FE_BOARD_RAT	女性董事占董事会人数比例
	SUC_OWN	继任 CEO 持股占总股本比例
	SUC_AGE	继任 CEO 的年龄
	YEAR	年份虚拟变量，涉及 12 个年度，设置 11 个变量
	INDUSTRY	行业虚拟变量，根据证监会 2001 年《上市公司分类与代码》，涉及 12 个行业，设置 11 个变量

（三）模型设计

鉴于上述，管理能力和替罪羊两种假说表示，发生 CEO 接替的企业往往处于业绩不佳，或外部环境动荡的情况，因此 CEO 接替事件受到内生性影响。而女性经济学的研究显示，某些行业，比如文化娱乐相关产业，对女性高管的接受程度更高，女性高管也可能会偏好一些注重社会责任的企业（Kirsch，2018），因此女性 CEO 的出现也会受到内生性影响。

为解决此类问题，本篇采用倾向得分方法（propensity score estimation）。倾向得分方法是一种“反事实推断模型”，使用非实验或观测数据实行干预效应

分析。其基本思路如下：首先，建立个体进入处理组的概率模型 $p(z)=p(D=1|Z)$，其中，D 为个体是否进入处理组的虚拟变量，$D=1$ 代表个体在处理组，$D=0$ 代表个体在对照组；Z 是一组可观测到的影响个体选择的特征变量；估计出的个体进入处理组的概率 $p(z)$ 即为倾向得分。其次，将每一个处理组($D=1$)中的样本与对照组($D=0$)中倾向得分相近的样本进行匹配，对照组样本的结果可以被看作为与之匹配的处理组样本的潜在结果，即他们未进入处理组时可能的结果。在此基础上，定义 $Y[1]$表示个体进入处理组的潜在结果，$Y[0]$表示个体进入对照组的潜在结果，$Y[1]-Y[0]$为个体的处理效应，平均处理效应 $ATE=E(Y[1]-Y[0])$。

但是倾向得分方法通常只被运用于两分类资料，比如男性或女性，其中女性为处理组，男性为对照组。为了处理 CEO 接替的四种性别组合，本篇引入了 McCaffrey(2013)设计的多分类倾向得分方法，基本思路如下。

1. *使用 GBM 算法估算倾向得分*

GBM 算法(Generalized Boosted Model)估算倾向得分，即个体进入每种分类的概率 $p(z)=p(D=t \mid Z)$，其中，$D=t(t=1、2、3、4)$ 表示个体进入男-男、男-女、女-男、女-女四种分类；Z 是一组可观测到的影响个体选择的特征变量；$\sum_{t=1}^{4} p(z)=1$。

GBM 算法是一种机器学习的衍生运用，是由大量回归树组成的迭代拟合算法，以捕获处理组与协变量之间复杂的非线性关系，能自行优化偏差的权衡过程，更好地达到协变量在处理组与对照组上的均衡性，获得更准确的估计量和更小的均方误差(Parast 等，2016)。GBM 法通过 R 语言 twang 包中的 mnps()函数完成。在本篇中，使用 *FIRM_SIZE*、*FIRM_AGE*、*DA_RAT*、*PRE_ADROA*、*SOE*、*IND_DIRE*、*FE_BOARD_RAT*、*YEAR*、*INDUSTRY* 这些可能影响个体选择的控制变量来估算倾向得分。

2. *使用混合 OLS 加权回归计算成对 ATE*

对面板数据用混合 OLS 加权回归计算平均处理效应 ATE (Average Treatment Effect)。在每一个体的 4 个倾向得分中选取 $P=p(D=t(Z) \mid Z)$，其中 $t(Z)$为个体 Z 在事实上所处的分组，比如个体 Z 使用的是男-男 CEO 接替，则 $t(Z)=1$。回归使用抽样权重 weight$=1/P$，即个体进入所处分组的概率的倒数。该回归通过 Stata 的 regress(pweights)命令实现。为验证假设 1，建立加权回归模型(Ⅰ)：

$$IMROA = \alpha_0 + \alpha_1 MF + \alpha_2 FM + \alpha_3 FF + \alpha_4 PRE\_ADROA + \alpha_5 FIRM\_SIZE + \alpha_6 FIRM\_AGE + \alpha_7 DA\_RAT + \alpha_8 IND\_DIRE + \alpha_9 FE\_BOARD\_RAT + \alpha_{10} SOE + \alpha_{11} SUC\_DUAL + \alpha_{12} SUC\_OWN + \alpha_{13} SUC\_AGE + \alpha_{14} YEAR + \alpha_{15} INDUSTRY + \varepsilon \quad (\text{Ⅰ})$$

其中 α_1 的含义为：男-女 CEO 接替($t=2$)与男-男 CEO 接替($t=1$)相比较的成对 ATE。$\alpha_1 = Pairwise\ ATE_{2,1} = E(Y[2]-Y[1]) = E(Y[2]) - E(Y[1])$，其中 $Y[t]$表示个体进入 $D=t(t=1、2、3、4)$ 分类后的潜在结果，期望定义在总体上。因此，该成对 ATE 表示采用男-女 CEO 接替的总体平均结果减去采用男-男 CEO 接替的总体平均结果。同理，α_2 比较的是女-男与男-男，α_3 比较的是女-女与男-男。

为比较男-男以外的 3 种分类，比如男-女与女-男，只需要将系数相减，$\alpha_1 - \alpha_2 = Pairwise\ ATE_{2,3} = E(Y[2]) - E(Y[1]) - [E(Y[3]) - E(Y[1])] = E(Y[2]) - E(Y[3])$。同理 $\alpha_1 - \alpha_3$ 比较的是男-女与女-女，$\alpha_2 - \alpha_3$ 比较的是女-男与女-女。为得到显著性水平，该比较通过 Stata 的 lincom 命令实现。

3. 调节作用模型

为验证假设 2 与假设 3，分别建立加权回归模型(Ⅱ)和(Ⅲ)：

$$IMROA = \alpha_0 + \alpha_1 MF + \alpha_2 FM + \alpha_3 FF + \alpha_4 MF \times SUC\_DUAL + \alpha_5 FM \times SUC\_DUAL + \alpha_6 PRE\_ADROA + \alpha_7 FIRM\_SIZE + \alpha_8 FIRM\_AGE + \alpha_9 DA\_RAT + \alpha_{10} IND\_DIRE + \alpha_{11} FE\_BOARD\_RAT + \alpha_{12} SOE + \alpha_{13} SUC\_DUAL + \alpha_{14} SUC\_OWN + \alpha_{15} SUC\_AGE + \alpha_{16} YEAR + \alpha_{17} INDUSTRY + \varepsilon \quad (\text{Ⅱ})$$

$$IMROA = \alpha_0 + \alpha_1 MF + \alpha_2 FM + \alpha_3 FF + \alpha_4 MF \times SOE + \alpha_5 FM \times SOE + \alpha_6 PRE\_ADROA + \alpha_7 FIRM\_SIZE + \alpha_8 FIRM\_AGE + \alpha_9 DA\_RAT + \alpha_{10} IND\_DIRE + \alpha_{11} FE\_BOARD\_RAT + \alpha_{12} SOE + \alpha_{13} SUC\_DUAL + \alpha_{14} SUC\_OWN + \alpha_{15} SUC\_AGE + \alpha_{16} YEAR + \alpha_{17} INDUSTRY + \varepsilon \quad (\text{Ⅲ})$$

四、检验结果与分析

（一）描述性统计

在表 4－2 中，本篇对于每个变量按照不同的样本来描述均值和标准差，即全部样本、男-男 CEO 接替样本、男-女 CEO 接替样本、女-男 CEO 接替样本、女-女 CEO 接替样本。结果显示：

(1) 在 3 534 条 CEO 接替数据中，男-女和女-男接替只有 171 和 165 条，而女-女接替更是只有 16 条，说明女性 CEO 数据很少。根据本研究的补充统计，2016 年我国 A 股上市公司女性 CEO 占比为 6.1%，为市场上女性 CEO 的数量缺位(Dezsö 和 Ross，2012)提供了证据。

(2) 男-男 CEO 接替的业绩改善 *IMROA* 均值为 0.004，男-女、女-男、女-女的 *IMROA* 均值都是负数，不同的分类间可能存在区别。

(3) 男-男 CEO 接替样本中的国企 *SOE* 的均值为 0.547，高于男-女的 0.415、女-男的 0.388 和女-女的 0.188，间接证明了女性 CEO 在国企中的比例低于非国企中的比例(Zhang，2012)。

(4) 男-男 CEO 接替样本中的女性董事占比 *FE_BOARD_RAT* 的均值为 0.111，低于男-女的 0.226、女-男的 0.216、女-女的 0.295，可能在女性董事比例高的企业中更容易出现女性 CEO，这一点与 Chattopadhyay 等(2004)的研究结论部分相符：女性领导的出现是企业内部等级制度中性别平等的反映，说明企业对女性高管的接受度高。

表 4－2　变量的描述性统计

变　量	全部样本	男-男 CEO 接替	男-女 CEO 接替	女-男 CEO 接替	女-女 CEO 接替
IMROA	0.002	0.004	−0.007	−0.015	−0.012
	(0.114)	(0.115)	(0.102)	(0.097)	(0.074)
SUC_DUAL	0.876	0.878	0.86	0.855	0.813
	(0.33)	(0.327)	(0.348)	(0.354)	(0.403)
SOE	0.531	0.547	0.415	0.388	0.188
	(0.499)	(0.498)	(0.494)	(0.489)	(0.403)

续　表

变　量	全部样本	男-男 CEO 接替	男-女 CEO 接替	女-男 CEO 接替	女-女 CEO 接替
PRE_ADROA	−0.016	−0.017	−0.02	−0.013	0.012
	(0.089)	(0.088)	(0.094)	(0.089)	(0.066)
FIRM_SIZE	21.752	21.746	21.459	21.611	21.562
	(1.363)	(1.433)	(1.26)	(1.246)	(0.951)
FIRM_AGE	2.544	2.542	2.594	2.626	2.675
	(0.414)	(0.423)	(0.435)	(0.428)	(0.314)
DA_RAT	0.542	0.542	0.54	0.547	0.546
	(0.336)	(0.337)	(0.343)	(0.317)	(0.239)
IND_DIRE	0.367	0.367	0.369	0.372	0.38
	(0.052)	(0.052)	(0.048)	(0.053)	(0.049)
FE_BOARD_RAT	0.122	0.111	0.226	0.216	0.295
	(0.121)	(0.115)	(0.116)	(0.132)	(0.12)
SUC_OWN	0.011	0.011	0.011	0.012	0
	(0.049)	(0.049)	(0.048)	(0.052)	(0)
SUC_AGE	46.083	46.214	44.193	45.764	43.688
	(6.381)	(6.359)	(6.198)	(6.501)	(8.122)
样本数	3 534	3 182	171	165	16

注：与变量名平行的数字是均值；括号内的数字是标准差。

（二）多分类倾向得分法结果说明

根据前述，本篇使用McCaffrey等(2013)设计的twang package运行GBM算法来估计倾向得分。如图4-2所示，经过3 000次迭代，函数内含的协变量均衡性指标Effect Size找到了最小值，均衡性已得到最优化。

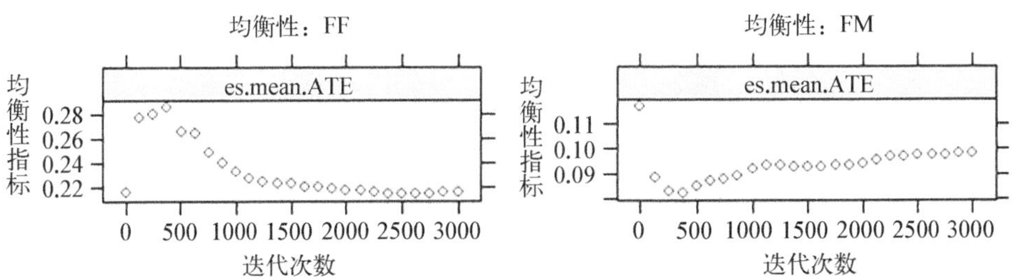

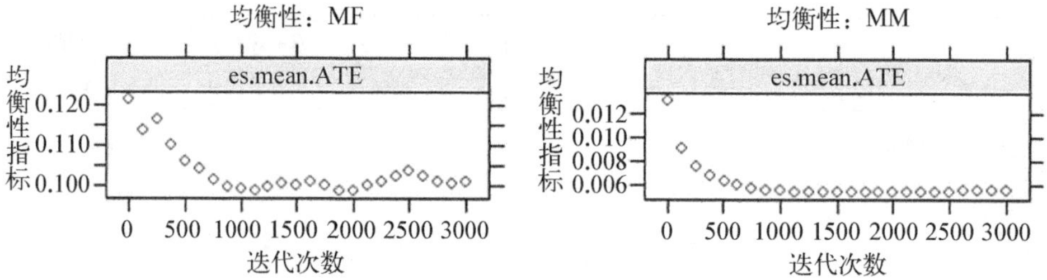

图 4-2 均衡性指标

倾向得分法的原始假设要求每一个样本均有概率进入不同的分类，因此对重叠性有所要求。图 4-3 的箱形图显示了四种分类的倾向得分分布，如图 4-3(a)，展示了四个分类中的样本进入男-男 CEO 接替分类的概率 $p(z)=p(D=1\mid Z)$ 的分布。虽然过于狭窄的箱体，如图 4-3(d)，并不一定说明协变量均衡性差，但通常来说箱体越宽阔越好(Burgette 等，2021)。从图 4-3 中可见，男-男 CEO 接替、男-女 CEO 接替、女-男 CEO 接替的重叠性均满足要求，但女-女 CEO 接替的重叠性不理想，这是因为女-女 CEO 接替在市场上罕见，样本数量太少导致，可能使本研究存在一定偏差。

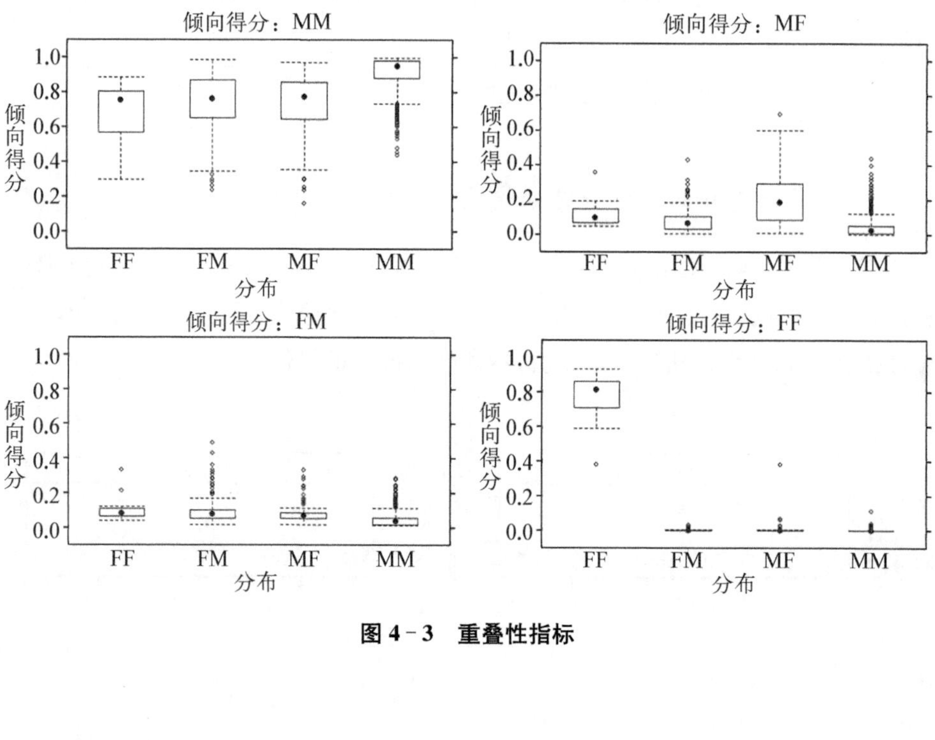

图 4-3 重叠性指标

（三）加权回归结果

使用多分类倾向得分计算 weight$=1/p(D=t(Z)\mid Z)$ 作为权重，进行面板数据 OLS 加权回归计算成对 ATE，结果如表 4－2、表 4－3 所示。如上述，$t=$1、2、3、4 分别代表男-男、男-女、女-男、女-女 CEO 接替，$ATE_{t,t'}=E(Y[t]-Y[t'])$，即选择 t 的平均效果与选择 t' 的平均效果之差。

表 4－3 的模型（Ⅰ）显示，$ATE_{2,1}=-0.019$，在 5%上显著，说明男-女 CEO 接替与男-男 CEO 接替相比损害了公司业绩；$ATE_{3,1}=-0.015$，在 5%上显著，说明女-男 CEO 接替与男-男 CEO 接替相比损害了公司业绩；$ATE_{4,1}=0.010$，且不显著，说明女-女 CEO 接替与男-男 CEO 接替对公司业绩的影响无显著区别。表 4－3 显示了除男-男 CEO 接替以外，其他三种组合的关系。$ATE_{2,3}=-0.004$，且不显著，说明男-女 CEO 接替与女-男 CEO 接替相比对公司业绩的影响无显著区别；$ATE_{2,4}=-0.028$，在 1%上显著，说明男-女 CEO 接替与女-女 CEO 接替相比损害了公司业绩；$ATE_{3,4}=-0.025$，在 1%上显著，说明女-男 CEO 接替与女-女 CEO 接替相比损害了公司业绩。综合上述成对 ATE 的结果，与男-男、女-女 CEO 接替相比，男-女、女-男 CEO 接替与公司业绩负相关；而男-女与女-男、男-男与女-女之间无显著区别；也即损害公司业绩的是异性 CEO 接替而不是女性 CEO 接替，因此假设 1 得以证明。

表 4－3　加权回归模型结果

	IMROA		
	（Ⅰ）	（Ⅱ）	（Ⅲ）
MF	−0.019**	−0.083**	−0.012
	(−2.31)	(−2.42)	(−1.34)
FM	−0.015**	−0.028	−0.031***
	(−2.45)	(−1.56)	(−3.26)
FF	0.010	0.008	0.007
	(1.23)	(1.00)	(0.96)
MF×SUC_DUAL		0.072**	
		(2.09)	
FM×SUC_DUAL		0.014	
		(0.76)	

续 表

	IMROA		
	（Ⅰ）	（Ⅱ）	（Ⅲ）
MF×SOE			−0.015
			(−0.93)
FM×SOE			0.035***
			(2.89)
PRE_ADROA	−0.763***	−0.761***	−0.764***
	(−11.46)	(−11.54)	(−11.69)
FIRM_SIZE	0.003	0.004	0.003
	(1.24)	(1.50)	(1.11)
FIRM_AGE	−0.015**	−0.016**	−0.016**
	(−2.09)	(−2.19)	(−2.17)
DA_RAT	−0.008	−0.007	−0.008
	(−0.52)	(−0.47)	(−0.56)
IND_DIRE	−0.006	−0.008	−0.009
	(−0.15)	(−0.19)	(−0.21)
FE_BOARD_RAT	−0.010	−0.006	−0.010
	(−0.56)	(−0.33)	(−0.57)
SOE	−0.003	−0.002	−0.010**
	(−0.41)	(−0.33)	(−2.27)
SUC_DUAL	0.009	−0.009	0.007
	(0.80)	(−1.38)	(0.69)
SUC_OWN	0.000	−0.004	−0.001
	(−0.01)	(−0.09)	(−0.03)
SUC_AGE	0.001*	0.001	0.001*
	(1.72)	(1.37)	(1.93)
ε	−0.052	−0.040	−0.040
	(−1.01)	(−0.77)	(−0.76)
YEAR	Control	Control	Control
INDUSTRY	Control	Control	Control
N	3 534	3 534	3 534
R−squared	0.384 4	0.390 4	0.392 9

注：括号内为 t 值，* $P<0.10$，** $P<0.05$，*** $P<0.01$，下同。

在表 4－3 的模型(Ⅱ)和(Ⅲ)中分别检验了 CEO 权力和国有企业的调节作用。模型(Ⅱ)的结果显示,CEO 权力对男-女 CEO 接替与公司业绩的关系的调节作用为削弱效果,在 5％上显著,也即女性继任者的权力越大,男-女 CEO 接替对公司业绩的负面影响越小;然而 CEO 权力对女-男 CEO 接替与公司业绩的关系的调节作用不显著,因此假设 2 得以证明。

表 4－3 的模型(Ⅲ)的结果显示,公司的国有性质对女-男 CEO 接替与公司业绩的关系的调节作用呈现为为削弱效果,在 1％上显著,也即与非国企相比,在国有企业中,女-男 CEO 接替对公司业绩的负面影响变小;然而国有性质对男-女 CEO 接替与公司业绩的关系的调节作用不显著,因此假设 3 得以证明。

表 4－4　男-女接替、女-男接替、女-女接替的关系

	$ATE_{2,3}(MF-FM)$	$ATE_{2,4}(MF-FF)$	$ATE_{3,4}(FM-FF)$
Coef	−0.004	−0.028***	−0.025***
t	(−0.38)	(−2.79)	(−2.59)

(四) 稳健性检验

为了检验结论的可靠性,本文对主效应进行了稳健性检验。被解释变量也即公司业绩的改善指标 *IMROA* 更改为 *IMPROVE_ROA*,参考 Zhang 和 Qu (2016)的做法,计算过程如下:

PRE_ROA 为 CEO 接替发生前 2 个半年的平均 *ROA*,*POST_ROA* 为 CEO 接替发生后两个半年的平均 *ROA*。假设 CEO 接替发生于 2012 年 8 月,则 $PRE\_ROA = ROA_{2011/12} + ROA_{2012/06}$,$POST\_ROA = ROA_{2013/06} + ROA_{2013/12}$。

$IMPROVE\_ROA = POST\_ROA\text{-}PRE\_ROA$。

在此基础上,同样使用 GBM 算法估计多分类资料的倾向得分,并使用混合 OLS 计算成对 ATE,模型如下:

$$\begin{aligned} IMPROVE\_ROA = {} & \alpha_0 + \alpha_1 MF + \alpha_2 FM + \alpha_3 FF + \alpha_4 PRE\_ROA \\ & + \alpha_5 FIRM\_SIZE + \alpha_6 FIRM\_AGE + \alpha_7 DA\_RAT \\ & + \alpha_8 IND\_DIRE + \alpha_9 FE\_BOARD\_RAT + \alpha_{10} SOE \\ & + \alpha_{11} SUC\_DUAL + \alpha_{12} SUC\_OWN + \alpha_{13} SUC\_AGE \\ & + \alpha_{14} YEAR + \alpha_{15} INDUSTRY + \varepsilon \end{aligned}$$

回归结果显示，$ATE_{2,1}=-0.010$，在5%上显著；$ATE_{3,1}=-0.008$，在10%上显著；$ATE_{4,1}=0.017$，且不显著。除男-男 CEO 接替以外，$ATE_{2,3}=-0.002$，且不显著；$ATE_{2,4}=-0.027$，在5%上显著；$ATE_{3,4}=-0.025$，在5%上显著。回归的系数列于附录一：稳健性检验结果的表5和表6。

上述成对 ATE 的结果与前面的分析结果没有什么差异：与男-男、女-女 CEO 接替相比，男-女、女-男 CEO 接替与公司业绩负相关；而男-女与女-男、男-男与女-女之间无显著区别；也即损害公司业绩的是异性 CEO 接替而不是女性 CEO 接替，说明之前的结果是稳健的。

五、研究的结论与展望

"玻璃天花板"被用来形容女性晋升至领导层时遇到的阻碍，随着制度与文化的进步，越来越多的女性成为了企业高层，本研究探索的是"玻璃天花板"被打破后发生的事。本篇将性别与 CEO 接替事件联系起来，综合相关理论和文献提出问题：女性 CEO 或者异性 CEO 接替是否会损害公司业绩？为回答该问题，本篇以2004—2015年中国A股上市公司数据为样本作实证研究。为了清晰地展示 CEO 接替的不同性别组合(男-男、男-女、女-男、女-女)的影响，本篇引入了多分类倾向得分法，主要得出以下结论：

第一，描述性统计发现，我国女性 CEO 数量偏少，我国A股上市公司女性 CEO 占比仅为6.1%，这也是全球范围内的普遍现象(Dezsö 和 Ross，2012)，男性依然在数量上占据着 CEO 的绝大多数。同时，女性 CEO 在国企中的比例低于非国企中的比例，这与 Zhang(2012)的研究结果相符。

第二，比较不同性别组合的成对 ATE 后发现，与男-男、女-女 CEO 接替相比，男-女、女-男 CEO 接替与公司业绩呈现负相关；而男-女与女-男、男-男与女-女之间无显著区别；也即损害公司业绩的是异性 CEO 接替而不是女性 CEO 接替。该结果表明：一方面，由于男性和女性的领导风格与偏好有所差异，异性 CEO 接替可能会显著地改变管理团队既有的模式，导致内部环境的突变；另一方面，根据社会认同理论(Tajfel 和 Turner，1986)，异性 CEO 会受到内群体的排斥，降低团队效率，从而损害公司业绩。

第三，研究调节作用发现，不同性别组合受到的调节作用不同。继任 CEO 的权力强则能削弱男-女 CEO 接替对公司业绩的负面影响，对女-男 CEO 接替与业绩的关联性并不显著。这说明比起男性，女性继任者更需要借助权力来对内部环境实施控制，提升 CEO 的威信和接受度，增强团队战略实施的效率。公司的国有性质能削弱女-男 CEO 接替对公司业绩的负面影响，对男-女 CEO 接替与业绩的关系不显著。这说明在国有企业，男-女 CEO 接替可能被感知为偏离正常的事件，而女-男 CEO 接替被认为回归正常的事件。

本研究对公司治理领域的贡献与意义体现在以下四个方面：

第一，本篇丰富了 CEO 接替领域的研究，将性别这一人口统计学特征与 CEO 接替事件相结合，该方向在国内文献中是新颖的。本篇通过研究 CEO 接替的性别与公司业绩的关系，明确了异性而非女性 CEO 接替损害公司业绩。

第二，本篇对女性高管的相关研究进行了补充，正如文献回顾中所述，以往研究大多只关注 CEO、高管、董事本身的性别，本研究将前任与继任者联系，从性别变化的角度，为女性领导的文献提供了新颖的视角。同时，市场上男性 CEO 占绝大多数(*Wall Street Journal*, 2014)，如果发生异性 CEO 接替，则大概率是女性继任者；基于本篇研究结果，为了避免内部环境的突变损害业绩，公司有拒绝选择异性继任者的动机，这是对市场上女性 CEO 数量缺位的补充解释。

第三，本篇发现了能削弱异性 CEO 接替对公司业绩造成负面影响的调节因素，从而具有现实的指导意义。对于男-女 CEO 接替，董事会和高管团队应该积极配合女性继任者，给予更多权力，使其更好地控制内部环境，减缓 CEO 接替带来的突变。在国有企业中，由于根深蒂固的影响，男性继任者能更好地完成 CEO 接替的过度。

第四，倾向得分方法通常只被使用于两分类资料，比如男性或女性，本篇引入了 McCaffrey 等(2013)设计的针对多分类资料的倾向得分方法，用 GBM 算法估计权重并计算成对 ATE，能很好地处理协变量的均衡性和研究的内生性。本篇借此应用于 CEO 接替的 4 种性别组合分类，为该方法的实践作出了拓展。

受各种条件限制，本篇的研究存在以下局限性，这些也是之后可以进一步研究的方向：

第一，在 CEO 接替的样本方面，受女性 CEO 数量偏少的影响，女-女 CEO 接替样本太少，导致倾向得分法的重叠性要求不够理想，带来一定偏差，这一点会降低研究结论的可信度。未来研究 CEO 接替的性别可以结合多个数据库的多个国家的样本，获得更多女性 CEO 数据，加强结论的普遍性。

第二，在选择公司业绩的计量指标时，本篇只使用了资产回报率(ROA)这一项财务指标。目前学术界在研究公司绩效时采用的指标可分为两类：一类是财务指标，比如股东权益回报率(ROE)、每股收益(EPS)等；另一类是价值指标，例如托宾 Q、经济增加值(EVA)等。为了使研究结论更可靠，可以同时采用财务类和价值类的多个指标进行分析。

第三，本篇作为实证研究，通过大样本的面板数据只能得出一个趋势，不能详细地解释在 CEO 接替的过程中，内部环境如何发生突变。作为对比，Ashcraft(1999)的研究采用案例分析的方法，详细地探究了 CEO 接替过程中的各种因素。未来该领域的研究可以参考 Dwivedi(2018)的设计，把大样本的定量研究和小样本的定性研究相结合，使研究结论更深入、更全面。

参考文献

[1] ADAMS R B, ALMEIDA H, FERREIRA D. Powerful CEOs and their impact on corporate performance[J]. Review of Financial Studies, 2005, 18(4): 1403-1432.

[2] ADAMS, RENéE B, FERREIRA D. Women in the boardroom and their impact on governance and performance [J]. Journal of Financial Economics, 2009, 94 (2): 291-309.

[3] ANNA D, MARTIN. CEO Gender: Effects on valuation and risk[J]. Quarterly Journal of Finance and Accounting, 2009, 48(3): 23-40.

[4] ASHCRAFT KAREN LEE. Managing maternity leave: A qualitative analysis of temporary executive succession[J]. Administrative Science Quarterly, 1999, 44(2): 240-280.

[5] BARGH J A. The cognitive monster: The case against the controllability of automatic stereotype effects[M]//S. Chaiken & Y. Trope (Eds.), *Dual-process theories in social psychology*. New York: Guilford Press, 1999: 361-382.

[6] BERNARDI R A, BOSCO S M, VERONICA L C. Does female representation on boards of directors associate with the 'Most Ethical Companies' list? [J]. Corporate Reputation Review, 2009, 12(3): 270-280.

[7] BRAD M BARBER, TERRANCE ODEAN. Boys will be boys: Gender, overconfidence, and common stock investment[J]. The Quarterly Journal of Economics, 2001, 116(1): 261-292.

[8] BURGETTE L, GRIFFIN B A, MCCAFFREY DAN, et al. Propensity scores for multiple treatments: A tutorial for the mnps function in the twang package[EB/OL]. (2021-10-20). http://ftp.osuosl.org/pub/cran/web/packages/twang/vignettes/mnps.pdf.

[9] BUYL T, BOONE C, HENDRIKS W, et al. Top management team functional diversity and firm performance: The moderating role of CEO characteristics [J]. Journal of Management Studies, 2011, 48(1): 151-177.

[10] CHATTOPADHYAY P, GEORGE T E. Identifying the Ingroup: A closer look at the

influence of demographic dissimilarity on employee social identity[J]. The Academy of Management Review, 2004, 29(2): 180-202.

[11] DAVID J, DENIS, DIANE K. et al. Performance changes following top management dismissals[J]. The Journal of Finance, 1995, 50(4): 1029-1057.

[12] DEZSÖ C L, ROSS D G. Does female representation in top management improve firm performance? A panel data investigation[J]. Strategic Management Journal, 2012, 33(9): 1072-1089.

[13] DONALD HAMBRICK, PHYLLIS A MASON. Upper echelons: the organization as a reflection of its top managers[J]. The Academy of Management Review, 1984, 9(2): 193-206.

[14] DWIVEDI PRIYANKA, JOSHI APARNA, MISANGYI VILMOS F. Gender-inclusive Gatekeeping: How (mostly male) predecessors influence the success of female CEOs[J]. Academy of Management Journal, 2018, 61(2) : 379-404.

[15] EAGLY A H, KARAU S J, JOHNSON B T. Gender and leadership style: A meta-analysis.[J]. Psychological Bulletin, 1990, 108(2): 233-256.

[16] EAGLY ALICE H, KARAU STEVEN J. Role congruity theory of prejudice toward female leaders[J]. Psychological Review, 2002, 109(3): 573-598.

[17] EAGLY A H, JOHANNESEN-SCHMIDT M C, ENGEN MLV. Transformational, transactional, and laissez-faire leadership styles: A meta-analysis comparing women and men[J]. Psychological bulletin, 2003, 129(4): 569-591.

[18] FAVARO K, KARLSSON P O, NEILSON A . CEO succession 2011: The new CEO's first year[N]. Strategy-Business, a PWC Publication, 2012-5-24.

[19] FACCIO M, MARCHICA M T, MURA R. CEO gender, corporate risk-taking, and the efficiency of capital allocation[J]. Journal of Corporate Finance, 2016(39): 193-209.

[20] FINKELSTEIN S. Power in top management teams: dimensions, measurement, and validation[J]. Academy of Management Journal, 1992, 35(3): 505-538.

[21] FINKELSTEIN S, HAMBRICK D. Strategic leadership: top executives and their effects on organizations[M]. St. Paul, Minneapolis: West Publishing Company, 1996.

[22] GRUSKY O. Reply to scapegoating in baseball.[J]. American Journal of Sociology, 1964(70): 72-76.

[23] HASLAM S A, RYAN M K, KULICH C, et al. Investing with Prejudice: the Relationship Between Women's Presence on Company Boards and Objective and Subjective Measures of Company Performance[J]. British Journal of Management, 2010, 21(2): 484-497.

[24] HEATHER R, DIXON-FOWLER, ALAN E ELLSTRAND, et al. Strength in numbers or guilt by association? Intragroup effects of female chief executive announcements[J]. Strategic Management Journal, 2013, 34(12): 1488-1501.

[25] HUANG J, DARREN J KISGEN. Gender and corporate finance: are male executives overconfident relative to female executives? [J]. Journal of Financial Economics, 2013,

108(3)：822－839.

[26] KIRSCH A. The gender composition of corporate boards：A review and research agenda [J]. The Leadership Quarterly，2018，29(2)：346－364.

[27] LEE P M，JAMES E H. SHE'-E-OS：gender effects and investor reactions to the announcements of top executive appointments[J]. Strategic Management Journal，2007，28(3)：227－241.

[28] LEVI M，LI K，ZHANG F . Director gender and mergers and acquisitions[J]. Journal of Corporate Finance，2014(1) ：185－200.

[29] MARKUS FITZA. The use of variance decomposition in the investigation of CEO effects：How large must the CEO effect be to rule out chance? [J]. Strategic Management Journal，2014，35(12)：1839－1852.

[30] MCCAFFREY D F，RIDGEWAY G，MORRAL A R. Propensity score estimation with boosted regression for evaluating causal effects in observational studies. [J]. Psychological methods，2004，9(4)：403－425.

[31] MCCAFFREY DF，GRIFFIN B A，ALMIRALL D，et al. A tutorial on propensity score estimation for multiple treatments using generalized boosted models[J]. Statistics in Medicine，2013，32(19)：3388－3414.

[32] MICHAEL B，LENAHAN O'，JON M. Gender differences in proclivity for unethical behavior[J]. Journal of Business Ethics，1989，8(5)：321－324.

[33] MIKKO H MANNER. The impact of CEO characteristics on corporate social performance[J]. Journal of Business Ethics，2010(93)：53－72.

[34] NURIA REGUERA-ALVARADO，PILAR DE FUENTES，JOAQUINA LAFFARGA. Does board gender diversity influence financial performance? Evidence from Spain[J]. Journal of Business Ethics，2017，141(2)：337－350.

[35] OLIVER A G，KRAUSE R，BUSENBARK J R，et al. BS in the boardroom：Benevolent sexism and board chair orientations[J]. Strategic Management Journal，2018，39(1)：113－130.

[36] PARAST L，MCCAFFREY D F，BURGETTE L F，et al. Optimizing variance-bias trade-off in the TWANG package for estimation of propensity scores[J]. Health Serv Outcomes Res Methodol. 2016，17(3/4)：175－197.

[37] POST CORINNE，BYRON KRIS. Women on boards and firm financial performance：A meta-analysis[J]. Academy of management journal，2015，58(5)：1546－1571.

[38] POWELL M，ANSIC D. Gender differences in risk behaviour in financial decision-making：An experimental analysis[J]. Journal of Economic Psychology，1997，18(6)：605－628.

[39] SUBAŠIĆ E，REYNOLDS K J，TURNER J C，et al. Leadership，power and the use of surveillance：implications of shared social identity for leaders' capacity to influence[J]. The Leadership Quarterly，2011(22)：170－181.

[40] TAJFEL H，TURNER J C. The social identity theory of intergroup behavior[J].

psychology of intergroup relations, 1986, 13(3): 7 - 24.

[41] WANG J C, MARKÓCZY LÍVIA, SUN S L, et al. SHE'-E-O compensation gap: A role congruity view[J]. Journal of Business Ethics, 2019, 159(3): 745 - 760.

[42] WILLIAM A GAMSON, NORMAN A SCOTCH. Scapegoating in baseball[J]. American Journal of Sociology 1964, 70(1): 69 - 72.

[43] YAN ZHANG, NANDINI RAJAGOPALAN. When the known devil is better than an unknown God: An empirical study of the antecedents and consequences of relay CEO successions[J]. The Academy of Management Journal, 2004, 47(4): 483 - 500.

[44] ZHANG Y. Lessons for executive women from Chinese boardrooms[N]. New York: Forbes, 2012.

[45] ZHANG YAN, QU HONGYAN. The impact of CEO succession with gender change on firm performance and successor early departure: Evidence from China's publicly listed companies in 1997 - 2010[J]. Academy of Management Journal, 2016, 59(5): 1845 - 1868.

[46] ZHU D H, WEI S, HILLMAN A J. Recategorization into the In-group: The appointment of demographically different new directors and their subsequent positions on corporate boards[J]. Administrative Science Quarterly, 2014, 59(2): 240 - 270.

[47] 陈金龙,肖玲.女性高管、过度投资与企业价值的关系研究[J].南京审计学院学报,2015,12(5): 77 - 85.

[48] 陈仕华,卢昌崇,姜广省,等.国企高管政治晋升对企业并购行为的影响——基于企业成长压力理论的实证研究[J].管理世界,2015(9): 125 - 136.

[49] 程雁蓉.CEO 继任者特征对企业绩效的影响研究[D].安徽大学,2016.

[50] 淦未宇,徐细雄,林丁健.高管性别、权力结构与企业反伦理行为——基于上市公司违规操作 PSM 配对样本的实证检验[J].外国经济与管理,2015,37(10): 18 - 31.

[51] 高明华.选好 CEO 是国企混改的活力源[N]. 经济参考报,2015 - 10 - 12(008).

[52] 韩立岩,李慧.CEO 权力与财务危机——中国上市公司的经验证据[J].金融研究,2009(1): 179 - 193.

[53] 黄荷暑,周泽将.女性高管、信任环境与企业社会责任信息披露——基于自愿披露社会责任报告 A 股上市公司的经验证据[J].审计与经济研究,2015,30(4): 30 - 39.

[54] 况学文,彭迪云,林妮.女性董事改善了公司财务绩效吗?——基于我国上市公司的经验证据[J].江西社会科学,2012,32(4): 218 - 223.

[55] 李江雁. 女性参与公司治理如何影响公司绩效?——论公司性别歧视和市场化程度的调节作用[C]//中国管理现代化研究会,复旦管理学奖励基金会.第九届(2014)中国管理学年会——会计与财务分会场论文集.中国管理现代化研究会,2014: 18.

[56] 李培功,肖珉.CEO 任期与企业资本投资[J].金融研究,2012(2): 127 - 141.

[57] 李维安,徐业坤.政治身份的避税效应[J].金融研究,2013(3): 114 - 129.

[58] 李文涛,丁冬.CEO 继任、战略变革与动机——基于沪深两市 2007 - 2013 年公司数据的实证检验[J].会计论坛,2016,15(2): 93 - 111.

[59] 李小荣,刘行. CEO vs CFO: 性别与股价崩盘风险[J].世界经济,2012,35(12):

102－129.
[60] 李颖，侯淑华，吴函雷.文化创意产业上市公司女性高管对企业绩效的影响[J].财经科学，2016(10)：91－99.
[61] 王明杰，朱如意.上市公司女性董事对公司绩效影响研究[J].统计与决策，2010(5)：145－148.
[62] 王清，周泽将.女性高管与 R&D 投入：中国的经验证据[J].管理世界，2015(3)：178－179.
[63] 熊婷，程博，潘飞.CEO 权力、产品市场竞争与公司研发投入[J].山西财经大学学报，2016，38(5)：56－68.
[64] 闫永海.董事会性别多元化与企业财务业绩——基于中小板上市公司的经验证据[J].会计之友，2014(18)：33－37.
[65] 杨瑞龙，王元，聂辉华."准官员"的晋升机制：来自中国央企的证据[J].管理世界，2013(3)：23－33.
[66] 张涛，洪敏.女性高管、风险承担与资本配置效率——基于中国上市公司的经验证据[J].劳动经济研究，2018，6(2)：53－69.
[67] 周泽将，刘中燕，胡瑞.CEO vs CFO：女性高管能否抑制财务舞弊行为[J].上海财经大学学报，2016，18(1)：50－63.
[68] 祝继高，叶康涛，严冬.女性董事的风险规避与企业投资行为研究——基于金融危机的视角[J].财贸经济，2012(4)：50－58.
[69] 朱文莉，邓蕾.女性高管真的可以促进企业社会责任履行吗？——基于中国 A 股上市公司的经验证据[J].中国经济问题，2017(4)：119－135.

附录　稳健性检验结果

表 1　稳健性：主效应结果

	IMPROVE_ROA	
	Coef	*t*
MF	−0.010**	−2.13
FM	−0.008*	−1.90
FF	0.017	1.45
PRE_ROA	−0.470***	−9.00
FIRM_SIZE	0.001	0.79
FIRM_AGE	−0.003	−0.84
DA_RAT	−0.010	−0.88
IND_DIRE	−0.037	−1.50
FE_BOARD_RAT	0.001	0.04
SOE	−0.009***	−2.78
SUC_DUAL	0.012*	1.81
SUC_OWN	−0.009	−0.34
SUC_AGE	0.001***	2.85
ε	−0.031	−0.89
YEAR	*Control*	
INDUSTRY	*Control*	
N	3 534	
R-squared	0.2637	

注：* $p<0.10$，** $p<0.05$，*** $p<0.01$，下同。

表 2　稳健性：男-女接替、女-男接替、女-女接替关系

	$ATE_{2,3}(MF-FM)$	$ATE_{2,4}(MF-FF)$	$ATE_{3,4}(FM-FF)$
Coef	−0.002	−0.027**	−0.025**
t	−0.34	−2.17	−2.06

第五篇

“新常态”经济环境对民营企业创新投资模式的影响研究

——政治关联的调节作用

施　展

一、绪论

（一）研究背景

进入“十二五”时期后，“新常态”一词越来越多地出现在衡量我国目前经济形势的表述中，我国的经济增速由高速增长转为中高速增长，在此时期表现出低增长、不平衡、多风险的形势特征，包括地缘政治因素在内的非经济要素的影响作用上升。“新常态”时期与传统意义上的经济衰退期有所不同，是我国国情下的特殊转型时期。在这一时期内，GDP 增速明显降低，但 GDP 总量依旧保持较高速的增长，同时宏观经济周期变化，政府政策相应调整，市场中企业间竞争激烈，使得我国民营企业发展面临的外部环境更为复杂。企业面临着“新常态”时期宏观经济环境景气程度下滑的现状，纷繁复杂的形势势必带来企业决策的调整。在“新常态”的宏观经济形势下，我国的发展动力面临着由传统要素驱动向创新驱动的转变，大力开展技术创新成为此阶段下我国经济发展的重中之重。因此，我国经济进入新时期后，国家提出“创新驱动发展战略”，推出了多项政策鼓励企业创新活动的开展，为民营企业创新活动营造了浓厚的创新氛围，提供了更多机会和便利，在一定程度上激发了民营企业的创新决策，为技术创新提供了较强的源动力。

权变理论认为，作为企业微观架构的重要外生变量，宏观经济环境对企业的投资行为具有不可忽视的作用。在经济新常态阶段，创新驱动经济发展的模式已改变和替代传统的投资为主导的经济发展模式，创新已成为新常态时期我国经济发展的主要动力。其中，民营企业是经济发展的重要依托，能否实现民营企业创新能力的增长将直接关系到国家创新动力的提升。同时，民营企业作为国家创新战略的主力军，与国有企业比有一定的“先天不足”，民营企业对外部风险的感知更为敏感，使其创新活动更易受到经济环境变化的影响。

另一方面，目前学术界对外部环境对微观企业行为联动关系的研究主要基于宏观环境对企业投资决策及投资效率的影响的视角展开（Beaudry 等，2001；Korajczyk 和 Levy，2003；Artikis 等，2009；申慧慧等，2012），很少关注到企业创新投资决策会因为外部环境的变化受到怎样的影响。仅有的部分成果主要以经济周期的不同阶段作为研究对象，分别基于现金流效应和机会成本效应的视角，对宏观经济环境对创新投入的关系问题进行了研究。周期理论及风险理论认为，企业的研发创新是顺周期的，经济回落期加深了环境不确定性对创新的抑制作用，民营企业会更多地选择将现金流保留在企业内部；但基于机会成本理论的研究认为，经济萧条期进行研发活动的投入成本大大降低，民营企业创新投入的动机反而会更强。目前关于经济环境对创新投资的影响问题尚未得到一致的答案。因此，本篇深入探究在我国当前这一特殊经济背景时期，"新常态"经济环境因素对民营企业的创新投入决策的影响关系有着非常重要的理论与现实意义。

近年来，我国技术创新战略已取得了非常显著的成果。国家统计局发布的2016年中国创新指数测算结果表明，2016年中国创新指数为181.2，较2015年年提高5.7个百分点，已连续五年实现稳步上升；2016年我国科研经费投入为15676.7亿元，较2015年提高10.6个百分点，再次呈现10%以上的增速。技术创新越来越成为新常态下政府规划管理与企业发展的重中之重。虽然创新战略成果的逐步显现，但创新模式特别是突破式创新模式仍然不足。据2015年企业家调查系统发布的报告(2015)显示，以突破式创新模式为主的企业约占8.3%，而采取渐进式创新模式为主的企业占28.6%，整整高出20%左右。突破式创新作为一种强调新产品、新市场和新的技术轨道的创新类型，能够帮助企业突破既有产品生产路线、获取长期竞争优势、从容应对动荡的外部环境(He和Wong，2004；Benner和Tushman，2003)。当前中国企业发展面临重要的转型和发展机遇，只有适时转变企业创新投资模式，推动突破式创新的发展，才是打开困难局面的关键所在。

目前，民营企业选择突破式创新模式的动机较弱，突破式创新能力普遍偏低，导致我国企业在许多高科技领域仍然受制于人，仅通过摹仿和技术转移等手段获取技术并需花费大量的技术转移成本，即使如此也无法维持企业的可持续发展。因此，日趋严峻的市场竞争环境要求民营企业提高对创新模式的认识并作出合理的决策，解决创新面临的瓶颈，赢取发展机遇。在企业的决策过程中，相比于渐进式创新而言，突破式创新除了存在高风险、高投入和高难度性，它对创新主体的限制最多、要求最高，这使得民营企业开展突破式创新会面临较大的风险，受到的制约也更多。学术界也对影响企业创新投资模式的因素进行了观测和分析。研究发现，企业规模和成熟度、组织学习能力、公司治理结构等内部因素，市场竞争强度、环境动荡性等外部因素均会对企业选择突破式创新的意愿产生影响（Danneels，2004；徐蕾等，2013；刘华芳和杨建君，2013；陈锟和于建原，2009）。但可以看出，现有的研究多为放眼企业内部因素，对宏观经济环境等影响因素的探究尚不多见。因此，在“新常态”时期，经济环境变化是否会对企业创新模式选择产生影响？

进一步说，如果民营企业的创新模式选择的确会受到经济新常态的影响，那么是否能够有一种手段能够弥补或缓解这种制约呢？我国正处于制度和规范并不完全健全或有效的转型阶段，在一定时期内还将继续面临制度缺位与制度冲突带来的问题，而政治关联通常可视为正式制度的补充，在民营企业的经营活动充当了重要角色。民营企业寻求政治关联能够为其增强资本获得能力，缓解融资约束，改善企业的经营状况。对创新而言，创新资源是决定企业顺利开展创新活动的基础因素。政治关联的存在能够帮助民营企业获取创新所需要的资金、人力及政策优势等关键资源，保护民营企业的创新活动收益不受到侵害，降低突破式创新面临的风险，从而调节“新常态”经济环境与突破式创新的关系，以增强民营企业的突破式创新动力。本篇认为，在目前行政化治理与经济型化治理共存的环境阶段下，将政治关联纳入民营企业创新投入模式的分析框架，更符合我国民营企业外部环境的客观实践。探究政治关联对渐进式创新和突破式创新的不同影响效果，对洞悉民营企业政治关联对技术创新模式的影响带来新的思路。

（二）研究意义

相对于已有文献，本篇的主要研究意义如下。

1. 理论意义

第一，本篇丰富了传统的经济周期理论对于企业技术创新影响作用的研究领域，并深入地观测了创新投入的不同模式在经济环境变化下的异质结果，对于已有研究对该问题得出不同结论的原因给出了新的观点。

第二，基于我国目前特殊的“新常态”经济环境背景，将经济新常态作为外部环境因素与民营企业的创新投资问题相结合，把经济新常态用具象化、参数化的方式表现，是对我国制度背景下民营企业产生的特殊问题进行的一次有益探究。

第三，已有对创新投资的研究主要基于投资规模和效率上，本篇将深入剖析创新投入的异质性问题，具体分析了企业突破式创新和渐进式创新的不同影响效果，扩充了创新投资的研究路径，细化民营企业创新投资的研究范畴。

第四，将宏观经济环境与创新投入关系模型与民营企业政治关联有机结合，本篇以研发异质性为切入点，详细探讨了民营企业的政治关联在环境-创新模型中的调节作用，丰富了政治关联的相关理论研究。

第五，本篇利用心理学的调节焦点理论解释了民营企业创新动力问题，通过对经济新常态影响力的具象刻画，突破性地从调节焦点层面构建了一个外部环境对民营企业内部创新投入的影响机制模型，为分析民营企业的创新决策过程拓宽了研究视角。

2. 现实意义

本篇分析了民营企业创新投入的两种模式及影响创新决策的外部环境因素，提供了民营企业创新投入决策的典型案例，对新常态经济下的民营企业行为进行了解释与探究。本篇综合分析了政治关联在"新常态"经济环境与创新影响关系中的角色，对企业寻求政治关联的现象能够有更深刻、更全面的认识和了解，从而洞悉民营企业政治关联影响其创新投入的内在规律，理解其决策的传导路径。本篇研究有利于深化对民营企业创新投资领域的研究层次，便于民营企业更清楚地认识当前阶段的宏观经济背景及政治背景，制定相应策略以积极发挥其正向作用，并谨慎规避其负向作用，促进企业创新能力和突破式创新动力的提升。另外，本篇对于有关某些政府或官员对民营企业的侵权行为有一定警示作用，相应监管部门应对其加以干预制约，使我国民营企业能够在平等健康的环境下突破创新瓶颈，提升整体的创新动力，为新常态下中国经济的稳步发展提供支持。

（三）技术路线

如图 5 - 1 所示。

（四）论文框架和内容安排

第 1 章：绪论。本章主要介绍本篇的背景和意义，在此基础上阐明了本篇的研究目的、研究内容及研究方法，作为文章的起点。

第 2 章：文献与理论基础综述。本章重点对我国当前特殊的"新常态"经济环境背景进行阐述，总结当前研究领域现状；介绍民营企业研发创新的本质与内在约束，阐述渐进式创新及突破式创新的含义、特征与差异等，并主要对国内外创新投资模式问题的研究成果进行回顾及文献综述；对政治关联的现状和现有研究成果进行综述，阐述政治关联对创新投入的作用机制。相关理论基础综述部分主要列明研究主要涉及的相关理论。对风险理论、机会成本理论、资源基础观理论及调节定向理论的主要内容和研究方向进行概述。

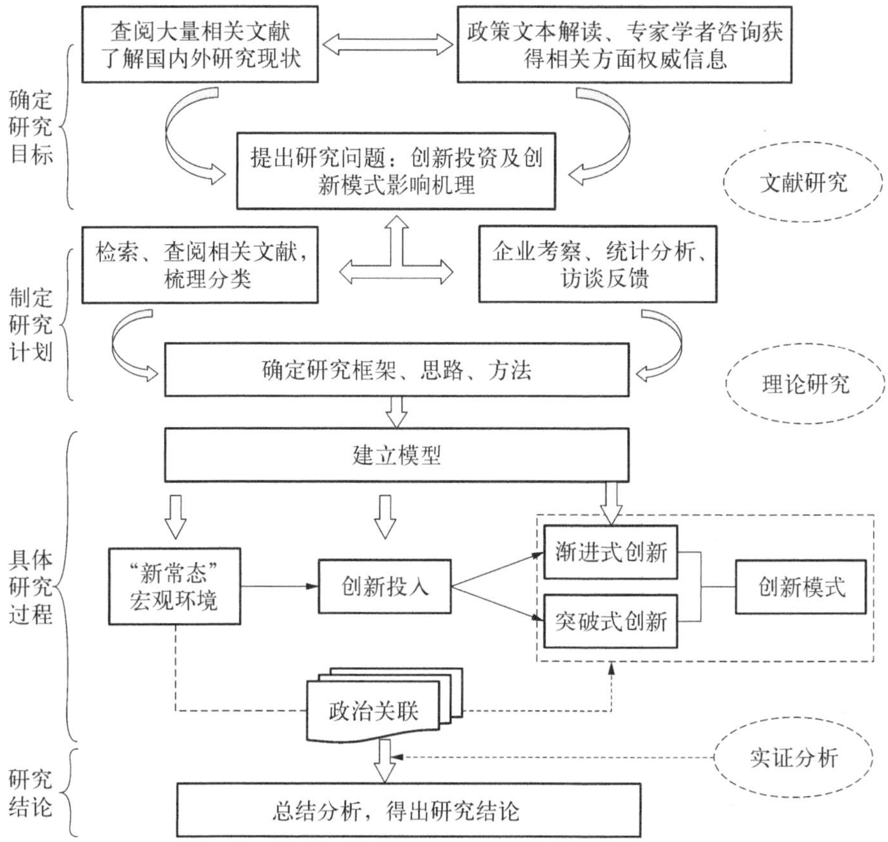

图 5-1 本篇技术路线

第 3 章：研究假设。本章基于研究结论及现实分析，针对当前宏观环境背景，提出经济新常态与民营企业创新投资及创新模式关系的假设。更深入地，纳入政治关联变量作为调节创新投资与经济新常态的主要因素，对政治关联在经济新常态与渐进式创新及突破式创新的影响效果进行进一步推断。

第 4 章：研究设计。介绍研究变量的设计与测量、建立宏观数据的指标体系、介绍数据来源及区分方法、调查样本的选择等，并对数据进行预处理，进行描述统计分析，为实证分析做数据准备。

第 5 章：实证检验与分析。本章主要实证考察“新常态”经济环境对民营企业创新投入及创新模式的影响，纳入政治关联作为调节变量，进一步考察渐进式创新和突破式创新的影响效果，探究经济新常态对企业创新投资和创新模式的关系模型。

第6章：研究结论与启示。本章对实证分析的成果进行总结并得出结论，并利用理论对研究结论进行解释，针对研究结论提出现实启示，说明本篇研究存在的不足及未来研究展望。

二、文献与理论基础综述

（一）文献综述

1.“新常态”经济环境

美国太平洋基金管理公司总裁 Elian 于 2008 年首次提出了“新常态”(the new normal)的说法，他将 2008 年国际金融危机之后世界经济可能出现的长期局面称之为“新常态”(金碚，2015)。2014 年 5 月，习近平总书记在河南考察时第一次使用“新常态”一词，提出当前形势下的经济发展要以我国新常态宏观环境的阶段性特征为前提，此后中央会议及报告中频繁使用“新常态”来描述我国当前及未来较长时期面临的经济形势。在 2014 年 11 月举行的亚太经合组织工商领导人峰会上，习近平总书记系统地论述了当前中国经济发展与过去三十年的差异点，并指出中国经济的新常态表现出了“从高速增长转为中高速增长”“经济结构不断优化升级”“从要素驱动、投资驱动转向创新驱动”的三个主要特征。

“三期叠加”的阶段背景使得社会生产成本增加、技术转变加快、投资收益率降低，出口导向型增长无法继续适用于当前形势，资源限制和环境约束推动经济发展向绿色低碳循环方式转变，中国经济由此进入“新常态”时期。因此，积极主动的把握创新驱动发展以适应经济新常态无疑成为当前民营企业与政府关注和讨论的焦点。

“新常态”作为我国特殊的宏观经济发展时期，有着与以往经济周期不同的特征，而科技创新又是此时期中最为关键的驱动因素。在新常态背景下，民营企业的创新投资会呈现出怎样的变动？这是本篇关注的焦点。

2. 民营企业创新

“新常态”环境下，党中央提出的“创新驱动发展”战略是经济社会发展战略的关键核心。党的十八大明确了科技创新在国家发展战略中的核心位置，是提高社会生产力、支撑综合国力的重要举措，党的十九大报告也明确指出，“加快建设创新型国家”是建设现代化经济体系的六大任务中尤其重要的一环，坚持推进创新、协调、绿色、开放、共享的新时代发展观，坚持创新驱动发展战略。对于民营企业而言，扩大创新规模、提高创新能力也成为了这一阶段战略选择的重中之重。

在近几年国家的大力推进和号召下，我国的创新表现已有了明显的提高。2017年12月，国家统计局发布的2016年中国创新指数测算结果表明，2016年度我国创新指数升至181.2，较2015年上升5.7个百分点，我国创新效果逐年提升。创新环境、创新投入、创新产出和创新绩效四个创新分领域均有显著的提高。由图5-2可见，近几年我国企业的创新成效进一步显现，充分说明了我国实施创新驱动发展战略推动“大众创业、万众创新”取得明显成绩，在创新能力和创新质量上取得显著进步，以创新为主导的体系持续推进，进一步践行了创新型国家战略。在创新投入方面，研发力度进一步加大，2016年我国共计投入研发创新经费约15 676.7亿元，大幅提高10.6%。创新投入强度方面，2016年研发创新经费投入占当年GDP的2.11%，企业研发强度保持逐年上升趋势。我国正在逐渐缩小与发达国家的差距，研发投入强度已跃居世界前列。

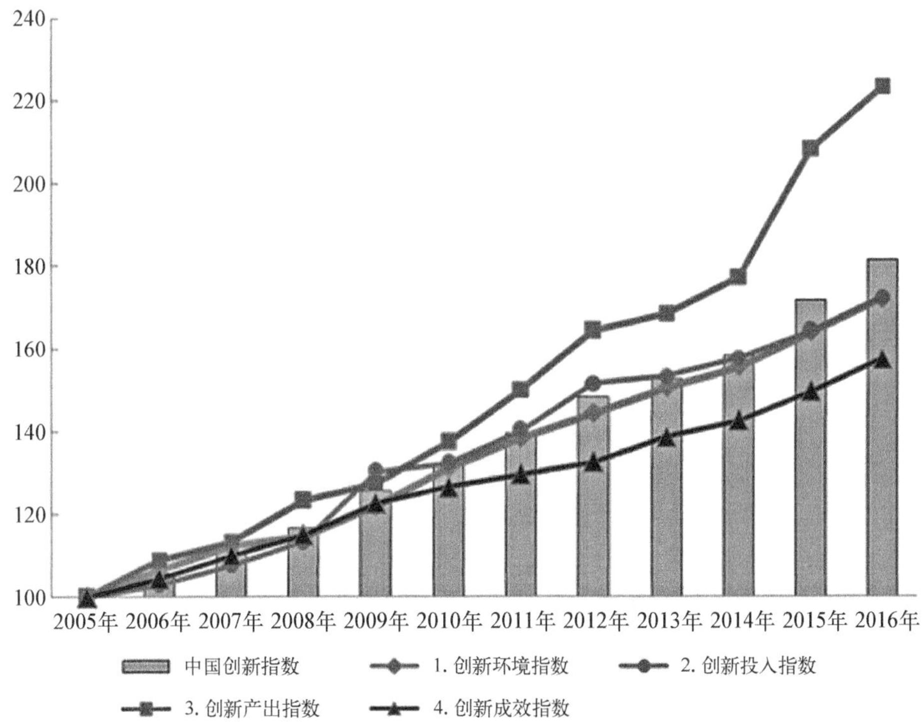

图5-2 2005—2016年中国创新指数及分领域指数[①]

① 图表数据来源：国家统计局。

随着我国经济体制改革战略的进一步落实，民营经济体在增加财政收入、扩大就业和促进经济增长等方面承担了举足轻重的角色（于海云等，2013），是激发我国各地区经济增长新活力的核心主体，对国民经济创新能力的提升至关重要。伴随着宏观经济发展进入“新常态”时期，我国民营企业社会地位尤其突出，是我国实现稳经济、保增长的中心力量。2016 年，民营企业 500 强企业的纳税总额较上年涨幅达到 24.53%，共计 7 995.75 亿元，创历史新高。其中，华为、万科、恒大地产、大连万达和吉利控股五家民营企业纳税额均已超过 200 亿元。2016 年，我国民营企业 500 强共计员工 888.17 万名，解决了全国 1.14%的就业人口，较上年同比提高 7.40 个百分点[①]。同时，民营企业在国家发展战略布局中扮演着中流砥柱的角色。根据工商联 2016 年民营企业 500 强的调查显示，500 强企业中共有 384 家企业参与了各类国家发展战略，占比达 76.80%。民营企业税收贡献逐年增强，就业拉动作用进一步凸显，民营经济已经成为创造新增就业岗位的主力军，为国家供给侧结构改革创造了良好的坏境，有力地支撑了我国经济稳中向好的态势，同时为国家的各类发展战略的实施起到了良好的示范带头作用。

大力开展技术创新已成为民营企业在“新常态”环境下，应对市场竞争的加剧、经济环境不确定性因素增加、知识经济快速发展的复杂形势的必然选择。2006 年起，党中央和国务院将增强我国自主创新能力和建设创新型国家作为重大国家战略，民营企业作为创新活动的核心主体，其创新能力直接关系到国家创新能力的突破。近年来，民营企业的创新贡献进一步扩大，根据民营企业 500 强的调查显示，2016 年 500 强企业中研发人员超过 3%的企业数量占 62.60%；500 强企业中约有八成的企业通过自主开发和研究的技术形成其核心竞争力；全年共申请国内专利总数 181 800 项，较 2015 年提高 17.05%，申请国际专利总数为 26 960 项，同比增加 3.23%。然而，从整体上来看，作为创新活动的重要主体的民营企业，相较于国有企业而言依然面临着先天性的不足。在中国情景下，国有企业的研发投入可看作国家支出，企业实力雄厚（廖开容和陈爽英，2011）。在研发风险上，较民营企业而言国企也有更强的抵抗能力。在创新资源的获取上，国有企业的资金获取能力更强，民营企业仍面临着一定程度的信贷歧视问题（Brandt 和 Li，2003；Gordon 和 Li，2003）。同时，国有企业进入高壁垒行业也相对容易，创新战略选择也更为广泛。可以看到，民营企业进行创新活动依然面

① 全国工商联经济部：《2017 中国民营企业 500 强调研分析报告》，http：//www.acfic.org.cn/zt/17/my5bq/bg/bg.html.

临着许多制约和瓶颈,既是机遇又是挑战。因此,本文专门以民营企业作为研究主体,考察了其创新现状和现实困境。

综合看来,近几年我国企业创新水平出现了显著的提高和飞越,企业家的创新意识明显提高,对创新活动的重视程度进一步增强,创新投资规模显著增大。但在高速发展的背后,民营企业的创新活动依然存在部分尚待完善和解决的问题,例如部分行业存在研发投入增长快而创新人才匮乏的现象;不同地区、规模、经济类型的企业间创新存在显著的分化态势,差距进一步拉大。特别是,民营企业的创新模式主要为渐进式创新投入,突破式创新投入相对较少,企业进行突破式创新的动力不足,这一现象尤其需要引起注意。

3."新常态"经济环境与企业创新

中国企业家调查系统公布了 2015 年中国企业家成长与发展专题调查报告,文章通过 2008—2014 年的调查了解了影响企业创新的因素,结果显示企业家对"新常态"经济环境的感知和判断对影响企业未来阶段的创新意愿,企业家会对经济体制、法律体制、政策体制、社会舆论、文化环境和市场环境进行综合判断,企业家对宏观环境感知越理想,那么未来阶段企业进行创新投入、引进人才和更新设备等创新活动的可能性就越高,说明了企业家对宏观环境的评价与企业未来的创新意愿之间存在正相关的关系。

传统的战略理论将宏观经济环境看成是一种静态的东西,认为企业应该通过市场定位差异化和资源基础优势应对其带来的威胁(Brown 和 Eisenhardt,1997),但是权变理论认为企业决策应与外界环境有机结合在一起,当宏观经济环境发生变化时,企业应当积极地调整内部经营活动,特别是创新活动。宏观经济进入"新常态"阶段,我国民营企业的创新行为也将发生联动式的转变。宏观经济环境是微观企业创新决策的先行指标,民营企业的创新投入决策依赖特定的环境背景,而经济周期、货币政策、信贷政策、汇率政策等因素通过影响经济前景预期、投资风险、资金来源与水平、融资约束等,最终影响着微观企业的创新投入水平。

目前学术界已有很多学者对技术创新对于经济周期形成、变动的作用机制等问题进行了研究。约瑟夫·熊彼特(1964)在 20 世纪初期首次提出了创新周期理论,在该理论中揭示了创新的波动与经济增长波动的关系,认为创新是引起经济增长是重要原因;Groot 和 Franses(2009)同样发现基础创新是经济增长的主要动力之一,他们观测了创新的循环周期并发现这些不同长度的创新周期与经济周期存在显著相关;Aloi 和 Lasselle(2007)表明稳定的科技创新周期能够显著促进区域经济的增长;Therrien 等(2011)发现科技创新的周期性波动会影响一个国家产业的发展,伴随着一种全新的技术开发成功,新一轮的创新周期也自此开始;Peris 等(2014)认为国家经济实力增强,使得可供于生产活动的资源增加,从而促进了创新投资活动,进而推动了新一轮的科技创新周期。由此看出,大部分研究均验证了科技创新周期会引起经济增长周期的形成,这也与我国目前提出的"创新驱动发展"政策方向是一致的。

但反之,宏观经济环境对科技创新的影响关系则存在一定分歧,使得这命题题成为当前领域内亟待解决的讨论热点。国外学者侧重区分了宏观经济的不同周期阶段,通过对中观层面的产业和微观层面的企业数据为切入点,详细探究了该问题。Funk(2006)的研究得出了在经济衰退期进行科技创新的成本更低,且不同产业的机会成本效应存在差异的结论;而 Rafferty(2003)的研究却与之相反,随着企业现金流充裕,创新活动支出也进一步升高,因此得到了创新活动是顺周期的结论;同时 Rafferty(2003)进一步发现了创新投入存在机会成本效应和现金流效应,经济持续衰退且越发明显的时期,现金流效应成为主导,经济缓慢下滑或增长速度小幅减缓时期,机会成本效应占支配地位;Funk 等(2004)研究发现小企业的现金流效应比大企业强,而机会成本效应只体现在大企业中;Patrick 和 Hum(2009)的结论则认为创新投入阶段是顺周期的,而创新成果的商业化阶段是逆周期的。

另外,国内研究主要侧重探究了宏观科技创新数据与经济增长总量指标的周期性波动关系。唐德祥等(2009)的研究选取了时间序列法发现我国科技创新投入与经济增长之间存在联系;王海鹏等(2005)建立了 Granger 因果关系的误差修正模型,检验发现中国科技投入和经济增长之间存在双向因果关系;文武等(2015)通过构造研发强度周期性反应函数,得到经济周期的各阶段与研发强度间存在非对称的影响关系的结论。

从经济环境影响创新投资的研究结果来看,当前国内外学者对该命题的讨论并未能达成一致。当前研究成果在科技创新的定义上较为笼统,并未对企业研发投入的不同模式进行细致区分。本篇综合已有的研究成果,在此基础上,立足于我国当前特殊的"新常态"经济时期,从企业研发投入的异质性角度研究经济新常态与创新投入的关系,试图寻找"新常态"经济环境对民营企业创新投入的影响规律。

4. 创新投资模式

在大量案例研究的基础上,Christensen(1997)按照对主流市场产生的影响将技术创新分为突破式技术创新和渐进式技术创新。突破式技术创新阶段诞生的新产品是企业开辟新的销售途径、挖掘新的行业市场、满足新的消费需求的关键所在;突破式创新以创造整个市场中的新产品为目的,并不是进行对原有产品组合进行改进升级,而是旨在创造出市场上从未出现的新产品(March, 1991; Kamien 和 Schwartz, 1978; Esteve, 2010;李云鹤和王文婷,2014;盛光华和张志远,2015)。突破式创新能够为企业带来更丰厚的收益回报,但另一方面由于风险更高、投资周期更长、回报期限更长、市场不确定性更大等特点的存在,突破式创新对企业的风险承受能力要求更高。

渐进式技术创新具有典型的防御性特点,采取这种创新模式的主要目的是对现有主流市场技术、产品和设备进行功能上的改进和提升,以防止自己的产品被市场上的竞争对手替代,造成竞争优势的损失,相对于突破式创新而言是一种技术提升幅度较小的渐进性创新行为。企业对已有的产品性能的改进、现有的知识和技能的强化、当前的产品线的扩展、现有销售渠道使用效率的加强以及现有客户服务的提升等多层次的投资均属于企业开展渐进式创新活动(He 和 Wong, 2004);企业进行渐进式创新其成果主要体现为一件产品的技术升级或改造扩展,该产品对本企业而言在原有产品范围内属于新产品,但并非市场中首次出现的新产品。可见,两种创新模式在特征上各有利弊,因而对于民营企业而言,需基于自身资源和能力上的限制考虑,对创新模式作出合理的分配和选择,从而争取市场竞争优势。

现有研究主要针对两种创新模式的特点进行了详细区分,并对影响创新模式选择的内外部因素进行了多角度的观察: Schankerman(1998)较为完整的阐述了突破式创新和渐进式创新的特点;在内部影响因素上,Danneels(2004)将焦点集中在企业的规模和成熟度上,并通过研究发现这样的企业发展特征会对创新模式的决策产生影响,成熟度越高、规模越大的企业越习惯投资于渐进性创新,进行突破性创新的动力较弱;孙永风等(2007)发现战略导向因素会影响企业创新模式的选择,并表明企业家导向的企业更加重视突破性创新的开展,并通过战略控制手段对其进行管理,而市场导向的公司更侧重于渐进性创新模式,并通过财务控制手段对其进行管理;张春辉和陈继祥(2011)的研究表示,内生溢出与创新投入对创新模式选择的影响效果是相反的,对方企业内生溢出的增大会使得自身选择突破性创新模式的可能性提高,选择渐进性创新模式的可能性降低,而创新投入增大时则恰好相反;肖海莲等(2014)研究了负债对创新投资模式的影响,认为负债融资约束对突破式创新投资有显著的负向影响而对渐进式创新投入的影响并不显著。

外部因素上，有部分学者对创新环境因素与创新模式的直接关系作了一定研究，例如：Laukkanen 等(2008)对市场环境因素进行了考察，认为在动荡的市场环境下企业选择突破性创新的机会更高；张洪石和付玉秀(2005)将企业内外部环境因素分为“环境变化”“环境支持”和“环境依赖”三类，其中，“环境依赖”会负向影响企业的突破式创新投入；李妹和高山行(2014)的研究表明在环境不确定性的三个维度中，需求不确定性对渐进式创新和突破式创新没有显著影响，技术不确定性与渐进式创新负相关、与突破式创新正相关，竞争强度对渐进式创新没有显著影响，与突破式创新负相关；陈锟和于建原(2009)发现，在动荡程度较低的外部环境下，企业若要取得更好的创新绩效，就应大力投资于渐进式创新并大力提高自身市场营销能力，而不去盲目扩大规模；而在动荡性较高的外部环境下，无法通过渐进式创新赢得竞争优势，此时需积极进行突破式创新以弥补企业在营销能力上的不足，从而得以在激烈的竞争中占据一席之地。

5. “新常态”经济环境与创新模式

突破式创新是增强国家科技和经济实力的关键，处于国家创新体系的重中之重，“十一五”规划中明确表示企业应高度重视突破式创新活动的开展。突破式创新的突出特点是高风险性和高投入性，其开发难度较大，对创新主体的要求也最高。相对于发达国家企业，新兴经济国家企业开展创新风险更大，特别是对民营企业而言，其受到的制约因素可能会更多。综合来看，现阶段关于突破式创新的研究成果仍存在较多不足，无法完全应用于指导企业创新实践。第一，现有研究讨论了企业内部因素(如知识、能力、战略导向)对突破式创新的影响，而权变理论视角认为企业外部环境变化是企业创新战略转变的一个重要因素(Peng, 2002)，它会显著地影响企业的创新模式选择。但在我国当前时期，经济新常态对突破式创新行为的影响并没有得到很好的解释。第二，之前的大多数研究主要把外部环境因素作为企业创新模型中的调节变量进行分析，例如 Bao 等(2012)认为环境因素调节了学习效应对突破式创新的影响；Qian 等(2013)认为外部竞争负向调节了高管情感冲突与创新投入的关系。然而，针对宏观经济环境对创新投入直接影响的研究较少。有观点认为，50%左右的产品和技术创新是企业为了应对竞争加剧的市场或其他经济环境的影响诞生的(Miller 和 Friesen, 1983)，环境的变化会直接影响到企业的决策。以上局限使得已有研究无法检验我国转型经济情境下经济新常态对企业突破式创新的潜在影响机制及不同创新模式间的效果差异性，也无法为民营企业如何才能促进突破式创新的开展提供很好的理论支撑。因此,本篇试图在下面的研究中寻找到一些启示和答案。

突破式创新是关系到市场竞争、产业升级、乃至国家科技进步的关键环节,在帮助企业打破既有产品功能限制、创造全新技术路线、满足市场顾客需求、扩展新市场等各个方面起到了不可替代的作用(肖振鑫和高山行,2015)。但从目前我国企业的创新现状来看,突破式创新的开展并没有能够达到预期,主要原因在于我国不少民营企业的创新活动起步较晚,而突破式创新的开展对资金和技术人员的要求较高,同时经济新常态的外部环境也加剧了企业对外部风险的感知,现实中突破式创新的开展并不理想。企业家调查系统发布的专题调查报告结果也显示,在创新战略的选择中,36.4%的企业的研发活动既有突破式创新又同时进行渐进式创新,而更多的企业选择采取渐进式创新模式为主导(28.6%),选择突破式创新的企业仅有8.3%,两者差距约20%。可以看出,我国企业在创新模式的选择上渐进式创新仍占据主导,而对科技进步和技术升级有重大作用的突破式创新相对不足。

由此看来,我国要真正走上创新驱动发展的道路,需要对整个创新系统结构进行深层次的变革(魏江等,2015)。如何在“新常态”的经济环境下,解决我国民营企业发展中面临的问题,成为理论界和实务界共同关注的课题。深层次体现在要对创新结构进行调整,特别是创新投入结构的调整,更多地激发民营企业突破式创新动力,以通过优化研发创新模式以化解结构性问题。

6. 政治关联

技术创新源于宏观经济发展,经济周期、市场竞争程度对技术创新起着决定性作用。作为技术创新的主体,民营企业既存在于宏观经济环境之中,同时其经营活动又受到政府这一外部组织的影响。因此,市场环境和政府行为共同构成了民营企业的外部环境,对我国民营企业的研究不但要考虑来自于外部宏观经济环境,更要考虑企业与政府的关系。

无论是在转型经济国家还是发达的市场经济国家,作为外部环境最重要的构成部分,政府都拥有部分社会资源的分配权(Faccio, 2007),正是由于这种稀缺权力的存在,使政府这一非正式制度环境成为企业决策时的重要考量。在政企关系的重要性逐渐上升的情况下,民营企业应更为积极地构建、干预和调整自身外部条件,让其自身处于一个对自己有利的环境中。

过去三四十年间,随着民营企业在我国经济规模和经济地位上的不断提高,民营企业家的政治地位也相应提升,人大代表或政协委员等关键政治角色时常可以见到民营企业家在担任,这便是我国国情下民营企业独特的“政治关联”现象。政治关联翻译自英文“political connection”,由 Fisman(2001)最早提出,“政治关联”主要用于形容企业与政府首脑之间的紧密私人关系。在国外文献中,习惯将企业的领导人曾有过在政府部门的工作经历视为具有“政治关联”(Agraval 和 Knoeber, 2001)。针对我国的国情和制度,通常用民营企业的董、监、高是否曾经或正在相关地区的政府任职,或是否为当地人大代表或政协委员等,作为度量是否存在“政治关联”的依据(Lu, 2011)。本篇借鉴前人研究方法,将民营企业家中有人大代表或政协委员任职的情况视作该企业存在政治关联。

国有企业在产权性质上归属于国家,与政府有天然的密切联系,而民营企业的政治关联则有所不同,这是企业根据自身需要自主选择的一种手段。Allen 等人(2005)的研究认为,中国民营经济在体制机制不完善的情况下依旧展现了强势的发展势头的原因,正是因为民营企业选择通过基于关系、名誉和信任基础上的替代机制弥补外部环境缺陷。这一行为也验证了资源依赖理论,政府掌控着较多企业赖以生存发展的资源,如资金、土地、政策条件等,企业当然希望能够加强与政府间的联系,以获取对自身有利的资源优势。李维安(2005)在研究中也曾提到,在我国经历从行政型治理向经济型治理的转型期,政治关系依赖是该阶段下民营企业的主要行动表现。政治关联成为了新常态经济时期企业寻求环境替代机制的重要手段的原因,主要在于具有政治关联的公司能够在资源的获取上占有一定优势,包括较低的税率和较宽松的融资环境等。数据显示,在 2017 年地方工商联换届情况中,省一级工商联主席中有四位为民营企业家,在全国副省级城市中,广州、厦门、深圳、南京、宁波的市工商联主席由民营企业家担任。

政府是民营企业外部环境的重要组成部分,与政府之间的关系会影响民营企业的决策和发展,同时关系着企业间的竞争格局。因此,民营企业政治关联的存在能够促进企业加强与政府间的沟通,便于获得一定政府资源,从而占据优势地位,实现经济效益的提升(周黎安,2009;Li 等,2008)。由此看来,政治关联的存在能够扩大民营企业的外部生存空间,是民营企业构建其有利的外部环境的重要手段。但同时,在另一方面,寻求政治关联势必会在一定程度上增加民营企业的成本,少数情况下还可能出现政府损害企业利益的现象,无法达到企业追求创新绩效上升的目的(夏立军和方轶强,2005;Fan 等,2007)。综上,政治关联并不必然等同于政府腐败,它更如同一把双刃剑,政治关联既会对民营企业的生存发展产生正面的促进作用,但同时也可能带来一定的负面影响。

7. 政治关联与企业创新

技术创新理论的奠基者熊彼特提出，技术创新具有高投入高风险的特征，许多企业，特别是民营业务往往由于实力薄弱、资金和资源不足，技术创新活动的进行相当艰难曲折。再者，技术创新的成果自带外部性溢出的可能，被模仿的风险更高（Tassey，2004；解维敏，2009），创新外部溢出的问题有可能引发民营企业对技术创新持消极态度，那么我们的创新收益就很难达到市场最优水平。因此，政府在这之中的角色显得格外重要。民营企业对政治关联的重视程度进一步上升，纷纷开始主动寻求建立政治联系的机会，以增强资本获得能力，降低风险感知，优化企业所处的外部环境。基于战略与环境一致性观点，民营企业创新投资不仅是企业的内部决策过程，在此阶段，企业将持续不断从外界获取信息、知识和资金等资源，特别是在经济转型时期，政治关联是企业面对市场失灵、法律管制失效等不利情境时的一种重要的替代性保护机制。

有关学者在政治关联对我国企业创新影响的问题上观点并不一致。从现有的研究结论来看，部分学者发现政治关联与企业创新有正相关关系，政治关联可以在一定程度上缓解正式制度缺陷对民营企业发展的阻碍，帮助企业降低经营风险，进而提高社会资源的利用效率（Bartels 和 Brady，2003；Li 等，2008；McMillan 和 Woodruff，2003；罗党论和刘晓龙，2009）。在融资渠道（罗党论和甄丽明，2008）、税收政策（吴文锋等，2009）、政府补贴（郭剑花和杜兴强，2011；余明桂等，2010）、行业管制（罗党论和唐清泉，2009）等多个方面，政治关联企业也能够得到一定的益处，进而增强企业的研发意愿（Gao 等，2008；Su 等，2009；谢言等，2010；王珍义等，2011）。

然而，也有部分学者认为政治关联非但无法激励企业进行创新，反而会加重企业对政府的依赖，使其沉迷于政治关联的寻租收益当中，从而不愿通过研发创新提高自身竞争力的能力，导致企业创新的自主性降低，并使得社会稀缺资源的配置机制被打乱（Charumilind 等，2006；Siegel，2007；Claessens 等，2008；陈爽英等，2010；Shu 等，2012；罗明新等，2013）。另外，一些学者还提出了其他观点，Wu（2011）通过对中国企业创新数据的研究得到了政治关联与企业创新之间呈“倒 U 型”关系的结论；江雅雯等（2011）观察到被动形成的政治关联无法对企业开展技术创新形成正面影响，但这不代表企业的主动行为同样如此，反之能显著促进企业创新活动的开展；梁强和李新春等（2011）发现政治关联并不能显著提升高新技术企业的创新动机，但对非高新技术企业而言有明显的促进效果。

在政治关联对企业创新的影响以及作用机制的研究中，已有部分学者将承担中介角色的因素纳入研究模型,试图揭示政治关联影响技术创新的潜在路径。一类中介因素主要基于知识基础观和吸收能力等理论,包括知识创造、组织学习、吸收能力等;另一类中介因素根据社会资本理论,主要为外部资源获取因素。目前的各类路径探究主要基于社会资本理论和资源基础观进行理论构建,但多数仅关注外部激发视角,很难深入全面地解释企业内部的内在作用规律。本篇参考了心理学中调节定向理论,从促进定向和防御定向两方面视角来解释剖析企业寻求政治关联这一行为在经济新常态与创新投入模型中的角色和规律,以丰富其间的作用机制。

政治关联现象在世界各国企业中普遍存在,已被大量文献和事实证实。而对于新兴市场国家和发展中国家而言,企业政治关联已越来越成为对市场与法律制度的一种弥补,与政府搞好关系是民营企业在目前经济转型的背景下生存发展的必然选择。民营企业建立政治关联是为了进一步促进企业的长久发展,存在正面意义。然而,政治关联也存在一定的负面影响,有关学者观察了中国、美国、韩国等多个国家的得到了这一结论(Hadani 和 Schuler, 2013; Siegel, 2007; Fan 等,2007)。已有的研究呈现出两种完全不同的结果,说明需要更进一步探究政治关联的实际效应,慎重衡量"政治关联"这把双刃剑的利与弊,更加全面、客观地分析民营企业建立政治关联产生的影响作用。因此本篇将政治关联作为调节因素纳入模型中,以观察政治关联在"新常态"下影响民营企业研发创新的路径选择时所扮演的角色。

现有的研究多集中于探究企业内部因素对创新投入模式的影响上,基于外部因素的讨论也更多的专注于市场特点、环境不确定性和政府行为等方面,这些研究没有深入地探讨宏观经济环境的变化是否会对不同特征的渐进式创新和突破式创新这两种投资模式产生不同的影响效果。同时,基于我国特殊时期的经济新常态背景,不同的创新模式对于资源又会产生不尽相同的需求,所以外部环境的变化必将影响到创新的进程。因此,本篇进一步研究了"新常态"经济环境对民营企业创新投资模式的影响。

另外,有关政治关联对企业技术创新影响的大量实证研究的结论也呈现出相互矛盾的情况。本篇认为,现有的研究没有考虑到创新投入的两种不同模式可能导致的差异性,或许是引起结论分歧的原因之一。在现有研究中,相关学者主要侧重于观测政治关联对创新的直接影响,而将其作为调节变量引入模型的甚少。因此,本篇将研发创新投入按照创新过程的偏重不同划分为两个部分,即突破式创新与渐进式创新,试图深入考察经济新常态的系统特征对民营企业创新投入的异质性影响。另外，本篇将政治关联纳入经济新常态影响创新投入的模型中，从政治关联效的前期支持和后期保护两个途径分析其在新常态经济环境影响民营企业创新动力路径中的补充调节作用。对于不同的企业技术创新类型，政治关联的作用也可能存在差异，本篇也将重点关注突破式创新与渐进式创新是否存在不同的反馈结果。因此，基于上述观点，本篇基于我国当前特殊的经济时期，探究政治关联在“新常态”经济环境与创新投入关系中的角色。

（二）相关理论基础概述

1. 风险理论

19世纪起，西方古典经济学就开始关注并提出“风险”这一概念（Fischhoff，1985）。而后，Willett（1901）在1901年对风险作了较为完整的描述，他将人们不愿看到的事件的发生不确定性的客观体现定义为风险。一般来说，风险是由不确定性引起的，它具体表现为预期和结果之间的差距（袁泽沛和王琼，2002）。风险理论的演说存在多种，“不确定性说”主要基于保险学，认为当事件的结果存在不确定性时即表示该事件存在风险，风险表现为该事件可能出现的费用、损失或损害；“变动说”主要源于金融风险的研究，威廉斯和海因茨认为风险代表着在一定条件下、一定时期内结果发生变动的可能性；“心理感受说”将风险定义为人们对危险的心理感受；“概率说”主要基于决策论，认为当事件的状态概率需要被测量时称之为风险事件；“可能性说”由美国海恩斯提出，风险意味着损害的可能性，也是目前人们对风险的习惯性表达。

创新风险被定义为技术创新过程中，因为自身对外部环境因素预期不足及适应不够，或难以很好的控制技术创新的过程从而导致创新活动出现失败的可能性（袁泽沛和王琼，2002）。创新风险属于投机性风险，对企业而言机会与风险并存，风险普遍性和实际差异性并存，它既包括了实现利润收益、市场占有、竞争优势、长期发展的机会，又包含了出现经济损失、时间损失、机会损失等危险。创新风险存在于创新活动的各个阶段，包括资源、资金、管理、竞争、政策等方方面面。因此，进行创新过程的企业在积极抓住创新机会的同时，还要谨慎防范、处理、消化创新产生的风险。

2. 机会成本理论

“机会成本”一词最早出现在奥地利经济学家Visser的著作中，19世纪初期经济学家将机会成本的概念纳入经济分析模型，自此机会成本对投资决策的影响受到广泛关注。当代西方经济学中“现代主流经济学的新综合”的代表人物萨缪尔森在他的著作《经济学》中写道,“一项决策的机会成本是作出某一决策而不作出另一决策时所放弃的东西”。机会成本是微观经济学中的概念,又可被称作“择一成本”“替代性成本”,它所表达的含义是,人们所面临的决策往往同时存在多种可选项,每个选项可获得的收益各不相同,但基于资源稀缺性的考虑,人们每次只能选择其中一个选项而放弃其他选项,未被最终选择的选项中可能获得的最大收益即为当前选项的机会成本。机会成本概念基于资源的稀缺性和多用性两个基本前提,稀缺性的意思是某一经济资源在同一时间只能投入一种用途;多用性的意思是某一经济资源可用于多种不同的经济环节,每种用途会产生不同的经济效益,资源的所有者只能将其投入于其中一种用途,而必须放弃其他用途,而其他用途可能带来的最大收益即为机会成本,它是决策时即产生的无形损失。

当决策中同时存在多个备选方案时,若选择 A 方案就意味着即使其他方案有更优的结果也只能放弃。对于企业也是一样,若选择了进行研发创新活动,就等于放弃了投资于其他经营活动的机会,因此其他经营活动的可能产生的最大利益就是的隐性损失,那么这便是企业创新活动的机会成本。从我国的经济行业数据中也能够证明这一点,房地产、采矿业、金融等行业的平均利润率在 15%左右,这大大超越高技术行业的主营业务利润率(5%)①,由此可见,相比投资房地产、能源、金融等行业投资,高技术行业进行创新活动的预期收益非常有限,企业进行创新投资的机会成本相当高,从投资回报的角度衡量来看,从事创新已经变成一种十分不划算的方案。因此,建立创新体系要最先解决的问题就是如何在提高创新活动的收益,降低创新活动的机会成本,这样企业的创新动机能够有较大的提升。

3. 资源基础观理论

资源基础观并不以产业差异作为分析的根本(Porter, 1981),他发现形成企业发展优劣的的根源在于资源禀赋的各不相同,与其所处的产业相关不大。而后,Wernerfelt(1984)、Barney(1991)等在此基础上对企业内部资源特质或能力差异进行了剖析,用资源的视角说明了企业绩效出现系统性差异的原因。

资源基础理论将“资源”作为企业决策的逻辑出发点和核心,认为“资源”是企业获取竞争优势和成长点的关键,是企业提升效率、获得效益等各项经营战略的基础。资源基础理论将资源定义为(企业)所控制的所有资产、能力、组织过程、企业特质、信息、知识等(杨春华,2010),主要包括物质资本资源、人力资本资源和组织资本资源三大类。正是因为各企业拥有的资源和能力互不相同,由于

① 数据来源:国家统计局《第二次全国经济普查主要数据公报》。

资源的稀缺性、独特性和难以复制，长期看来，拥有资源优势的企业更容易获得超额收益和优势地位。资源基础理论同样存在两个前提假设，首先，不同企业所控制和拥有的资源禀赋是具有差异的；其次，由于这些资源禀赋难以在企业间转移流动，各企业的资源异质性将长期存在。因此，以微观企业为切入点进行分析，重点探究企业的内部资源禀赋，观察其拥有的独特的资源与能力，从而为企业提高投资收益、巩固竞争地位做出有效的指导。

资源基础理论重点剖析了企业内部因素对战略决策的影响，为企业的创新管理研究提供了宝贵的理论支持，特别是对于民营企业来说，由于先天存在一定程度上的资源获取困难及组织地位限制，相比国有企业而言，民营企业在垄断地位、市场势力、议价能力上有较大劣势（Penrose，1995；Chandler，1978；魏谷，2014），其创新决策将受到更多方面的限制。对于民营企业而言，创新资源获取和开发能力是影响其成长和发展的关键因素，企业拥有的创新资源禀赋是其进行创新决策的重要依据，这些稀有、独特、难以模仿的创新资源决定了民营企业的创新成长速度和方式。

4. 调节定向理论

调节定向理论（Regulatory Focus Theory）是 Higgins（1997）对自我差异理论的升华，它描述了个体在决策和认知中的两种可能出现的倾向，并将这种状态进行了具体的刻画，将其分为两种不同的调节定向，即趋近积极目标状态的促进定向（promotion focus）和和回避消极目标状态的预防定向（prevention focus）。

Zhou 等（2012）提出，促进型调节和防御型调节是共同存在的，两者的关注点有很大差异。促进型调节定向是一种关注积极结果是否存在的动机状态，这种调节定向更加引导人们倾向于成长和进步，强调个体对理想和抱负的实现，比起损失更关注结果中的收益；预防型调节定向是一种关注消极结果是否存在的动机状态，这种调节定向更加关注安全需求以及“应该达到”的目标，强调责任和安全，比起收益更关注结果中的损失（Higgins，1997；Summerville 和 Roese，2008；姚琦和乐国安，2009；周密等，2016）。

以促进型调节定向为主的个体，他们更看重奖赏和成绩，在决策过程中更富有创造力，往往选择促进型的目标实现策略，面对风险也更加积极勇敢，主要体现为高兴和幸福到沮丧的情绪；以防御型调节定向为主的个体，他们更看重职责和面临的惩罚，在决策过程中更为保守，往往选择防御性的目标实现策略，面对风险时更为谨慎小心，主要体现为焦虑或平静的情绪（李磊和尚玉钒，2011）。这两种类型的个体具有完全相反的决策路径（Higgins，1997），促进型调节定向主要以强烈的理想、“获得-未获得”的情境构成和成长需要的激活为主要决策中心，而防御型调节定向则主要以强烈的任务、“无损失-损失”的情境构成和安全需要的激活为主要决策中心。

同时，也有研究表明，调节定向不仅会发生在个体层面，也会表现在群体组织层面(李磊和尚玉钒，2011；宋晶等，2017)，在企业决策过程中也会表现出的特定倾向，可以将其分为追求收益的促进定向和关注损失的预防定向两种。不同的调节定向会差异的影响组织在创新过程中的关注点，从而引导企业的创新决策的不同，最终导致不同的创新动机状态，同样的，调节定向也会影响到企业对创新模式的选择。促进定向使得企业更关注于追求更高的利益目标，它激励企业追寻更高效率的行为模式，更乐观地评估潜在机会和获取未来收益，从而调动企业的创新积极性，此时，更关注于获得更高收益、开拓市场、树立企业的长远优势的突破式创新将成为更合适的创新模式选择；预防定向则是一种规避风险、安于现状的战略导向，更关注于完成现阶段的任务(孙永磊等，2016)，避免创新过程可能出现的失误，规避未来可能出现的失败导致的损失，在评估潜在风险时对负面的信号更为敏感，进而倾向选择保守战略。此时，旨在改进现有的产品与服务、提高效率、防止自己的产品被竞争对手替代的渐进式创新将是企业更可能选择的创新方向。

另外，调节定向不仅仅是一个与偏好相关的静态特质变量，它更是一种状态变量，是可以被影响或引导的(Brockner 和 Higgins，2001；Crowe 和 Higgins，1997)。外部环境作为企业“决策的引导者”，当外部环境发生改变时，很可能会影响到企业的调节焦点。当环境特征与企业的定向焦点一致时，调节定向的影响会加重，这种作用被称为调节性匹配。在促进型的外部环境中，企业在创新活动中表现出对高收益的获取行为进行正向调节，使得企业关注积极的目标，对于创新跃跃欲试，从更加乐观的角度进行决策。而在防御型外部氛围下，企业可能更多地表现为对避免创新失败进行正向调节，使得企业更关注消极的目标，创新决策趋于保守，形成一种浓厚的防御氛围。

三、研究假设

(一) 研究假设的逻辑基础

本篇研究假设以权变理论为逻辑基础。权变，即权宜应变，一切皆有可能。权变理论最早由莫尔斯和洛奇提出，认为组织是社会大系统中的一个子系统，会受到环境的影响。权变关系可以被视为“如果-那么”的因果关系，函数的自变量为环境因素，因变量为组织观念或决策，组织管理是要随着该组织所处的内外环境不断变化和调整的，因此必须分析企业所处的环境，采取相应的管理措施，使企业能够适应环境的变化。

“新常态”是一个动态变化的复杂过程，其中包含了大量的状态变量和控制变量，各种作用力相互影响和冲击(刘金全和冯坚福，2016)。宏观经济环境的变动通常会改变或修正企业的投资决策规则。正如 Keynes(1937)发现，企业在估算投资回报率时会考虑到宏观经济波动性，产出波动幅度越大，投资项目隐含的风险就越大，进而调整企业的投资需求；陆正飞和祝继高(2009)也通过研究表明，货币政策紧缩时期企业内部的现金保有量会大幅上升以应对可能出现的风险情况，体现了企业面临的环境不确定时会积极整合信息、调整措施。综上说明，“新常态”经济环境会影响企业管理者对未来经济前景的判断，进而根据环境特征适时调整投资决策。

“新常态”经济环境大致从以下三个角度对微观企业主体的创新决策产生影响：首先，通过影响企业对于宏观经济预期、行业前景预期改变企业创新投资行为；其次，通过改变企业资本成本发挥影响(例如影响创新融资渠道、内部现金流管理等)；最后，经济新常态可能改变了企业创新层面的信息环境从而影响企业行为(例如信息不确定性的增加导致企业创新活动变得谨慎等)(姜国华和饶品贵，2011)。因此，宏观经济环境的改变引起了企业创新前景预期、创新风险预估及创新成本的变化，从而反映在企业对创新投资模式的决策偏好中。下面，本文将基于以上逻辑思路对“新常态”经济环境与企业创新决策的关系提出基本假设。

(二)“新常态”经济环境与创新投入水平

在经典著作《管理学》中，罗宾斯(2004)将“环境”定义为对组织绩效起着潜在影响的外部机构或力量。根据复杂理论的观点，组织从外部环境中汲取能量以满足生存所需的各种要求，唯有调整决策以适应外部环境的变化才能保持自身的竞争力(Anderson 等，1999)。同样的，企业的创新决策也将根据外部经济环境的变化而调整。我国目前处于经济新常态的特殊时期，技术革命兴起，市场更新换代迅速，行业竞争加剧，目前正面临着制度转型的“新常态”经济形势，由于市场支持制度、相关法律和规章尚未完全清晰，外部环境的影响问题尤为突出，民营企业所处的外部环境会通过影响企业对创新风险的预期，从而对其创新投入水平产生影响。

风险理论认为，外部环境的不确定性、技术创新项目的难度与复杂性及创新者自身能力与实力的局限性会导致技术创新活动可能达不到预期的目标，这种可能性即为创新风险。宏观经济环境作为微观企业投资决策的先行指标，通过影响民营企业的投资机会、融资能力等，进而影响民营企业对创新活动的风险预估，最终影响其创新投入决策。

1998年，萨缪尔森和诺德豪斯提出了二阶段周期理论，将经济周期划分为紧缩和扩张两个阶段，在经济紧缩阶段，消费者收入预期下降，消费投资减少，市场需求下降，从而造成了企业的期望投资收益率下降(陈艳，2013)。这样的外部环境放大了企业对风险的感知，认为在此环境下发生损失或失败的可能性上升，使得其决策更偏于保守，创新投资动机大大降低。反之，经济周期的扩张阶段则会表现出更高的乐观预期，进而更可能选择扩大公司创新投入。

自1912年熊彼特提出创新经济学以来，企业的研发活动在自由竞争市场上受到融资约束的观点受到普遍认同(Hall, 1992; Baum, 2006)，这是由于投资收益的不确定性、信息不对称以及道德风险等情况的存在使得外部融资成本大幅上升。因此，企业创新投入偏好内部资金。当经济环境向好时，民营企业经营状况良好，融资渠道通畅，不易受到融资约束，此时良好的外部环境唤起了企业内部强烈的理想追求，构造了“获得-无获得”的情境(如创新活动顺利、企业收入将大幅增加、竞争力大幅提升)，激发了民营企业的成长需要，促进其对冒险和创新的偏好，因而倾向于相对较高的创新投入水平。当经济环境景气度下降时，民营企业投资回报率有所下滑，而企业的创新活动主要依赖于内部自有资金的投入，此时创新融资渠道发生阻滞，融资成本变高，此时企业“犯错”成本上升，削弱了其开展新领域或新产品的意愿，因此会导致创新投入增速放缓甚至回落。

另外，创新活动本身即存在着较高的不确定性和风险性，经济新常态阶段更易叠加企业对创新活动的风险感知，民营企业对失败情境更加敏感。同时，“新常态”经济环境也增加了管理层识别投资项目的难度，使得民营企业在投资创新项目时会更加慎重，很有可能选择放缓创新活动的进程，从而缩紧创新投入水平。而在经济呈现出高速增长的时期内，市场上对未来预期更多持乐观态度(赵天宇和孙巍，2015)，这种预期在很大程度上激发了民营企业对创新成功的渴望，积极的市场氛围让企业认为创新是有利且可实现的，从而激发了民营企业的成长需要，愿意投入更多在创新活动上。而近年来我国经济环境进入新常态，经济增长速度放缓，市场竞争加剧，景气程度也有所下降，中国企业身处不确定较大的新常态时期，乐观预期将会有所改变，因而使得创新投资决策更加谨慎。

但是，本文也注意到，在另一方面，宏观经济温和衰退或增长速度小幅减缓阶段会为民营企业的创新带来机会成本效应。Barlevy(2007)就发现由于机会成本低，企业在经济衰退时期对于技术创新的接受度会更高；吴晓波和张超群等(2011)将各年度GDP数据和专利数据纳入模型框架，得到了经济不景气时期企业技术创新的速度加快的结论。这些研究表明，经济环境变化对民营企业技术创新的影响可能有着另外的路径。

根据机会成本理论，企业倾其所有投资于研发活动时，相应地等于必须放弃其他投资机会，在此情况下，创新活动的机会成本即为其他投资机会可能实现的最大收益，当其他投资机会的预期收益率较高时，创新活动的机会成本大幅上升，使得创新投资十分不合算。新常态经济环境下，研发投资相对于其他投资的机会成本较低，企业的劳动力成本和研发活动的其他投入成本会降低，同时民营企业也期望在经济调整阶段通过技术创新实现新领域的突破，从而更快速的抢占市场，形成技术领先优势；反之在经济繁荣上升阶段，企业进行创新活动的成本较高。凯恩斯对此现象也进行了解释，在经济环境缓慢复苏的过程中，社会工资率在短期内保持相对稳定，经营成本尚未出现明显的增加，但市场条件进一步转好，使得企业利润水平提高，内部现金流能够支持企业创新投资活动的开展。因此，借着国家经济转型的大环境，民营企业在“新常态”时期重视创新，提高自身科技竞争力，其创新新战略的成果就能够随之进一步凸显优势，从而名利双收，这会比经济上升期进行创新活动有更高的性价比。Dugal 和 Morby(1995)、关勇军和洪开荣(2012)的分析也印证了这一点，企业更愿意在经济环境较差的时候提高自身的研发强度。而在经济高速发展阶段，民营企业内部有较好的现金流条件，创新决策不易受到融资环境的制约，市场企业可能纷纷加大研发投入，这时创新劳动力成本大大升高，由于创新人才的匮乏，尽管支出高额的成本也很难在此时期聘请到优秀的技术研发人员，因而在经济环境较好的时候，民营企业的创新成本，特别是人力成本会大幅上升。另外，“创新驱动发展”的国家战略为企业营造了良好的创新条件和氛围，所以，经济新常态时期是企业新技术实施的最佳时期，特别是对于没有创新政策支持的民营企业来说，在该时期有更强的动机投入更多的研发资金，抢先获取创新资源，以提高公司技术创新水平。

据此，笔者提出两个互斥的假设。

H1a：新常态经济环境抑制了民营企业创新投入。

H1b：新常态经济环境促进了民营企业创新投入。

（三）“新常态”经济环境与创新模式选择

单一的企业创新概念无法覆盖目前学者对创新投入的研究，因此更适合的是根据 Henderson(1990)提出的分类方法，将企业创新投入按“全新技术或全新产品”划分为渐进式创新和突破式创新。渐进式创新模式有着渐进性、连续性的特点，主要针对于现有产品进行技术和功能上的提升，或是对现有生产线和平台进行技术上的改造升级；它对研究和投入的要求较少，优点在于成本更低但收益较快，缺点是创新优势不明显，很难引领或者开拓新的市场，也很难为企业带来大幅度的业绩提升；而突破式创新相反，它的目的是创造出市场上从未有过的新技术或新产品，为整个行业带来完全颠覆的作品，它需要企业承担更高的投入成本和失败的风险，但优点在于只要研究成功，企业未来一段时间就可以大大领先于市场和企业竞争企业，建立技术壁垒，自然可以获得更高额的收益回报。可以看出，渐进式创新和突破式创新的决策风险不同，即我们常说的低风险低收益，高风险高回报。

“新常态”经济环境对民营企业创新模式的影响可从以下两点进行探讨。首先，经济新常态时期，传统的投资驱动逐渐放缓，民营企业在该时期内的收益率有所减少，企业间竞争会随之加剧。在竞争激烈的环境中，企业通常会纷纷采用价格竞争的手段，而价格竞争带来的后果是企业利润减少和现金流的趋紧，在此阶段，由于民营企业面临的外部压力上升，资金现金流更需要被保留在企业内部以保证企业在经济景气度不佳时期的正常运转、应对突发事件，仅少部分资金投资于的创新活动，此时民营企业会倾向于选择基于提高生产率、降低库存及减少成本的渐进式创新，而非选择突破式创新。这是由于“新常态”时期的市场不确定性往往会上升，突破式创新在前期阶段对人力、物力等资源的投入有较高要求，且能获得研发结果的不确定性更高，因此引发的沉没成本亦更高。所以，按照竞争理论的观点，“新常态”经济环境下，激烈的行业竞争会激发企业管理者的警惕性，管理者将更关注于如何维持企业现有的竞争位置，使得他们的决策更加保守，更倾向于选择确定性较高的创新策略，因而更多的投入于渐进性创新，而一般不会冒险去进行突破式创新。因为一旦突破式创新失败，对于处于激烈竞争环境的企业而言，不仅难以收回成本，甚至很可能丧失企业现有的竞争地位。

其次，经济发展进入“新常态”阶段，释放出更多的市场不确定信号。对民营企业而言，当市场状态的不确定性大幅上升时，企业难以准确或完整的识别市场的需求,因而很难在此基础上进行全新技术领域的尝试。由于企业无力改变这种环境层面的不确定性,因此更倾向于选择较为稳定的创新战略或维持现有的创新模式,不会轻易冒险进行颠覆式的创新尝试。组织惰性理论的观点对这一现象进行了较为系统的阐述,组织在感受到外部威胁时,组织战略决策会出现“刚性”,这表示企业往往倾向于选择以“惯常”的行为进行应对,组织惰性削弱了企业创新和创造的偏好,使其很难从事产生较大改变的突破式创新。现有研究也证实了这一观点,当处于不确定性和风险较高的环境时,企业往往出现非探索性的行为,比如:多投入技术改进类创新,增强与现有合作企业的关系,选择与熟悉的企业进行合作等。正是由于这种将自身与相似的企业在一起的战略,使得企业决策只能锁定在现有的知识领域内,同质化现象进一步加深,更不愿、也无力进行突破式创新。可见,由于市场竞争压力的增大及企业避险心理的作用,经济新常态会在更大程度上降低民营企业突破式创新的动力。对于企业而言,渐进式创新更多的作为企业创新的长期策略来执行,包括改进生产线、提高生产效率、产品升级等类型的创新,确定程度较高,且能够在一定程度上预期它的创新效益。这类创新对外部环境的感知并不敏感,受到外部融资约束及市场不确定性的情况较少,民营企业对于渐进式创新的决策更多基于机会成本的考虑,受到竞争程度和环境不确定性的约束不明显,因此很可能在“新常态”时期依然保持稳定增长。

因此,笔者提出假设 2。

H2a:新常态经济环境促进了民营企业渐进式创新投入。

H2b:新常态经济环境抑制了民营企业突破式创新投入。

(四)政治关联的调节角色

North(2005)将制度定义为由正式(如人为设计的规则)和非正式(如惯例)两个方面的约束共同构成的一系列规则,是企业决策的前提背景和先决条件,从而影响着企业对自身所处环境的感知和判断,进而激励或约束企业决策。政治关联便是非正式制度的一种形式,主要体现为企业中有股东或高管曾在或正在政府部门任职,亦或是董监高与政府人员有较为密切的关系(Faccio, 2006;余明桂和潘红波,2008)。研究发现,政治关联在各国普遍存在,特别是外部正式制度不完善或有缺陷时,政治关联是企业寻求正式制度替代、改善自身环境的常见手段(Bartels 和 Brady, 2003; Li 等,2008),因此政治关联的存在会影响企业决策,创新决策自然也不例外。

在我国经济“新常态”背景下，基于资源基础观，政治关联可以通过以下两个潜在的途径对经济新常态和创新投入的关系产生影响。

首先，帮助民营企业获取创新有关的资金、人力及政策优势等关键资源。与一般性的生产投资活动相比，创新活动具有投资大、周期长等特点（蔡地等，2014），加之由于资金基础缺乏、人力资本匮乏和研发基础薄弱等问题，民营企业往往难以完全依赖自有资金开展研发创新活动，外部融资往往是其解决资金问题的主要途径。而政治关联的企业能够在银行信贷活动中相对自由，获得融资的概率更大。同时，通过政治关联，能够为企业提供更多的交流学习机会，例如联系到一些大学、科研院所，有助于民营企业创新人才的获取。同时，政治关联使民营企业更容易获得政府财政支持，包括直接补贴、税收优惠等。近几年，我国的创新政策进一步完善，各项政策措施进一步推行，企业与政府的关联关系有助于及时获取产业政策和科技信息等提供了渠道，有助于民营企业把握技术先机、快速做好基础准备从而能第一时间发挥先动优势，从而得以在之后的创新资源竞争中获得有利地位。总体来看，政治关联能为民营企业的研发创新提供宽松的环境，冲减经济新常态下的不确定影响，从而更多地聚焦理想，产生更多的创造性行为。

其次，保障民营企业创新活动产生的成果及收益。Teece（1986）的创新收益观点认为，企业所面临的产权保护水平在一定程度上影响了其技术创新活动所产生的收益获得。由于转型经济时期正式制度在一定程度上仍不健全，加深了企业研发过程的风险性，进而使得民营企业在创新决策时产生更多的顾虑和担忧。民营企业进行技术创新在前期便投入了大量资源，但需要较长时期后才会体现出成绩，除此之外还要面临可能出现的市场“搭便车”现象，反之企业技术创新失败则可能面临竞争危机和经营风险等问题。当前我国的知识产权保护机制仍不完善，而政治关联的存在可以有效缓解这两方面约束，能够避免或减少相关组织或个人对创新成果的侵占。另外，当法律法规不完善或执行不力造成创新成果上的争议时，企业之间往往是通过政府官员协调解决，对于有政治关联的企业而言相对有利，从而能够更好地维护其自身利益。因此，在“新常态”经济环境下，政治关联这一补充角色的存在，能够在一定程度上降低企业对创新风险的敏感度，从而能够进一步解放企业管理者的技术创新思想，增加其对创新成功的感知，提升民营企业的创新动力，专注于技术创新活动，在面对风险时表现的更为积极。

进一步地，由于在资源和收益两方面都将承担更大的压力和不确定性，突破式创新对外部因素的变化弹性更大。存在政治关联可能会更为有效地缓解突破式创新面临的融资瓶颈和风险顾虑，抑制了经济新常态下民营企业突出表现的风险规避行为，在新常态经济环境与突破式创新关系中起到了更明显的“弥补”效应。

因为，笔者提出假设 3。

H3：政治关联能显著减弱新常态经济环境对民营企业突破式创新的制约，对渐进式创新的调节作用不显著。

四、研究设计

（一）模型设计

本篇旨在考察新常态经济环境对民营企业创新投资及不同创新模式的影响。在探讨企业创新投入的影响时，将企业创新投入作为因变量，外部环境作为自变量，基本模型为 $R\&D=\beta Enveriment+\beta Control\ variables+\varepsilon$；$R\&D=\beta Enveriment+\beta Control\ variables+\varepsilon$。其中 $R\&D$ 是企业自身的创新投入，$Enveriment$ 是外部环境变量，$Control\ variables$ 表示可能对创新投入产生影响的其他变量，ε 代表随机误差，β 是回归系数，代表了企业所处外部环境对其研发投入的影响。

本篇也沿用此方法进行模型构建，不同的是，本篇进一步将民营企业创新投入细分为两种不同模式。建立如下模型分别检验新常态经济环境对公司研发创新、渐进式创新和突破式创新的影响：

$$RDInvest=\beta_0+\beta_1 ECI+\beta_2 CF+\beta_3 Lev+\beta_4 Size+\beta_5 FSH+\beta_6 ROA+\beta_7 Growth+\sum Industry+\varepsilon \tag{1}$$

$$DInvest=\beta_0+\beta_1 ECI+\beta_2 CF+\beta_3 Lev+\beta_4 Size+\beta_5 FSH+\beta_6 ROA+\beta_7 Growth+\sum Industry+\varepsilon \tag{2}$$

$$Rinvest=\beta_0+\beta_1 ECI+\beta_2 CF+\beta_3 Lev+\beta_4 Size+\beta_5 FSH+\beta_6 ROA+\beta_7 Growth+\sum Industry+\varepsilon \tag{3}$$

在式(1)中，当 β 为正显著相关时，表明新常态经济环境削弱了民营企业的创新投入动机；当 β 为负显著相关时，表明新常态经济环境反而促进了民营企业进行创新投入；当 β 不显著时，则无法判断其影响。

为了进一步检验政治关联的存在是否对新常态经济环境与企业创新投入水平的关系产生影响，本篇在模型中引入调节变量政治关联（PC），并增加政治关联与宏观经济环境（ECI）的交叉项。设定模型如下：

$$RDInvest = \beta_0 + \beta_1 ECI + \beta_2 PC + \beta_3 ECI \times PC + \beta_4 CF + \beta_5 Lev + \beta_6 Size + \beta_7 FSH + \beta_8 ROA + \beta_9 Growth + \sum Industry + \varepsilon \quad (4)$$

$$RDInvest = \beta_0 + \beta_1 ECI + \beta_2 PC + \beta_3 ECI \times PC + \beta_4 CF + \beta_5 Lev + \beta_6 Size + \beta_7 FSH + \beta_8 ROA + \beta_9 Growth + \sum Industry + \varepsilon \quad (5)$$

$$Dinvest = \beta_0 + \beta_1 ECI + \beta_2 PC + \beta_3 ECI \times PC + \beta_4 CF + \beta_5 Lev + \beta_6 Size + \beta_7 FSH + \beta_8 ROA + \beta_9 Growth + \sum Industry + \varepsilon \quad (6)$$

$$Rinvest = \beta_0 + \beta_1 ECI + \beta_2 PC + \beta_3 ECI \times PC + \beta_4 CF + \beta_5 Lev + \beta_6 Size + \beta_7 FSH + \beta_8 ROA + \beta_9 Growth + \sum Industry + \varepsilon \quad (7)$$

在上述的模型中，如果交互项系数显著为正，说明政治关联的存在扩大了新常态经济环境与创新投入之间的影响；如果交互项系数显著为负，则说明政治关联能够对新常态经济环境与创新投入间的关系起到了抑制作用。

（二）变量定义

《企业会计准则》(2006)对无形资产披露要求进行了详细的说明，我国企业内部研究开发（R&D）项目的投资需区分为研究阶段（R）投资与开发阶段（D）投资。研究阶段创新投资是风险高、激进性、基础性的投资，开发阶段创新投资是渐进性、风险较低的投资，更接近于市场化的创新活动。

1. 因变量：创新投入

本篇参考唐清泉等的观点，因此将研究阶段（*R*）投资和开发阶段（*D*）投资同时归为突破式创新投资，将开发阶段（*D*）投资归为渐进式创新投资；用研究投入占公司主营业务收入之比度量突破式创新投入（*RInvest*），用开发投入占公司主营业务之比度量渐进式创新投入（*DInvest*），用研究开发总投入占主营业务收入之比度量企业总技术创新投入（*RDInvest*）。

2. 自变量：新常态经济环境

本篇运用宏观经济景气指数（ECI）测度经济环境变化。宏观经济景气指数采用的是国家统计局中国经济景气监测中心发布的数据，该指数由工业生产、社会收入、社会需求、货币供应量、房地产开发投资、物流运行、财政支出、工商业贷款、居民储蓄、居民消费等经济增长多层次数据综合所得。宏观经济景气指数包括了预警指数、一致指数、先行指数和滞后指数四个象限。其中，一致指数包括了工业生产、就业、社会需求（投资、消费、外贸）和社会收入（国家税收、企业利润、居民收入），能够大致判断我国经济的走势；先行指数是一致指数的领先指标体现，能够反映经济未来走势的预测情况；滞后指数是一致指数的落后指标体现，用于观察经济周期循环的波峰和波谷；预警指数是用五种颜色级别来区分经济运行的状态，经济过热表现为“红灯”，经济偏热表现为“黄灯”，经济运行正常表现为“绿灯”，经济偏冷表现为“浅蓝灯”，经济过冷表现为“蓝灯”。本篇选用一致指数衡量各年度宏观经济的变化情况，由于宏观经济景气指数以月度为衡量单位，本文按研究需要以每年各月度数据之和的算术平均值作为该年度经济景气数据。

目前对“新常态经济”时期的描述，主要为定性分析，而详细对新常态进行量化的研究十分少见，仅有少数学者对经济新常态的发生时期进行了阐述。张治河等人（2016）通过对 1979—2013 年北京市地区 GDP 变化趋势的分析发现，1996—2013 年是北京市从新常态经济的“潜伏期”逐渐进入“新常态期”的阶段，并得出新常态经济环境阶段的一个重要表现为地区生产总值的年增速逐渐下降但年增量规模总量保持上升的结论；金碚（2015）认为，中国经济在 2011 年前后进入了“新常态”的发展阶段，主要体现在我国经济增速由过去超过 10%以上的高速增长降至 7%～8%，这是经济增长阶段的结构性减速，并非由经济周期造成。国家统计局发布的十二五报告①中指出，“十二五”时期的五年，是世界发生深刻变化的五年，我国经济发展由此步入了新常态的局面。通过对宏观经济景气一致指数的走势也可看出，自 2011 年起我国宏观经济景气程度呈现整体下行趋势，见图 5 - 3。结合已有研究，本篇选取新常态时期的观测区间数据年份为 2011—2016 年。

3. 调节变量：政治关联

根据学术界通常对政治关联的研究方法，将政治关联（Politic Connection，PC）设为虚拟变量，若某样本企业的实际控制人、董事长或总经理现任或曾任政府官员、政协委员、人大代表、党代表等职，那么就认为该样本企业存在政治关

① 国家统计局：《新常态新战略新发展——“十二五”时期我国经济社会发展成就斐然》。

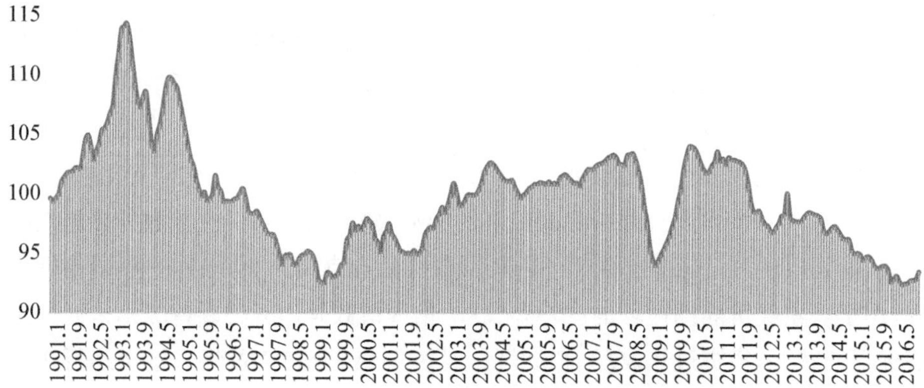

图 5－3　中国宏观经济景气一致指数走势图

联，变量 PC 取 1，否则 PC 取 0。本篇通过一些公开信息或企业年报判别其实际控制人和董监高的背景情况，当实际控制人和企业高管为同一人的，无需重复定义。

4. 控制变量

为控制其他因素对研究变量的影响，本篇选取了公司营业现金流、财务杠杆、公司规模、股权结构、获利能力、公司成长能力及公司所属行业等作为控制变量。

营业现金流（CF），由于创新活动往往存在较高的风险，由于融资成本的约束公司往往通过自有现金流进行创新投入，因此公司内部现金流的充裕是其进行创新活动的重要条件。

财务杠杆（Lev），即企业资产负债率，企业杠杆率的高低会对企业的经营投资及风险偏好产生影响。

公司规模（$Size$），企业的规模是企业综合实力和行业竞争力的重要体现，一般来说，大企业的风险承受能力和获取资源的能力也更强，也会对企业的研发投入产生一定影响。

股权结构（FSH）主要衡量企业股权的稳定性，一般来说大股东更看重企业的长远发展，更加能够支持企业的研发活动。

获利能力（ROA）、公司成长性（$Growth$）两者互相促进，盈利能力越强的企业能够为创新提供更好的资金支持，进一步推动企业成长。

公司所属行业（$Industry$），根据证监会行业分类标准构建行业虚拟变量，属于此行业时虚拟变量设为 1，反之为 0。

表 5－1 为相关变量说明。

表 5－1 研究变量说明

变量类别	变量名	变量符号	变量定义
因变量	研发创新	*RDInvest*	R&D 总投入/营业收入
	突破式创新	*RInvest*	R&D 中研究性投资或研发性投资/营业收入
	渐进式创新	*DInvest*	R&D 中开发性投资/营业收入
自变量	新常态经济环境	*ECI*	宏观经济景气指数 Economic Climate Index
调节变量	政治关联	*PC*	董事长或总经理曾经或者正于人大、政协和政府机关任职，则取值为 1，否则为 0
控制变量	营业现金流	*CF*	经营活动产生的现金流量净额/营业收入
	财务杠杆	*Lev*	上一期期末资产负债率
	公司规模	*Size*	期末总资产的自然对数
	股权结构	*FSH*	第一大股东持股比例
	获利能力	*RoA*	总资产报酬率
	公司成长能力	*Growth*	主营业务收入增长率
	行业变量	*Industry*	哑变量

（三）数据来源

本篇选取了深圳证券交易所与深圳证券信息有限公司于 2016 年 12 月 1 日发布的深证创新系列指数(399016.SZ)为研究样本。深证创新系列指数从创新资源、创新投入、创新绩效三个维度对上市公司创新发展能力进行综合评价。按表 5－2 所示各项一级指标及二级指标进行创新发展综合排名，在深圳市场选取前 100 名的股票构成深证创新指数样本股，该指数选样标准已剔除了 ST、＊ST 股票，需满足上市时间超过六个月、公司最近一年无重大违规、财务报告无重大问题、最近一年经营无异常、无重大亏损。本篇认为该指数样本企业均在创新方面有较好的表现，能够用于测量本文的实证研究假设。

该指数共计 100 家样本公司，本篇将指数推出后历次被剔除出指数成分的新兴产业公司也纳入样本范围，被剔除的样本仅由于企业规模限制，其创新指标并无问题，共得到 128 家样本企业；剔除样本企业中的国有企业及数据收集中关键指标缺失或有异常值的数据后，共得到 6 年 390 个样本数据，其中 2011 年

表 5－2 深证创新系列指数评级指标①

一级指标	二级指标
创新资源	高新技术企业资质
创新投入	研发人员及高学历人员数量
	过去三年研发投入占营业收入平均比例
创新绩效	专利综合评价指标
	净资产收益率
	过去三年营业收入平均增长率

44 个样本，2012 年 49 个样本，2013 年 54 个样本，2014 年 68 个样本，2015 年 81 个样本，2016 年 94 个样本。

本篇考察区间为 2011—2016 年，研发投资等数据源自企业历年年度报告，宏观经济景气指数来自国家统计局，其他所用数据来自国泰安（CSMAR）数据库及 Wind 股票数据库。

五、实证检验及分析

（一）描述性统计分析

表 5－3 给出了本篇变量的描述性统计结果。样本企业的创新投入水平均值达到 11.88％，中位数为 8.77％。2017 年中国企业联合会、中国企业家协会发布的 2016 中国企业 500 强榜单显示，2016 中国企业 500 强研发强度为 1.48％。相比较而言，由于深证创新指数的选取方法，样本指数企业均具有较高的研发热情，表现出较高的研发投入水平。从表 5－3 中可以看出，样本企业的渐进式创新投入水平为 9.25％，突破式创新投入仅 2.70％。创新投入的两种模式间存在较大的差距，可以看出目前我国民营企业创新投资仍以渐进式创新为主，而对技术突破有重要影响的突破性创新相对较少。这与目前我国企业创新普遍面临的问题是一致的。另外，样本企业的总资产报酬率、主营业务收入增长率和资产负债率分布不均，且标准差都较大，表明样本企业的盈利能力、资本结构和股权结构差异比较大，而公司规模均值与极值没有特别大的差异，这表示样本企业的规模差别不大。

① 来源：《深证创新系列指数编制方案》（2016 年 12 月）。

表 5-3 变量描述性统计

变量名称	均 值	标准差	中位数	极小值	极大值
RDInvest	0.118 8	0.102 3	0.087 7	0.000 9	0.804 6
DInvest	0.092 5	0.077 0	0.071 9	0	0.561 1
RInvest	0.027 0	0.057 0	0.007 0	0	0.654 8
ECI	95.813 4	2.606 0	94.424 2	92.875	102.283 3
PC	0.348 5	0.4771	0	0	1
CF	13.555 3	14.803 9	12.180 0	−36.040 0	111.990 0
Lev	29.698 8	17.998 9	27.103 0	1.103 4	77.534 5
Size	21.835 8	1.139 0	21.713 3	19.018 4	25.862 6
FSH	31.840 1	12.787 3	28.940 0	11.320 0	81.180 0
Roa	10.417 8	7.425 2	9.086 0	−18.145 9	57.246 8
Growth	38.555 6	52.721 0	27.762 6	−49.917 3	678.433 6

按年份分组进行描述性统计的结果表明(表 5-4),2011—2016 年间我国宏观经济景气指数呈现逐年下降的趋势,由 2011 年的 102.28 降至 2016 年的 92.86,这与我国近年来的 GDP 增速的变化是一致的。可以认为,样本企业所处的新常态经济环境在近年间景气程度有所降低。同时可以发现,在本研究的观测期间,样本企业的创新投入规模有较为明显的提升。2011 年样本企业的创新投入占营业收入的比例仅为 9.56%,截至 2016 年,该指标升至 19.60%,说明近年来随着国家大力推动创新氛围建设及企业创新的动力的提升,民营企业创新投入规模显著增长,与我国整体的创新发展指数相一致。但进一步将创新投入模式细分,经济新常态时期,样本企业的渐进式创新投入增长明显,但突破式创新动力并没有得到很好的激发,整体增速较慢,这在一定程度上反映出民营企业目前面临着整体创新投入水平较高但突破式创新不足的问题。

表 5-4 主要变量按年份的描述性统计

变量名称	2011	2012	2013	2014	2015	2016
ECI	102.283 3	98.241 7	97.775 8	96.708 3	94.424 2	92.875 0
RDInvest	0.095 6	0.098 5	0.124 4	0.126 6	0.153 2	0.196 0
DInvest	0.082 2	0.083 9	0.107 8	0.109 1	0.125 9	0.152 7
RInvest	0.013 5	0.014 6	0.016 6	0.017 5	0.027 3	0.043 3

（二）相关性分析

表 5－5 列示了各个变量的相关系数矩阵。创新投入规模与新常态经济环境变量在 1%的水平显著负相关，新常态经济环境的景气程度下降时民营企业的创新投入规模增大，这与假设 H1 预期一致。突破式创新与新常态经济环境在 5%的水平上显著正相关，初步说明与渐进式创新正相反的，较为宽松的经济环境会促使民营企业进行更多的突破式创新。创新投入与突破式创新及渐进式创新均为因变量，有较强的相关性，但由于模型中对三者分别进行了观测，故存在相关性并不会对结果产生影响。整体而言，变量系数基本在 0 到 0.5 之间，代表本文的主要变量没有严重的多重共线性，本文回归模型是有效的。

（三）回归分析

进一步地，本篇通过 OLS 方法研究新常态经济环境对民营企业研发投入的影响及政治关联对其影响效果的调节作用。

1.“新常态”经济环境对创新投入水平的影响

新常态经济环境与民营企业创新投入的回归结果如表 5－6 所示。根据模型(1)的估计结果可以发现，宏观经济景气指数 ECI 的估计系数在 5%的水平上显著为负，说明新常态经济环境对民营企业创新总投入有显著的负向影响，即经济新常态下，民营企业的创新投入规模增多。刺激效应为 0.0043，表示宏观经济景气指数下降 1，企业研发投入强度就会相应地增加 0.433%，说明了新常态经济环境显著促进了民营企业创新投入。这与 Rafferty 等人的研究结论是一致的。当经济进入新常态时期，相对风险效应而言，机会成本效应占据了支配地位，企业通常会选择增加创新投入规模。假设 H1b 得到验证。

2.“新常态”经济环境对创新模式选择的影响

进一步将创新模式进行细分，分别对渐进式创新投资和突破式创新投资进行了回归分析。结果如表 5－6 模型(2)、模型(3)所示。渐进式创新(*DInvest*)的宏观经济系数在 5%水平上显著为负，这与创新总投入的影响效果是一致的。系数值为－0.473%，可以进一步说明企业的创新投入大部分是由渐进式创新驱动的。宏观经济景气指数每下降 1 个单位，渐进式创新较营业收入的比值将上升 0.473%，渐进式创新与新常态经济环境因素为显著负相关，假设 H2a 得到验证。对突破式创新(*RInvest*)的回归结果表明，宏观经济景气程度的系数为 0.000 98，在 1%显著为正，说明对于风险更高不确定性更明显的突破式研发活

表 5 - 5 相关系数矩阵

	RD	*DInvest*	*RInvest*	*ECI*	*PC*	*CF*	*Lev*	*Size*	*FSH*	*Roa*	*Growth*
RD	1										
DInvest	0.679 9***	1									
RInvest	0.848 5***	0.205 9***	1								
ECI	−0.212 0***	−0.246 9***	0.119 1**	1							
PC	0.054 6	−0.002 5	0.116 3**	−0.013 4	1						
CF	0.171 0***	0.180 2***	0.065 5	−0.021 8	−0.001 2	1					
Lev	−0.305 0***	−0.241 0***	−0.236 8***	−0.249 1***	0.019 3	−0.309 1***	1				
Size	−0.312 9***	−0.288 3***	−0.186 3***	−0.340 2***	0.027 8	−0.092 2	0.625 1***	1			
FSH	−0.157 4**	−0.143 9***	−0.093 9	0.093 2*	−0.002 3	0.015 6	0.098 8	−0.023 3	1		
Roa	−0.153 7***	−0.058 3	−0.199 8***	−0.058 2	−0.049 0	0.367 6***	−0.111 6**	−0.129 8***	0.149 0***	1	
Growth	−0.095 1*	−0.079 0	−0.066 2	−0.093 7	−0.049 4	0.162 9***	0.036 7	0.030 0	−0.036 6	0.202 4***	1

注：*，**，*** 分别表示相关系数在 10%、5%、1%水平下显著。

动，新常态经济环境抑制了其发展。以上结果说明，“新常态”经济环境对突破式创新有显著的抑制作用。在此阶段，相比渐进式创新而言，突破式创新受到的制约因素较多，民营企业进行突破式创新面临的风险也更高，创新动力不强。验证了假设 H2b。

表 5－6　新常态经济环境对企业创新投入规模的影响检验

	(1) *RD*	(2) *DInvest*	(3) *RInvest*
ECI	−0.004 33**	−0.004 73**	0.000 98***
	(−2.53)	(−1.97)	(3.66)
CF	0.001 46***	0.000 33***	0.001 13
	(4.09)	(3.96)	(1.57)
Lev	−0.000 31	−0.000 44**	0.000 11
	(−0.87)	(−2.13)	(0.39)
Size	−0.015 6***	−0.001 38***	0.016 9
	(−2.66)	(−3.60)	(0.40)
FSH	−0.001 01***	−0.000 22***	−0.000 82
	(−2.67)	(−2.71)	(−1.00)
Roa	−0.003 37***	−0.001 78***	−0.001 58***
	(−4.46)	(−2.62)	(−4.05)
Growth	−0.000 18**	−0.000 04*	−0.000 14
	(−1.97)	(−1.88)	(−0.82)
Industry	控制	控制	控制
_cons	0.048 9	0.389*	−0.383***
	(0.20)	(1.94)	(−2.70)
Adj.R2	0.267 4	0.194 8	0.173 4
F−value	13.84	9.17	7.95
N	390	390	390

注：括号内为 t 值，*，**，*** 分别表示相关系数在 10%、5%、1%水平下显著，双尾检验。

3. 政治关联的调节作用

为了进一步研究新常态经济环境对民营企业创新投入水平的作用是否因企业政治关联的存在而出现差异，将政治关联变量与新常态经济环境变量的交叉项分别引入三个回归模型中，对假设 H3 进行检验。本篇对交叉项数据进行了标准化处理，以避免多重共线性。回归结果见表 5－7。

表 5－7 政治关联对新常态经济环境及创新投入的调节效应检验

	(4) *RD*	(5) *DInvest*	(6) *RInvest*
ECI	−0.002 70	−0.002 85	0.000 12**
	(−1.28)	(−0.06)	(2.11)
PC	0.547	0.472	0.249**
	(1.54)	(0.87)	(2.31)
ECI×*PC*	0.005 91	0.005 12	−0.002 63**
	(1.59)	(0.88)	(−2.40)
CF	0.001 39**	0.000 27***	0.001 11
	(3.91)	(3.88)	(1.30)
Lev	−0.000 28	−0.000 42	0.000 13**
	(−0.78)	(0.44)	(2.03)
Size	−0.015 4***	−0.001 64***	0.0169
	(−2.63)	(−3.60)	(0.49)
FSH	−0.000 97**	−0.000 19***	−0.000 80
	(−2.58)	(−2.66)	(−0.86)
Roa	−0.003 43***	−0.001 83***	−0.001 62***
	(−4.54)	(−2.67)	(−4.21)
Growth	−0.000 17*	−0.000 04*	−0.000 13
	(−1.90)	(−1.85)	(−0.70)
Industry	控制	控制	控制
_cons	0.211	0.251**	−0.464
	(0.77)	(2.11)	(−1.59)
Adj.R2	0.279 8	0.228 9	0.175 4
F-value	12.20	9.33	6.68
N	390	390	390

注：括号内为 t 值，*，**，*** 分别表示相关系数在 10%、5%、1%水平下显著，双尾检验。

对于突破式创新而言，交互项宏观经济景气指数×政治关联的系数在 5%的水平上显著为负，如模型(6)结果所示，表明存在政治关联的民营企业，新常态经济环境对突破式创新的抑制作用越弱。政治关联的存在，可以使得企业进行突破式创新的不确定性有所下降，经济新常态阶段出现的融资约束或现金流约束等问题也在一定程度上有所缓解。政治关联作为正式机制的有效补充，为民营企业创新带来更多所需人力、技术、资金成本上的资源，同时能够为民营企业的创新成果提供更为有效的保护，从而释放企业的突破式创新活力，促进民营企业的突破式创新投入。

模型(4)和模型(5)的交叉项宏观经济景气指数×政治关联前面的系数均不显著，即政治关联对新常态经济环境和创新投入之间的关系不存在显著影响，对新常态经济环境与渐进式创新之间亦不存在显著的调节作用。本篇猜想可能的原因是，渐进式创新更多的作为企业创新战略进行长期执行，渐进式创新主要为对公司产品性能提升的创新，包括改进已有的技术设备或产品、丰富现有的产品线、改善现有销售渠道的使用效率等。而这部分创新与企业的主营业务活动是息息相关的，该类型的创新对前期资源约束和后期成果保护等因素的存在较不敏感，因此政治关联的存在并没有对于新常态经济环境与渐进式创新的关系产生显著的改变。由描述性统计及模型(1)(2)的回归结果可以看出，渐进式创新是现阶段企业创新投入的主要方向，而突破式创新仅占据了较小的部分，这也说明了模型(4)对于创新总投入的回归分析中，交叉项系数同样不显著的原因。

综上回归结果支持研究了假设 3。

(四) 稳健性检验

接下来，本篇将通过稳健性检验进一步证实实证检验结论的可靠性。由于变量取值方法的差异可能导致结论不同，本篇使用研发强度指标替代原模型中的研发投资指标，同时使用研发支出与公司年末总资产的比值衡量企业研发投资，进一步对全部变量进行异常值处理后再次进行线性回归，模型(1)—(3)的回归结果见表 5-8。

表 5-8　新常态经济环境对企业创新投入规模的稳健性检验

	(1) *RD*	(2) *DInvest*	(3) *RInvest*
ECI	−0.004 33**	−0.004 73**	0.000 98***
	(−2.53)	(−1.97)	(3.66)

续 表

	(1) *RD*	(2) *DInvest*	(3) *RInvest*
CF	0.001 46***	0.000 33***	0.001 13
	(4.09)	(3.96)	(1.57)
Lev	−0.000 31	−0.000 44**	0.000 11
	(−0.87)	(−2.13)	(0.39)
Size	−0.015 6***	−0.001 38***	0.016 9
	(−2.66)	(−3.60)	(0.40)
FSH	−0.001 01***	−0.000 22***	−0.000 82
	(−2.67)	(−2.71)	(−1.00)
Roa	−0.003 37***	−0.001 78***	−0.001 58***
	(−4.46)	(−2.62)	(−4.05)
Growth	−0.000 18**	−0.000 04*	−0.000 14
	(−1.97)	(−1.88)	(−0.82)
Industry	控制	控制	控制
_cons	0.048 9	0.389*	−0.383***
	(0.20)	(1.94)	(−2.70)
Adj.R2	0.267 4	0.194 8	0.173 4
F-value	13.84	9.17	7.95
N	390	390	390

注：括号内为 t 值，*，**，*** 分别表示相关系数在10%、5%、1%水平下显著，双尾检验。

从表5-8的结果可以看到，对创新总投入和渐进式创新的回归分析中，新常态经济环境变量 *ECI* 的估计系数在5%的水平上显著为负，突破式创新(模型3)的新常态经济环境变量 *ECI* 系数在1%的水平上显著为正，与本章(三)中的回归结果保持一致，假设H1b、假设H2a、H2b得证。

表5-9为纳入政治关联变量后的回归分析结果。利用研发强度回归得到的结果表明，政治关联变量与新常态经济环境的交叉系数在对突破式创新的回归(模型6)中显著为负，通过了5%水平的检验。模型(4)和模型(5)新常态经济环境与政治关联的交叉项前的系数均不显著，与本章(三)中回归结果一致，同样支持了假设3，说明本篇的实证研究结果是稳健的。

表 5-9 政治关联对新常态经济环境及创新投入的调节效应稳健性检验

	(4) *RD*	(5) *DInvest*	(6) *RInvest*
ECI	−0.001 20	−0.001 19	0.000 008***
	(1.30)	(0.00)	(3.31)
PC	0.261	0.193	0.129**
	(1.48)	(1.43)	(2.25)
ECI×*PC*	0.002 78	0.002 03	−0.001 39**
	(0.81)	(1.44)	(−2.34)
CF	0.000 021	0.000 004	0.000 011
	(0.14)	(0.03)	(0.20)
Lev	−0.000 444***	−0.000 452***	0.000 012
	(−3.02)	(−3.33)	(0.20)
Size	−0.006 56***	−0.007 53***	0.001 00
	(−2.72)	(−3.38)	(1.07)
FSH	−0.000 429***	−0.000 359**	−0.000 077
	(−2.77)	(−2.50)	(−1.27)
RoA	0.000 501	0.000 857***	−0.000 366***
	(1.60)	(2.98)	(−3.01)
Growth	−0.000 050	−0.000 040	−0.000 010
	(−1.35)	(−1.17)	(−0.70)
Industry	控制	控制	控制
_cons	0.040 0	0.170	−0.129***
	(0.35)	(1.63)	(−2.94)
Adj.R2	0.143 4	0.096 5	0.256 0
F-value	5.26	3.36	10.81
N	390	390	390

注：括号内为 *t* 值，*，**，*** 分别表示相关系数在 10%、5%、1%水平下显著，双尾检验。

六、研究结论与启示

（一）研究结论

本篇利用 2011—2016 年深证创新指数企业为样本，通过实证研究的方法，探寻新常态经济环境、政治关联对我国民营企业创新投入的影响，并进一步分析了创新投入的两种不同模式——渐进式创新与突破式创新的结论差异。

研究结果表明：① 新常态经济环境促进了民营企业创新投入，即进入经济新常态后，企业选择增加创新投入。说明新常态经济环境下宏观经济的景气程度下降，虽然可能对民营企业造成了融资约束等限制，加深了投资风险的可能性，但在此经济增长速度小幅减缓时期，企业内部的机会成本效应成为主导，驱动民营企业在这一环境下利用相对较低的研究成本投入于创新中，激发了民营企业的创新投入动机。进一步研究创新投入的不同模式时，得到了相反的结论。② 新常态经济环境促进了民营企业渐进式创新投入，即经济新常态环境下，民营企业创新的机会成本因素占据主导，促进了渐进式创新的投入水平；相反，新常态经济环境抑制了民营企业突破式创新投入，在该阶段民营企业选择突破式创新的动力受到了明显的制约，减少了突破式创新投入水平。

进一步地，本篇观测了作为非制度的政治关联在新常态经济环境与创新投入模型中的角色。政治关联的存在能显著减弱新常态经济环境对民营企业突破式创新的制约，有助于促进民营企业在经济新常态时期突破式创新的投资动机，帮助企业获取创新所需要的资金、人力及政策优势等关键资源，保障企业的创新收益不受损害，降低了企业对风险的厌恶，缓解了突破式创新的投资瓶颈，从而增加了突破式的创新投入。

下面，本篇试图用心理学中的调节定向理论来解释渐进式创新和突破式创新这两种创新模式产生相反结果的原因。

（二）结论解释

企业对于突破式创新与渐进式创新两种模式的选择也可以看作调节定向作用的侧面表现。当促进定向作用占据决策主导时，企业进行突破式创新的意愿更强；反之，当预防定向焦点更为突出时，企业会采取更为保守的战略选择，投身于渐进式创新。结合企业外部环境的变化，调节焦点也会随之发生转移。宏观经济景气度下降使得公司投资的期望收益率下降，放大了民营企业对风险的感知。当企业认为市场不确定性上升时，“损失-无损失”的情境构建将会成为企业主要的决策驱动（例如更易联想到创新活动的失败将给带来巨大的损失），此时预防型的调节焦点将会上升至主导地位，使得企业创新决策更加保守，往往选择回避可能造成创新失败的突破式创新，相对应地，渐进式创新的投入规模出现了增长现象。反之，宏观经济景气度上升阶段则会表现出更高的乐观预期，良好的外部环境唤起了企业内部强烈的理想追求，构造了“获得-无获得”的情境（如创新活动顺利，企业收入将大幅增加，竞争力大幅提升等），激发了民营企业的成长需要，促进型聚焦的角色占据主导地位，从而激发了突破式创新动力。

需要说明的是，本篇研究的“新常态”时期并非传统意义上的经济“衰退期”。宏观经济学将“一年内一个国家的国内生产总值连续两个或两个以上季度出现下跌”定义为经济衰退期，在此阶段消费者需求和投资需求下降，劳动力需求和产出下降，企业利润急剧下滑。在“新常态”经济环境下，我国经济依旧处于中高速增长，但经济增长速度较过去的十年已有了明显的下降，用“增长速度小幅减缓时期”来形容更为恰当。进入“新常态”后，我国三大核心投资的增长率也在全面地回落，投资回报率不再像以往阶段那么高，传统支柱产业对经济增长的贡献率都在逐步减弱。尽管不同于经济衰退下笼罩在企业决策上的悲观预期，这样的宏观环境依旧给民营企业的创新活动带来了较大的压力；但另一方面，随着经济新常态的特征逐渐显现，国家积极推动创新驱动发展战略，发出“大众创业、万众创新”的号召，营造全民创新的氛围，同时政府也在逐步完善知识产权保护体系、人才制度、创新激励措施等，这些举措均能够为民营企业提供良好的创新环境，在一定程度上激发了民营企业的创新动力。这两种作用的结合形成了当前我国民营企业所处特殊的“新常态”外部环境。

本篇的研究结果显示，在 2011—2016 年的研究区间内，样本企业的创新投入水平有了较大程度的提高，这很有可能是新常态经济环境下带来的机会成本和我国创新氛围提升共同作用的结果。假设 1 新常态经济环境促进了民营企业创新投入的结论也说明了，在新常态的经济形势下，企业更看重创新所带来的发展机会和收益。此时的创新收益不仅包括了经济新常态时期进行创新的机会成本效应，也可能包含了在政府激励创新的大环境下，民营企业大力开展创新以获得政府创新补贴、税收优惠等隐性资源。这样的收益预期可能改变了企业创新决策的调节焦点，从而增加了创新投入规模。进一步的实证结果表明，新常态经济环境下的机会成本效应促进创新投入的增长，很大一部分是渐进式创新投入的增加，而非突破式创新。

研究也证实了，主要集中于基础领域开拓的突破式创新会显著的受到新常态经济环境的影响，有显著的抑制作用。出现该结果可能的原因在于，突破式创新由于其投资周期长、回报期限亦较长，企业为此承担的风险较高，风险预期大于机会成本效应，因而新常态经济环境下突破式创新投入减少。需要在有较高的确定性和保障性时才能真正地缓解突破式创新受限的问题。政治关联的存在便有效地缓解了这一问题。不仅能够帮助民营企业降低突破式创新的资金、人力各项成本，还能够保护企业的创新成果，维护企业的创新利益。从而能够调节新常态经济环境与突破式创新的关系，缓解突破式创新对外部经济环境变化的敏感程度，成为正式制度的补充角色。

（三）研究启示

根据上述研究结论，本篇得到如下启示：

首先，应大力开展突破式创新。对于民营企业而言，突破式创新动力明显不足，而新常态经济环境在一定程度上抑制了企业选择突破式创新的动机。民营企业需要更为深入地认识突破式创新在创新战略中的重要地位，增强参与突破式创新的动机，才能为企业的长久发展和经济社会转型提供有力保障。

其次，应寻求建立健康的政企关系。新常态的经济环境下，民营企业保持与政府良好的协调关系可以起到积极的作用，当自身技术创新活动的开展出现瓶颈时，通过构建政治关联能够在一定程度上缓解民营企业面临的资源劣势，保障创新活动成果。但要特别注意，民营企业不能将政治关联当作一种寻租手段，而应当寻求健康的政企关系，正如习近平总书记所指出的，应谨记“清”和“亲”二字，既要维持紧密的协作关系，又要谨遵底线，使整个市场与各行业形成良好的运转。

再次，要正确、理性地认识政治关联。当前阶段我国部分地区市场化水平仍旧落后，使得民营企业能够通过政治关联获得某些资源和便利，但政治关联只能解决一时的困境，长期来看，民营企业仍需依靠自身优势，将政治战略和市场战略有机结合起来，才能实现企业创新能力的全面突破。

最后，政府部门应扫清各项正式制度障碍。正是由于正式制度的不完善，使得民营企业在创新过程中存在较多的风险和顾虑，政府应进一步对市场制度进行改革，主要手段大致可分为三类：① 缓解民营企业融资约束，深化金融市场改革；② 从立法层面保护创新成果和企业知识产权，对于不公平的市场竞争进行严格打击；③ 限制某些政府对企业的干预行为，为民营企业营造一个公平良好的制度环境。

本篇的研究结论并非宣扬与倡导民营企业为谋取自身利益而与政府及其官员建立密切的政治关联，而是主要研究中国民营企业政治关联在新常态经济环境与研发创新投入间的作用、本质和渠道，从而能够从全面的角度更为理性地认识民营企业的政治关联问题。习近平总书记在 2016 年 3 月与全国政协民建、工商联界别的委员座谈时强调，对有贡献的非公有制经济人士进行适当的政治安排是一项重要的工作,能够为社会企业起到良好的带头和示范作用。因此,对于政治关联这一双刃剑,民营企业要全面分析、理性看待,特别是在经济新常态的复杂环境下,企业要充分利用其积极影响,同时也要谨慎规避其消极影响。

本篇在一些方面尚有不足,首先,政治关联的研究可以更深入,例如将不同类型进行区分测量(政治关联的层级、类别等),政治关联的政治级别等差异可能会对新常态经济环境与创新投入的关系产生不同的影响;其次,本篇的研究样本为深圳交易所创新指数内的民营上市公司,样本在行业、地域上有一定的局限性,可能存在未被发现的隐形因素。上述问题期待在今后的研究中加以完善。

参考文献

[1] AGRAWAL A, KNOEBER C R. Do some outside directors play a political role? [J]. Journal of Law & Economics, 2001, 44(1): 179-198.

[2] ALLEN F, QIAN J, QIAN M. Law, finance, and economic growth in China[J]. Social Science Electronic Publishing, 2005, 77(1): 57-116.

[3] ALOI M, LASSELLE L. Growth and welfare effects of stabilizing innovation cycles[J]. Journal of Macroeconomics, 2007, 29(4): 806-823.

[4] ANDERSON P, MEYER A, EISENHARDT K, et al. Introduction to the special issue: Applications of complexity theory to organization science[J]. Organization Science, 1999, 10(3): 233-236.

[5] ARTIKIS G P, ASIMAKOPOULOS I, PAPADOGONAS T, et al. Firm-specific and economy wide determinants of firm profitability[J]. Managerial Finance, 2009, 35(11): 930-939.

[6] BAO Y, CHEN X, ZHOU K Z. External learning, market dynamics, and radical innovation: evidence from China's high-tech firms[J]. Journal of Business Research, 2012, 65(8): 1226-1233.

[7] BARLEVY G. On the cyclicality of research and development[J]. American Economic Review, 2007, 97(4): 1131-1164.

[8] BARNEY J B. Firm resources and sustained competitive advantage[J]. Journal of management, 1991(17): 99-120.

[9] BARTELS L M, BRADY H E. Economic behavior in political context[J]. American Economic Review, 2003, 93(2): 156-161.

[10] BARTELS L M, BRADY H E. Economic behavior in political context[J]. American Economic Review, 2003, 93(93): 156-161.

[11] BAUM C F, CAGLAYAN M, OZKAN N, et al. The impact of macroeconomic uncertainty on non-financial firms' demand for liquidity[J]. Review of Financial

Economics, 2006, 15(4): 289 - 304.

[12] BEAUDRY P, MUSTAFA C, FABIO S. Monetary instability, the predictability of prices, and the allocation of investment: An empirical investigation using U.K. panel data [J]. American Economic Review, 2001, 91(3): 648 - 662.

[13] BENNER M J, TUSHMAN M L. Exploitation, exploration, and process management: The productivity dilemma revisited[J]. Academy of Management Review, 2003, 28(2): 238 - 256.

[14] BROCKNER J, HIGGINS E T. Regulatory focus theory: Implications for the study of emotions at work[J]. Organizational Behavior & Human Decision Processes, 2001, 86 (1): 35 - 66.

[15] BROWN S L, EISENHARDT K M. The art of continuous change: Linking complexity theory and timepaced evolution in relentlessly shifting organizations[J]. Administrative Science Quarterly, 1997, 42(1): 1 - 34.

[16] CHANDLER, ALFRED DUPONT. The visible hand: The managerial revolution in American business[M]. The Belknap Press of Harvard University Press, 1978.

[17] CHARUMILIND C, KALI R, WIWATTANAKANTANG Y. Connected lending: Thailand before the financial crisis[J]. Journal of Business, 2006, 79(1): 181 - 218.

[18] CHRISTENSEN C M. The innovator's dilemma: When new technologies cause great firms to fail[M]. Boston, M A: Harvard Business School Press, 1997.

[19] CLAESSENS S, FEIJEN E, LAEVEN L. Political connections and preferential access to finance: The role of campaign contributions [J]. Journal of Financial Economics, 2008, 88(3): 554 - 580.

[20] CROWE E, HIGGINS E T. Regulatory focus and strategic inclinations: Promotion and prevention in decision-making[J]. Organizational Behavior & Human Decision Processes, 1997, 69(2): 117 - 132.

[21] DANNEELS E. Disruptive technology reconsidered: A critique and research agenda[J]. The Journal of Product Innovation Management, 2004, 21(4): 246 - 258.

[22] DANNEELS E. Disruptive technology reconsidered: A critique and research agenda[J]. The Journal of Product Innovation Management, 2004, 21(4): 246 - 258.

[23] DUGAL S S, MORBEY G K. Revisiting corporate R&D spending during a recession [J]. Research-Technology Management, 1995, 38(4): 23 - 27.

[24] ESTEVE A. Open versus closed innovation: A model of discovery and divergence[J]. Academy of Management Review(AMR), 2010, 35(1): 27 - 47.

[25] FACCIO M. Politically connected firms[J]. Social Science Electronic Publishing, 2006, 96(1): 369 - 386.

[26] FACCIO M. The characteristics of politically connected firms [J]. 2007, 96 (1): 369 - 386.

[27] FAN J P H, WONG T J, ZHANG T. Politically connected CEOs, corporate governance, and the post-IPO performance of China's partially privatized firms [J].

Journal of Financial Economics, 2007, 84(2): 330 - 357.
[28] FISCHHOFF B. Managing risk perceptions[J]. Issue in Science and Technology, 1985, 2(1): 83 - 96.
[29] FISMAN R. Estimating the value of political connections[J]. American Economic Review, 2001, 91(4): 1095 - 1102.
[30] FRANCOIS P, ELLIS H L. Schumpetrian cycles with pro-cyclical R&D[J]. Review of Economic Dynamics, 2009, 12(4): 567 - 591.
[31] GAO S, XU K, YANG J. Managerial ties, absorptive capacity, and innovation[J]. Asia Pacific Journal of Management, 2008, 25(3): 395 - 412.
[32] GORDON R H, LI W. Government as a discriminating monopolist in the financial market: The case of China[J]. Journal of Public Economics, 2003, 87(2): 283 - 312.
[33] GROOT B D, FRANSES P H. Cycles in basic innovations[J]. Technological Forecasting & Social Change, 2009, 76(8): 1021 - 1025.
[34] HADANI M, SCHULER D A. In search of Ei Dorado: the elusive financial returns on corporate political investments[J]. Strategic Management Journal, 2013, 34(2): 165 - 181.
[35] HALL B H. Investment and research and development at the firm level: does the source of financing matter? [J]. Nber Working Papers, 1992.
[36] HAYNES J. Risk as an economic factor[J]. Quarterly Journal of Economics, 1895, 9(4): 409 - 449.
[37] HE Z L, WONG P K. Exploration vs exploitation: An empirical test of the ambidexterity hypothesis[J]. Organization Science, 2004, 15(4): 481 - 494.
[38] HENDERSON R M, CLARK K B. Architectural innovation: The reconfiguration of existing product technologies and the failure of established firms[J]. Administrative Science Quarterly, 1990, 35(1): 9 - 30.
[39] HIGGINS E T. Beyond pleasure and pain[C]//American Psychologist. 1997: 1280 - 1300.
[40] KAMIEN M I, SCHWARTZ NL. Self-financing of an R&D project[J].The American Economic Review, 1978(68): 252 - 261.
[41] KEYNES J M. The general theory of employment[J]. The Quarterly Journal of Economics, 1937, 51(2): 209 - 223.
[42] KORAJCZYK R A, LEVY A. Capital structure choice: Macroeconomic conditions and financial constraints[J]. Journal Financial Economics, 2003, 68(1): 75 - 109.
[43] L BRANDT, H LI. Bank discrimination in transition economies: Ideology, information, or incentives? [J]. Journal of Comparative Economics, 2003, 31(3): 387 - 413.
[44] LAUKKANEN P H, SAININO L M, JAUHIAINEN T. Appropriability regime for radical and incremental innovations[J]. R&D Management, 2008, 38(3): 278 - 289.
[45] LI H, MENG L, WANG Q, et al. Political connections, financing and firm performance: Evidence from Chinese private firms[J]. Journal of Development Economics, 2008, 87(2): 283 - 299.

[46] LU Y. Political connections and trade expansion[J]. Economics of Transition，2011，19(2)：231 - 254.

[47] MARCH J G. Exploration and exploitation inorganizational learning[J]. Organization Science，1991(2)：71 - 87.

[48] MARK FUNK. Business cycles and research investment[J]. Applied Economics，2006，38(15)：1775 - 1782.

[49] MCMILLAN J，WOODRUFF C. The central role of entrepreneurs in transition economies[J]. Journal of Economic Perspectives，2003，16(3)：153 - 170.

[50] MILLER D，FRIESEN P H. Strategy-making and environment：The third link[J]. Strategic Management Journal，1983，4(3)：221 - 235.

[51] NORTH D C. Understanding the process of economic change[M]. Princeton University Press，2005.

[52] PENG M W. Towards an institution-based view of business strategy[J]. Asia Pacific Journal of Management，2002，19(2/3)：251 - 267.

[53] PENROSE E T. The theory of the growth of the firm[M]. Cambridge，MA，1995.

[54] PERIS-ORTIZ M，HERVÁS-OLIVER J L. Management innovation and technological innovation：friends or foes? [M]//Management Innovation. Springer International Publishing，2014.

[55] PORTER M E. The contributions of industrial organization to strategic management[J]. Academy of Management Review，1981，6(4)：609 - 620.

[56] QIAN C，CAO Q，TAKEUCHI R. Top management team functional diversity and organizational innovation in China：The moderating effects of environment[J]. Strategic Management Journal，2013，34(1)：110 - 120.

[57] RAFFERTY M C. Do business cycles alter the composition of research and development expenditures? [J]. Contemporary Economic Policy，2003，21(3)：394 - 405.

[58] RAFFERTY M，FUNK M. Demand shocks and firm-financed R&D expenditures[J]. Applied Economics，2004，36(14)：1529 - 1536.

[59] RAFFERTY M C. Do business cycles influence long-run growth? the effect of aggregate demand on firm-financed R&D expenditures[J]. Eastern Economic Journal，2003，29(4)：607

[60] SCHANKERMAN M. How valuable is patent protection? Estimates by technology field [J]. RAND Journal of Economics，1998，29(1)：77 - 107.

[61] SCHUMPETER J A. Business cycles：A theoretical，historical and statistical analysis of the capitalist process[M]. U. M. I. (University Microfilms International) Out-of-Print Books on Demand，1964：223 - 229.

[62] SHU C，PAGE A L，GAO S，et al. Managerial ties and firm innovation：Is knowledge creation a missing link? [J]. Journal of Product Innovation Management，2012，29(1)：125 - 143.

[63] SIEGEL J. Contingent political capital and international alliances：Evidence from South

Korea[J]. Administrative Science Quarterly，2007，52(4)：621 - 666.

[64] SU Y S，TSANG E W K，PENG M W. How do internal capabilities and external partnerships affect innovativeness? [J]. Asia Pacific Journal of Management，2009，26(2)：309 - 331.

[65] SUMMERVILLE A，ROESE N J. Self-report measures of individual differences in regulatory focus：A cautionary note[J]. Journal of Research in Personality，2008，42(1)：247 - 254.

[66] TASSEY G. Policy issues for R&D investment in a knowledge-based economy[J]. Journal of Technology Transfer，2004，29(2)：153 - 185.

[67] TEECE D J. Profiting from technological innovation：Implications for integration，collaboration，licensing and public policy[J]. Research Policy，1986，15(6)：285 - 305.

[68] THERRIEN P，DOLOREUX D，CHAMBERLIN T. Innovation novelty and (commercial) performance in the service sector：A Canadian firm-level analysis[J]. Technovation，2011，31(12)：655 - 665.

[69] WERNERFELT B. A resource-based view of the firm[J]. Strategic Management Journal，1984，5(2)：171 - 180.

[70] WILLETT A H. The economic theory of risk and insurance[M]. NY：The Columbia University Press，1901.

[71] WU J. Asymmetric roles of business ties and political ties in product innovation[J]. Journal of Business Research，2011，64(11)：1151 - 1156.

[72] ZHOU Q，HIRST G，SHIPTON H. Context matters：Combined influence of participation and intellectual stimulation on the promotion focus-employee creativity relationship[J]. Journal of Organizational Behavior，2012，33(7)：894 - 909.

[73] 保罗・萨缪尔森，威廉・诺德豪斯.经济学：第十六版[M].北京：华夏出版社，1999.

[74] 蔡地，黄建山，李春米，等.民营企业的政治关联与技术创新[J].经济评论，2014(2)：65 - 76.

[75] 陈锟，于建原.营销能力对企业创新影响的正负效应——兼及对“Christensen 悖论”的实证与解释[J].管理科学学报，2009，12(2)：126 - 141.

[76] 陈爽英，井润田，龙小宁，等.民营企业家社会关系资本对研发投资决策影响的实证研究[J].管理世界，2010，196(1)：88 - 97.

[77] 陈艳.宏观经济环境、投资机会与公司投资效率[J].宏观经济研究，2013(8)：66 - 72.

[78] 关勇军，洪开荣.中国上市企业 R&D 投入的周期性特征研究——来自深圳中小板 2008 年金融危机期间的证据[J].科学学与科学技术管理，2012，33(9)：83 - 90.

[79] 郭剑花，杜兴强.政治联系、预算软约束与政府补助的配置效率——基于中国民营上市公司的经验研究[J].金融研究，2011(2)：114 - 128.

[80] 江雅雯，黄燕，徐雯.政治联系、制度因素与企业的创新活动[J].南方经济，2011，29(11)：3 - 15.

[81] 姜国华，饶品贵.宏观经济政策与微观企业行为——拓展会计与财务研究新领域[J].会计研究，2011(3)：9 - 18.

[82] 解维敏，唐清泉，陆珊珊.政府R&D资助，企业R&D支出与自主创新[J].金融研究，2009(6)：86-99.

[83] 金碚.中国经济发展新常态研究[J].中国工业经济，2015(1)：5-18.

[84] 李磊，尚玉钒.基于调节焦点理论的领导对下属创造力影响机制研究[J].南开管理评论，2011，14(5)：4-11.

[85] 李妹，高山行.环境不确定性对渐进式创新和突破式创新的影响研究[J].华东经济管理，2014，28(7)：131-136.

[86] 李维安.公司治理学[M].北京：高等教育出版社，2005.

[87] 李云鹤，王文婷.风险投资介入、投资策略与企业异质R&D创新[J].科技进步与对策.2014(11)：76-82.

[88] 梁强，李新春，郭超.非正式制度保护与企业创新投入——基于中国民营上市企业的经验研究[J].南开经济研究，2011(3)：97-110.

[89] 廖开容，陈爽英.制度环境对民营企业研发投入影响的实证研究[J].科学学研究，2011，29(9)：1342-1348.

[90] 刘华芳，杨建君.大股东参与度、战略共识与企业突破式创新的实证研究[J].管理学报，2013，10(7)：1034-1040.

[91] 刘金全，冯坚福.中国经济发展新常态的宏观表象和微观基础[J].东北师大学报(哲学)，2016(3)：1-13.

[92] 罗党论，甄丽明.民营控制、政治关系与企业融资约束——基于中国民营上市公司的经验证据[J].金融研究，2008(12)：164-178.

[93] 罗党论，刘晓龙.政治关系、进入壁垒与企业绩效——来自中国民营上市公司的经验证据[J].管理世界，2009(5)：97-106.

[94] 罗党论，唐清泉.中国民营上市公司制度环境与绩效问题研究[J].经济研究，2009(2)：106-118.

[95] 罗明新，马钦海，胡彦斌.政治关联与企业技术创新绩效——研发投资的中介作用研究[J].科学学研究，2013，31(6)：938-947.

[96] 申慧慧，于鹏，吴联生.国有股权、环境不确定性与投资效率[J]，经济研究，2012(7)：113-126.

[97] 盛光华，张志远.补贴方式对创新模式选择影响的演化博弈研究[J].管理科学学报，2015(9)：34-45.

[98] 宋晶，孙永磊，陈劲.基于调节定向的网络惯例对合作创新绩效的作用研究[J].科学学与科学技术管理，2017，38(2)：127-135.

[99] 孙永风，李垣，廖貅武.基于不同战略导向的创新选择与控制方式研究[J].管理工程学报，2007，21(4)：24-30.

[100] 孙永磊，宋晶，谢永平.调节定向对创新网络惯例的影响一基于组织间信任的情景分析[J].科研管理，2016，37(8)：1-7.

[101] 唐德祥，孟卫东，许雄奇.科技创新投入影响经济增长的内在机制——基于中国实际经济运行的经验证据(1978—2005)[J].数理统计与管理，2009，28(4)：579-587.

[102] 汪忠，黄瑞华.国外风险管理研究的理论、方法及其进展[J].外国经济与管理，2005，27

(2)：25 - 31.
[103] 王海鹏，田澎，靳萍.中国科技投入与经济增长的Granger因果关系分析[J].系统工程，2005，23(7)：85 - 88.
[104] 王珍义，苏丽，陈璐.中小高新技术企业政治关联与技术创新：以外部融资为中介效应[J].科学学与科学技术管理，2011，32(5)：48 - 5
[105] 魏谷，孙启新.组织资源、战略先动性与中小企业绩效关系研究——基于资源基础观的视角[J].中国软科学，2014(9)：117 - 126.
[106] 魏江，李拓宇，赵雨菡.创新驱动发展的总体格局、现实困境与政策走向[J].中国软科学，2015(5)：21 - 30.
[107] 文武，程惠芳，汤临佳.经济周期对我国研发强度的非对称影响[J].科学学研究，2015，33(9)：1357 - 1364.
[108] 吴文锋，吴冲锋，芮萌.中国上市公司高管的政府背景与税收优惠[J].管理世界，2009(3)：134 - 142.
[109] 吴晓波，张超群，窦伟.我国转型经济中技术创新与经济周期关系研究[J].科研管理，2011，32(1)：1 - 9.
[110] 夏立军，方轶强.政府控制、治理环境与公司价值——来自中国证券市场的经验证据[J].经济研究，2005(5)：40 - 51.
[111] 肖海莲，唐清泉，周美华.负债对企业创新投资模式的影响——基于R&D异质性的实证研究[J].科研管理，2014，35(10)：77 - 85.
[112] 肖振鑫，高山行.技术驱动、政府推动与企业探索性创新——基于产业竞争范式和制度理论的双重视角[J].科学学与科学技术管理，2015，36(3)：46 - 55.
[113] 谢言，高山行，江旭.外部社会联系能否提升企业自主创新？——一项基于知识创造中介效应的实证研究[J].科学学研究，2010，28(5)：777 - 784.
[114] 徐蕾，魏江，石俊娜.双重社会资本、组织学习与突破式创新关系研究[J].科研管理，2013，34(5)：39 - 47.
[115] 杨春华.资源基础理论及其未来研究领域[J].商业研究，2010(7)：26 - 29.
[116] 姚琦，乐国安.动机制论的新发展：调节定向理论[J].心理科学进展，2009，17(6)：1264 - 1273.
[117] 于海云，赵增耀，李晓钟.民营企业创新绩效影响因素研究——企业家信心的研究视角[J].科研管理，2013，34(9)：97 - 104.
[118] 余明桂，潘红波.政治关系、制度环境与民营企业银行贷款[J].管理世界，2008(8)：9 - 21.
[119] 余明桂，回雅甫，潘红波.政治联系、寻租与地方政府财政补贴有效性[J].经济研究，2010(3)：65 - 77.
[120] 袁泽沛，王琼.技术创新与创新风险的研究综述[J].经济学动态，2002(3)：79 - 82.
[121] 张春辉，陈继祥.考虑内生溢出与R&D投入的创新模式选择[J].中国管理科学，2011(6)：26 - 32.
[122] 张洪石，付玉秀.影响突破性创新的环境因素分析和实证研究[J].科学学研究，2005(23)：255 - 263.

[123] 张治河，靳景，许嘉钰.新常态经济下技术创新对能源消耗的影响——以北京市为例[J].科技进步与对策，2016，33(7)：7-15.

[124] 赵天宇，孙巍.宏观环境、预期市场状态与中国制造业投资及产能调整——来自上市公司样本的经验研究[J].商业研究，2015，58(6)：42-52.

[125] 中国企业家调查系统. 新常态下的企业创新：现状、问题与对策——2015·中国企业家成长与发展专题调查报告[J].管理世界，2015(6)：22-33.

[126] 周黎安.晋升博弈中政府官员的激励与合作——兼论我国地方保护主义和重复建设问题长期存在的原因[J].经济研究，2004(6)：33-40.

[127] 周密，赵文红，熊睿.基于变革型领导的个体调节定向对员工积极行为的影响[J].大连理工大学学报(社会科学版)，2016，37(4)：64-70.

[128] 祝继高，陆正飞.货币政策、企业成长与现金持有水平变化[J].管理世界，2009(3)：152-158.

第六篇

工作嵌入对大学生创新行为的影响：内部人身份感知和成就动机的双重中介

庄子童

一、绪论

高校学生组织始终是高校组织系统中的重要组成部分，是实现高校建设与发展的重要依靠力量。学生组织不但丰富了校内党建和文化建设形式与内容，在学生群体中也起到思想引领的作用，同时还上通下达直接参与学校针对学生日常权益相关的重大决策，反映学生的根本诉求。组织内部定期进行前沿技术信息共享，同时还会开展不同专业的技能培训，帮助学生提高创新实践能力。部分学生组织还注重创新创业能力的培训，针对校内学生创业重点项目提供孵化器和资金扶持。高校学生组织不断为学生搭建平台、提供资源，帮助学生提高创新能力。作为“双一流”大学的学生组织，除了汇聚了校内各个专业的优秀人才，也展示了浓厚的底蕴和文化积淀，学生组织成为大学生提高个人能力的训练营。以同济大学学生会为例，2019 年 5 月 8 日已经迎来学生会一百周年华诞，多年来从学生会中走出一批批杰出校友，在组织内经历的各种磨砺都对他们产生了巨大的帮助。学生们在学生组织中接触不同专业、不同思维模式的同学，以实现组织目标为导向，在党委的领导和团委的指导下，不断提升思想境界和工作技巧，不断打开工作局面，在院系联动、高校出访、校企沟通中不断开阔眼界，在校内外大型活动中提高能力。学生工作并非是一成不变的，通过学生代表大会，由学生委员共同努力，对校内学生组织架构、人员管理流程、成员选举和罢免以及各种细节不断完善和修订，实现改革创新，做到由学生进行自我管理与自我监督；收集提案和定期职能部门走访，采纳学生和老师的意见，学生有权从自己的角度对校内各相关部门提出建设性建议，通过开展创新活动保障学生自我权益；关注时政热点，邀请名人大咖走进校园开展讲座，培养学生的独立思想和创新思维，时刻保持学生群体的清醒与敏感等。学生组织始终对时代和社会发展保持敏锐嗅觉，不断在工作中进行创新，从而保持新鲜与活力。

虽然学生会工作属于兼职性质，但是仍然有许多同学全身心投入其中，它不但为个人和组织带来荣誉，还为其未来职业规划作了指引，并积累经验，这些同学不断在组织内进行着创新活动，热情也日渐高涨；但是也往往有许多同学无法同时兼顾学业和学生组织工作，在学生组织活动频繁开展的日子里不断翘课熬夜，与同班同学的学习成绩差距越来越大，在日后不得不选择退出组织，或是无法再有精力进行活动的策划和提出新的创意与想法。对高校教育者和管理者而言，让学生接受课堂知识的学习固然重要，但也需要拿出时间让学生进行反思，进行实践能力和创新意识的锻炼与培养，调动学生积极性，以更加饱满的热情投入到学习和生活之中。

高校内学生与组织、团队的关系往往对学生的行为产生着潜移默化的重要影响。例如，有些学生在组织和团队中不断拓展人脉、融入所处集体，不断获取优质资源、收集有利信息，提高自身的实践能力和交流能力。越是能融入集体组织的学生，通常掌握的资源和机会也就越多，未来发展空间也就越大；有些学生与所处的组织十分契合，对所获得的分工安排非常满意，对自身的工作感到合适，与组织里的每个成员合作都非常愉快，在良好的团队氛围下，不但组织的绩效不断提高，个人的知识和技能也不断增长，团队成员间的关系也越来越紧密。团队组织会影响个体行为，个人和组织的价值观匹配度、针对个人未来发展空间的预期等均是学生与组织联系的影响因素，同时对高校而言，优质的人才和科研成果是创新与发展的源泉，能否培养高质量的人才也是高校成功与否的关键所在。

早期工作嵌入的概念提出针对离职问题，帮助个体更好地依附于现在的组织，也帮助企业更好地留住优秀人才。Mitchell 于 2001 年提出“工作嵌入”的概念，同时率先应用在离职模型中，他认为劳动者与其工作和所在的工作环境有错综复杂的关系，这些关系形成一张网络，使个体的行为会受到网络中不同关系的影响。在这里，工作嵌入是一个知觉概念，指学生在学生工作本身和学生组织环境中的沉迷程度，这种沉迷会产生一种由于各种因素而导致学生不愿意离开该组织的感知。根据资源保持理论，当学生干部在组织中积累了越多的经验，他在本组织内也就具有更大的执行权力，可以更改组织架构、工作内容、未来发展方向等，相对地也就会承担繁重和困难的工作，例如创新行为。当成为组织的一二级负责人时，就有了机会同校内、校际其他组织进行合作和沟通交流，从而获得普通学生难以获得的经验和见识，为其带来自信和成就感，为工作带来启发和灵感，实现创新。

学生希望通过学生组织找到依靠和归属感，在组织中的个体如果能够获得更多的信任便会更容易分享资源和信息，形成良好的组织氛围。另一方面，资源保存理论提出，掌握资源越多的个体越容易获得资源，将自己视为组织“内部人”

的同学在组织中获得资源后会更愿意帮助自身和组织共同发展,从而实现更多的创新。因此我们提出研究内部人身份感知在工作嵌入和大学生创新行为中起到的作用。

对刚刚步入大学的大学生而言,其学习与生活的节奏与方式和高中时期相比有较大差异,学生往往不再束缚于学业,而是选择从多领域去追求成功。与其他年龄段的人相比,在大学中的学生往往更具有进取心、积极性,也更加期望创造价值,其中愿意主动加入学生组织的同学具备更强的责任感和事业心,能够为组织工作提供更多活力创造力,因此我们引入成就动机这一概念,探究成就动机在工作嵌入和大学生创新行为中起到的作用。

二、文献综述

(一) 工作嵌入与大学生创新行为

工作嵌入概念最初由 Mitchell 于 2001 提出,原本用于员工离职问题的研究。员工因为组织和社区的种种原因,不会盲目离开当前的职位而选择跳槽,因为组织和社区将员工与目前的职务紧密相联,使其牢牢依附于现在工作岗位。Price 和 Mueller 率先将社区环境等工作外因素引入进来,扩充了工作嵌入的概念;Yao 等学者将工作嵌入的概念综合起来,把社区服务、婚姻状况等影响员工行为的非工作因素也纳入进来,得到了学者们的认同。本篇借鉴现有对工作嵌入概念的研究,将在高校学生组织内的工作嵌入解释为在学生组织中任职的学生,面对各个组织团体的选择,企业实习与科研的压力,却选择留在该组织内工作不离开,同当前组织紧密联结的行为。大多数研究表明工作内嵌入较工作外嵌入相比解释性更强,因此本篇以工作内嵌入对工作嵌入进行总体测量。

社会学习理论认为个体总是会努力提高自己,创造成功的机会,并采取实际行动来实现这一目的。如果个体能够建立完善的个体优势并且展现较高差异化水平,同时能够免遭损失,那么就越为他未来的成功提供保障。Hobfoll(1989)提出的资源保存理论中把资源这个概念定义为"对个体有价值的东西,或者是能够带来有价值东西的途径",他强调个体通常习惯性地创造和维系对他们有价值的资源,这些资源的损失对他们是一种威胁。个体在积累资源过程中,能够为其提供竞争优势,也同样帮助个体准确进行自我认知,以及定位自己的社会地位。

Hobfoll(1989)在资源保存理论指出个体的行为是受到个体建立、维系和争取珍贵资源的意愿所驱使的,个体更愿意将已经掌握的资源投入到有潜力、性价比高的行为中,这样更有机会获得超额的回报。工作嵌入能够激发组织内学生的创造意愿,因为有更高工作嵌入的学生往往拥有更加丰富的资源,这种资源储备能够帮助学生更高效地应对困难的工作。同时创新也是一种高性价比的行为,对学生群体而言,在组织内的创新行为不会使其失去已有的资源,反而还会创造增加嵌入性资源的可能性,比如在组织中更活跃的高嵌入学生可以分享工作和学习上的经验、新想法和观点,这种行为还会得到组织管理者的支持,提供更多创新行为所需要的资源,从而帮助他继续获得相应的知识、技巧,进一步在分享的过程中扩大在学生组织里的交际网络。Ng 和 Feldman(2010)提出工作嵌入对员工的创新行为具有正向影响,考虑到大学生群体特点,相较于企业员工而言,大学生群体特点更加鲜明,其更加注重交际网络的建立、知识技能的培养以及各个层面对自身的认可和支持,因为均是兼职工作,许多行为更具自发性和较强的主观能动性。高校的教育理念也将创新视为非常重要的部分,对学生活动予以大力支持,客观上也促进了学生的创新行为。"双一流"高校十分注重学生创新素质的培养,在政策上提供服务,帮助学生团队与企业搭建平台,更好地让学生了解企业工作流程,提供创新项目,提供导师进行辅导,在硬件和资源上为学生提供帮助,培养学生建立创新思维模式,使得学生群体更容易实现创新行为。因此笔者认为工作嵌入对大学生创新行为产生重要影响,由此本篇提出假设:

H1:工作嵌入对大学生创新行为产生正向影响。

(二)内部人身份感知的中介作用

学生在学生组织中的关系往往是学生本人、学生与组织内其他成员、学生和组织三方互动的情境,在互动的过程中,学生通过与组织内部的其他人进行比较来建立参照系,不断对自己进行定位,并在过程中推测自己对组织的重要性,从而形成内部人身份感知(Stamper C L, 2002)。对学生群体而言,形成内部人身份感知的门槛更低,因为不涉及薪资报酬、晋升机遇、具体待遇等硬性标准,学生在工作过程中找到了适合的团体,通常能够较大程度上提高学生的内部人身份感知;同时高校内学生组织种类、数量繁多,除了校院学生会作为官方的学生组织外,社团联合会、兴趣社团以及校内的媒体中心、党委宣传部均有学生工作的兼职存在,与社会团体相比,学生组织更为纯粹,在大学生群体中也更受欢迎和追捧;同时学生组织的规模较小,职位较多,包含较大的晋升空间,人员流动较大，成员通常只要不退出团体都能得到晋升机会，接触更多的资源，获得更多的工作经验，因此内部人身份感知对于大学生群体而言，起着更为重要的作用。

具有"内群体成员"身份意识的学生往往更容易产生自发行为，会积极地帮助组织完成既定的目标，主动地为负责人和组长建言献策。根据资源保存理论，组织会为组织内部成员提供归属感、支持和关怀等社交需要的资源，最终使得成员能够主动为组织作出贡献。工作嵌入作为一种无形的情境资源，在内部人身份感知方面起着强化作用：首先，当学生认为自身与所处组织观念相契合，能够认同组织的文化，理解组织工作的意义与价值，又能够满足个人的需求和对组织的期望时，学生就认为自己真正融入了组织；当学生自身具有的知识、能力、价值观同组织要求的相匹配时，组织也更愿意为学生提供自身的资源，这种双向的资源共享满足了双方的需求。其次，已经将自身认定为"内部人"的成员，会更容易与组织其他成员分享信息、知识和技术，形成复杂的人际交往网络。

将自己视为"内部人"的学生往往会比"外部人"在组织中更有优势，容易接触到更多资源，同时"内部人"与"外部人"的差异加速了"外部人"失去资源，如加速归属感、认可度的流失，导致与组织产生隔阂，最终学生自身也将自己认定为"外部人"，失去对组织工作的热情。工作嵌入程度高的学生随着经验积累、培训经历的增加、受尊重的感觉增强，他们将自己视为"内部人"，然而这些资源不断积累，也使得"内部人"牺牲的成本越来越高。内部人的身份有助于学生产生工作的动力，个体认为自己与组织紧密相连，具有共同的目标，和组织荣辱与共，因此会更多地为组织的发展着想，展现更多的创新行为。

学生群体更注重个人知识的积累、技能的培养以及人际网络的建立，因此学生也更敢于将已有资源投入到创新之中来换取更多资源，如自身能力的提升、自我认可和肯定、他人的赞美和表扬等。其次创新行为可以为学生带来更大的成就感，组织内会营造一种鼓励创新的氛围，这种潜在的"报酬"是学生想要实现自我价值的诱因，通过实现创新的过程，学生增强了自我身份的认知，容易产生对组织的归属感。因此基于以上分析，笔者提出假设如下。

H2：内部人身份感知在工作嵌入与大学生创新行为之间起到中介作用。

（三）成就动机的中介作用

Atkinson(1953)认为个体的成就动机分为两种认知倾向，分别是"希望成功"与"害怕失败"。当个体是以成功为目的时，他就需要判断是追求成功还是规避风险,而成就动机就是这两种倾向的代数和。Atkinson 的冒险偏好模型指出,用个体对成功的渴求和对失败的躲避这两种倾向所得的最终结果来阐释个体行为。追求成功的人喜欢做有一定难度且能够成功的事情,通常不会选择过于容易和困难的事,这样既能够通过克服困难来达成目标,也不会前功尽弃,达到事半功倍的效果。同样在逆境中他们也更有韧性,能够坚持完成任务。对于大学生而言,成就动机不但可以加强学生学习的兴趣,同样也能够提高学生的韧性,让学生保持乐观的心情,这都是学生在求学过程中所必需的品质。

当学生的价值观和理念同正在进行的工作与所在的组织相契合时,组织也会给予反馈,且更加愿意为学生提供资源,帮学生完成任务、实现目标。这为追求成功欲望强烈、想要做出成绩的学生提供了施展本领的舞台,更好地帮助他们实现创新行为。随着工作嵌入程度的不断加深,学生掌握的资源也越来越多,具备强烈追求成功倾向的学生做出高层次的成就也相对而言更加容易。越是在创新过程中取得成绩的干事,越容易感受到创新带给他们的满足感,同时也就越容易在这条路上不断实践下去,实现自己的工作目标和人生价值。因此基于以上分析,笔者提出假设如下。

H3:成就动机在工作嵌入与大学生创新行为之间起中介作用。

三、理论模型与假设

(一)样本选取与变量测量

本篇的调研对象为高校目前正在学生组织中工作的同学,学生组织包含校院学生会、社团联、学生社团,以及大小的项目组与课题组等,采用网络问卷调查的研究方法进行调研。本篇研究建立在大学生校内学生组织工作日常开展的情境下,以同济大学校内正在参与学生组织工作的同学作为调研对象进行调研,符合调研的情境设定,同时本研究需要样本数目较多,而网络调研问卷具有避免缺失值,提高收集效率的优势。

本篇研究共收集有效问卷 245 份,其中男性 140 人,占 57.14%,女性 105 人,占 42.86%;年龄构成方面,18 岁及以下 17 人,占 6.94%,19~20 岁 88 人,占 35.92%,21~22 岁 103 人,占 42.04%,23 岁及以上 37 人,占 15.1%;教育水平方面,本科生 203 人,占 82.86%,研究生 38 人,占 15.51%,博士生及以上 4 人,占 1.63%;在学生组织中目前所担任的职务上,干事 109 人,占 44.49%,所在学生组织三级负责人 36 人，占 14.69%，二级负责人 58 人，占 23.67%，一级负责人 42 人，占 17.14%。

如图 6－1，问卷调查围绕"工作嵌入""大学生创新行为""内部人身份感知""成就动机"4 个变量设置了 24 个题目，采用李克特五点量表进行测度（"1"代表"非常不符合"，"2"代表"不符合"，"3"代表"基本符合"，"4"代表"符合"，"5"代表"非常符合"）。

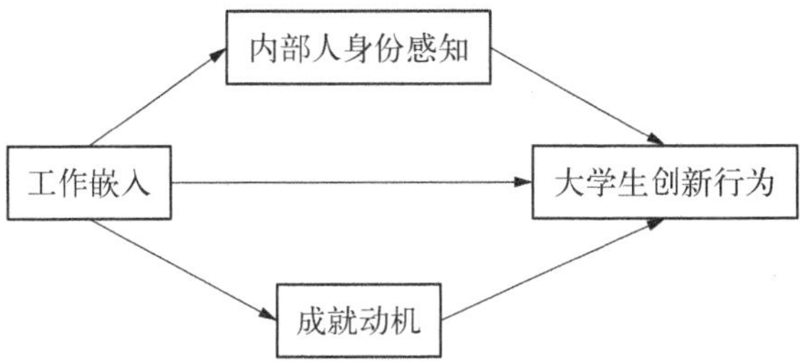

图 6－1　网络调查问卷中的四个变量设计

（二）变量测量描述

见表 6－1，变量测量指出如下。

工作嵌入的测量：据现有文献统计，针对工作嵌入的量表分为总体量表和组合量表，为防止多重共线性、测量题目过多和涉及学生隐私等问题出现，本文采用总体量表来测量个体在学生组织中的嵌入程度。本篇选用 Craig D. Crossley和 Rebecca J. Bennett 等在 2007 年修改的整体量表测量工作嵌入程度，经笔者筛选修改共 5 个题项。

大学生创新行为的测量：本篇将大学生创新行为定义为大学生在日常学生工作中，完成本职工作的同时展现出的超出本职工作要求的创意和想法，并同其他干事进行分享和落实。本篇选用 Susanne G. Scott 和 Reginald A. Bruce 在员工创新行为研究中提出的量表，笔者进行了修订，共 8 个题目。

内部人身份感知的测量：内部人身份感知代表学生在学生组织群体中认为自己是"内部人"的程度。本篇采用 Stamper 和 Masterson 的 6 项目量表，经笔者修订后，选用其中的 4 个题项。

成就动机的测量：成就动机是大学生在完成各项任务过程中，想要追求成功的内部推动力量。本篇选用 Baranik 和 Barron 采用的量表，笔者进行了修订，最终使用 6 个问题来进行测量。

表6-1 变量描述表

变 量	测 量 题 项	文献来源
工作嵌入	我非常依恋我目前所在的这个学生组织 我对这个学生组织感到厌倦 我非常沉迷于我所在的学生组织，致使我无法离开 我同我所在的学生组织有着紧密的联系 我很容易就能离开这个学生组织	Craig D. Crossley 和 Rebecca J. Bennett 等笔者修改
大学生创新行为	我经常寻找机会改善组织内的工作方法与工作流程 我经常尝试采用新的方法解决学生工作中出现的问题 我经常会从不同的角度来思考问题 我不放过任何一个了解和发现问题的机会 我经常建议在学生组织中推行新的工作方法 我经常冒险去支持新的想法或创意 我会经常给同一组织内共事的同学们介绍一些我的新想法 我经常检验我的创意是否有效	Susanne G. Scott 和 Reginald A. Bruce 笔者修改
内部人身份感知	我觉得自己是组织的一份子，是部门工作中的重要一环 我觉得自己在部门内没有朋友，感觉自己像是一个局外人 我所在的学生组织让我产生了归属感 有时组织内的其他同学会让我产生我不是“自己人”的感受 这个学生组织经常让我产生被遗弃的感觉	Stamper 和 Masterson 等笔者修改
成就动机	我喜欢新奇的、有困难的任务，甚至不惜冒风险 给我的任务即使有充裕的时间，我也喜欢立即开始 面对能测量我能力的机会，我感到是一种鞭策和挑战 我在完成有困难的任务时，感到快乐 我喜欢尽了最大努力才能完成的工作 我讨厌在完全不能确定会不会失败的情境中工作 在完成我认为困难的任务时，我担心失败 在那些测量我能力的情境中，我感到不安 我不喜欢做那些我不知道能否胜任的事 当我碰到我不能立即弄懂的问题，我会焦虑不安	Gjesme.T 和 Nygard.R 等笔者修改

四、研究样本与变量设计

（一）变量信度与效度分析

本篇研究使用 SPSS 22.0 来检验问卷的整体信度和效度。结果显示整体的 Cronbach's alpha 系数为 0.931，各测量变量系数均在 0.7 以上，检验结果如表 6－2 所示。对变量进行因子分析的 KMO 和 Bartlett 球形检验测量结果中，整体 KMO 值为 0.875，每项均在 0.7 及以上，球形检验结果显著，具体检验结果如表 6－3 所示。

表 6－2　信度分析表

变　量	题　数	Alpha 信度系数
工作嵌入	5	0.876
大学生创新行为	8	0.930
内部人身份感知	5	0.858
成就动机	10	0.768

表 6－3　效度分析表

变　量	KMO 值	Bartlett's 球形检验卡方	P
工作嵌入	0.853	371.003	0.000
大学生创新行为	0.920	1 381.553	0.000
内部人身份感知	0.771	505.122	0.000
成就动机	0.835	827.074	0.000

（二）描述性统计分析

本篇引入性别、年龄、受教育程度、学生组织内担任职务作为控制变量。结果如下表 6－4 所示，其中工作嵌入与大学生创新行为、内部人身份感知、成就动机有强相关性，相关系数 r 分别为 0.421、0.319 和 0.347，同时，学生组织内担任职务与工作嵌入、大学生创新行为、内部人身份感知和成就动机均有强相关性，相关系数 r 分别为 0.216、0.190、0.260 和 0.196，大学生创新行为与内部人身份感知、成就动机相关系数为 0.383、0.450，具有强相关性，描述性统计分析结果为理论假设提供了支持。

表 6 - 4 描述性统计分析

变 量	M	SD	性别	年龄	受教育程度	学生组织内担任职位	工作嵌入	大学生创新行为	内部人身份感知	成就动机
性别	1.43	0.496	1							
年龄	2.65	0.819	−0.177**	1						
受教育程度	1.19	0.431	−0.090	0.522**	1					
学生组织内担任职位	2.04	1.132	0.017	0.057	−0.177**	1				
工作嵌入	2.42	0.995	0.044	−0.074	−0.107	0.216**	1			
大学生创新行为	2.70	0.957	−0.132*	−0.019	−0.080	0.190**	0.421**	1		
内部人身份感知	3.10	1.086	−0.002	−0.072	−0.074	0.260**	0.319**	0.383**	1	
成就动机	3.24	0.557	−0.080	−0.164*	−0.233**	0.196**	0.347**	0.450**	0.438**	1

注：*，** 分别表示相关系数在 10%、5%水平下显著。

(三) 假设检验

根据模型 2 可知，工作嵌入正向影响大学生创新行为（*B*＝0.330，*P*＜0.001，95%，*CI*：0.147～0.382），H1 得到了支持。根据模型 1 可知，工作嵌入与内部人身份感知显著正相关（*B*＝0.271，*P*＜0.001，95%，*CI*：0.150～0.393），同时按照 bootstrap 方法进行中介效应检验，样本量选择 1 000，在 95%的置信区间下，根据表 6 - 5 可知，中介检验的结果没有包含 0（*LLCT*＝0.024，*ULCI*＝0.139），且中介效应大小为 0.072，说明内部人身份感知在工作嵌入和大学生创新行为间起到中介作用。根据模型 3 可知工作嵌入与成就动机显著正相关（*B*＝0.313，*P*＜0.001，95%，*CI*：0.194～0.432），同样对成就动机进行中介检验，由表 6 - 5 可知，结果没有包含 0（*LLCT*＝0.055，*ULCI*＝0.172），系数为 0.104，说明成就动机在工作嵌入和大学生创新行为间起到中介作用。

表 6-5　process 分析结果

模型 1			内部人身份感知			
变　量	*B*	*SE*	*T*	*P*	*LLCI*	*ULCI*
性别	−0.061	0.123	−0.495		−0.302	0.181
年龄	−0.108	0.088	−1.222		−0.282	0.066
受教育程度	−0.082	0.168	−0.491		−0.248	0.413
学生组织内担任职位	0.188	0.056	3.374	*	0.078	0.298
工作嵌入	0.271	0.062	4.409	***	0.150	0.393
F			8.149			
R			0.382			
ΔR2			0.146			
模型 2			大学生创新行为			
变　量	*B*	*SE*	*t*	*P*	*LLCI*	*ULCI*
性别	−0.297	0.114	−2.617		−0.521	−0.074
年龄	−0.020	0.082	0.240		−0.142	0.181
受教育程度	−0.091	0.155	−0.588		−0.397	0.215
学生组织内担任职位	0.040	0.053	0.749	*	−0.065	0.144
工作嵌入	0.330	0.059	5.579	***	0.214	0.447
内部人身份感知	0.264	0.060	4.417	***	0.147	0.382
F			14.762			
R			0.521			
ΔR2			0.271			
模型 3			成就动机			
变　量	*B*	*SE*	*t*	*P*	*LLCI*	*ULCI*
性别	−0.252	0.120	−2.094		−0.488	−0.015
年龄	−0.119	0.087	−1.374		−0.289	0.052
受教育程度	−0.313	0.164	−1.903		−0.637	0.011
学生组织内担任职位	0.075	0.055	1.374		−0.033	0.183
工作嵌入	0.313	0.060	5.188	***	0.194	0.432
F			10.421			
R			0.423			
ΔR2			0.179			

续 表

模型 4	大学生创新行为					
变 量	*B*	*SE*	*t*	*P*	*LLCI*	*ULCI*
性别	−0.229	0.112	−2.047		−0.450	−0.009
年龄	0.031	0.080	0.383		−0.127	0.189
受教育程度	0.035	0.153	−0.226		−0.268	0.336
学生组织内担任职位	0.064	0.051	1.268		−0.036	0.164
工作嵌入	0.298	0.059	5.069	***	0.182	0.414
成就动机	0.333	0.060	5.574	***	0.215	0.451
F			17.206			
R			0.550			
ΔR2			0.303			

* $P<0.05$; ** $P<0.01$; *** $P<0.001$. *SE* = Standard error; *LL* = lower limit; *CI* = confifidence interval; *UL*=upper limit.

表 6－6 Bootstrap 检验中介效应

	Boot indirect Effect	Boot SE	Boot Lower Limit 95% CI	Boot Upper Limit 95% CI
内部人身份感知	0.072	0.029	0.024	0.139
成就动机	0.104	0.029	0.055	0.172

Bootstrap sample size=10,000; CI=confifidence interval

五、结果与分析

（一）研究结论与意义

本篇研究在传统工作嵌入与员工创新行为的研究背景下，以高校大学生组织为情境进行了研究，通过 245 名学生组织在职成员的数据样本检验了理论模型中的 3 个假设。实证研究表明，工作嵌入对大学生创新行为有正向影响，内部人身份感知和成就动机在其中分别具有中介作用。该研究为工作嵌入运用在高校学生教育领域提供了理论支持，帮助大学生进行心理和思想建设，提高大学生教育质量。

国内外学者一直在不断研究工作嵌入在不同文化情境下对创新行为的影响，往往是通过不同行业领域的企业员工作为样本开展探索，鲜有学者将目光放在教育领域。本篇进一步拓宽了工作嵌入研究领域，丰富了工作嵌入在创新行为领域的作用，也表明有必要针对该方向进行进一步的研究，后续研究应当从工作嵌入的三个维度展开进行分析，进行适当调整，保证研究的有效性。

本篇研究考虑到国内高校学生组织现状，灵活选用内部人身份感知作为中介变量，探讨了工作嵌入是如何影响学生心理，从而改变认知，出现更多创新行为的过程。从资源保存理论的角度来看，随着学生在组织中获得的嵌入性资源不断变化，其对组织的认知也在发生改变，从而激发创新行为，即拥有较多嵌入性资源的学生会努力维系资源、拓宽新领域，不断加强内部人的身份感知，从而更好地投入到后续的工作创新以及组织未来的发展中。本研究主要从学生在工作中的心理出发，解释了出现创新的内部动因，拓展了资源保存理论的应用领域，并为该研究方向提供了新的视角。

成就动机在内部人身份感知与大学生创新行为之间的中介作用显著，参加学生组织进行学生工作的同学具备更强的团队意识和资源获取机会，长期在积极的组织环境中成长，有利于培养学生的进取心，帮助学生提高自信心，在创新实践过程中能够克服困难、锐意进取。本研究从学生追求成功的内部动因出发，探究高校如何调动学生积极性，如何更好地激励学生独立进行创新活动，对学生就业后在企业中进行团队合作打下基础。

（二）研究启示

本篇研究探究了工作嵌入对大学生创新行为的作用机制，对完善高校教育体系、改良教学目标、落实“双一流”建设有着重要意义：首先，如果要培养学生的创新素质、增强学生工作的主观能动性，教育者、管理者需要创造条件加深学生的工作嵌入程度。建立多维度的工作体系，满足不同学生的需求和兴趣，丰富学生对知识、技能的渴求，增强学生与组织工作的匹配度。加强学生的思想教育，培养集体组织观念，对大学生群体而言，更大程度的工作嵌入有利于个体和组织的良性发展，有利于资源的共享，获得老师和同学的支持，增强学生的归属感，丰富学生的大学生活。在学生价值观、世界观养成的重要阶段，培养集体荣誉感往往比单纯的学习知识更加重要，也能够帮助学生出现更多的创新行为。其次，通过提高内部人身份感知来激发大学生的创新行为。学生通常具有“十分渴望融入团队”的特点，更加敏感也更敢于表达自己的见解，容易被其他人的思想和观点所左右，因此教育者和管理者需要重视组织成员的思想动态，主动邀请学生发表见解与看法，增强学生的自信心，同时分配具备一定难度的任务，让成员感受到组织的信任，意识到通过团队的共同努力也可以有效地提高自身能力，从而激发学生的创新行为。最后，不断激励学生，培养学生的自信心，有助于学生在完成工作的同时产生更多的创新行为。

（三）研究不足与未来展望

研究不足方面，第一，本篇考虑到学生组织的具体情况，没有按照过去文献中按照三个维度开展研究（联结、匹配、牺牲），同时也因为学生组织成员有兼职的特点，难以通过研究正式工作的模式来落实；第二，根据已有研究所示，内部人身份感知对工作嵌入也有正向影响，而在本研究中未进行验证，后续应当通过其他方法来进一步验证工作嵌入与内部人身份感知的关系；第三，在研究学生群体工作嵌入与创新行为的关系时，应当将学生群体心理的特点涵盖进去，维度较为单一，同时也没有考虑到集体对于嵌入的影响，未来需要从组织层面进行研究和验证；第四，本篇选用的样本主要以学生会的成员为主，不能涵盖所有学生的情况，同时同济大学作为“双一流”高校虽然有一定的代表性，但是各个学校各有特色，没有抽取其他高校的情况进行具体分析也是本研究的一项不足。学生组织应该收入项目课题组的情况，因为研究生、博士生以项目课题组为主要合作方式，如学生会、社团联这种大型的组织参与较少，但也因为课题组规模小、数量多，难以进行统计，因此收集样本较少，这一层面没有统筹落实，希望以后能继续跟进研究。

参考文献

[1] ANDERSON N, POTOČNIK K, ZHOU J. Innovation and creativity in organizations: A state-of-the-science review and prospective commentary[J]. Journal of Management, 2014, 40(5): 1297 - 1333.

[2] ANNAM BI BI, BILAL JADOON. The mediating effect of exploitative and explorative learning on the relationship between job embeddedness and innovative work behavior[J]. Science Journal of Business and Management, 2018, 6(1): 1 - 8.

[3] BARON R M, KENNY D A. The moderator-mediator variable distinction in social psychological research: Conceptual, strategic, and statistical considerations[J]. Journal of Personality and Social Psychology, 1896, 51(6): 1173 - 1182.

[4] BIBI A, JADOON B. The mediating effect of exploitative and explorative learning on the relationship between job embeddedness and innovative work behavior[J]. Science Journal of Business and Management, 2018, 6(1): 1 - 8.

[5] CHEN XIAO-PING, CHEN CHAO C. On the intricacies of the Chinese guanxi: A process model of guanxi development[J]. Asia Pacific Journal of Management, 2004, 21 (3): 305 - 324.

[6] DECHAWATANAPAISAL D. The mediating role of organizational embeddedness on the relationship between quality of work life and turnover: Perspectives from healthcare professionals[J]. International Journal of Manpower, 2017, 38(5): 696 - 711.

[7] KIAZAD K, HOLTOM B C, HOM P W, et al. Job embeddedness: A multifoci theoretical extension[J]. Journal of Applied Psychology, 2015, 100(3): 641 - 659.

[8] MITCHELL T R, HOLTOM B C, LEE T W, et al. Why people stay: Using job embeddedness to predict voluntary turnover[J]. Academy of Management Journal, 2001, 44 (4): 1102 - 1121.

[9] NG T W H, FELDMAN D C. The impact of job embeddedness on innovation-related behaviors[J]. Human Resource Management, 2010, 49 (6): 1067 - 1087.

[10] SCOTT S G, BRUCE R A. Determinants of innovative behavior: A path model of individual innovation in the workplace[J]. Academy of Management Journal, 1994, 37 (3): 580 - 607.

[11] SHERER P D. Toward an understanding of the variety in work arrangements: The organization and labor relationships framework[M]//COOPER CL, ROUSSEAU DM (Eds). Trends in Organizational Behavior Chichester. UK: John Wiley & Sons, 1996 (3): 99 - 122.

[12] WHEELER A R, HARRIS K J. How do employees invest abundant resources? The mediating role of work effort in the job-embeddedness/job-performance relationship[J]. Journal of Applied Social Psychology, 2012, 42(S1): 244 - 266.

[13] WIERSEMA M F, BANTEL K A. Top management team demography and corporate strategic change[J]. Academy of Management journal, 1992, 35(1): 91 - 121.

[14] 陈霞.成就动机就职业生涯决策过程的影响,[D].上海：华东师范大学,2008.

[15] 丁刚,李珲.工作特征如何影响员工创新行为：一个有中介的调节作用模型[J].中国人力资源开发,2016(22)：19 - 27.

[16] 方平,张咏梅,郭春彦.成就目标理论的研究进展[J].心理学动态,1999,(1)：70 - 74.

[17] 李燕萍,郑馨怡,刘宗华.基于资源保存理论的内部人身份感知对员工建言行为的影响机制研究[J].管理学报,2017,14(2)：196 - 204.

[18] 刘宗华,李燕萍,郑馨怡.工作嵌入对员工创新行为的影响：内部人身份感知和主管支持的作用[J].中国人力资源开发,2018,35(7)：146 - 156.

[19] 沈伊默,周婉茹,魏丽华,等.仁慈领导与员工创新行为：内部人身份感知的中介作用和领导-部属交换关系差异化的调节作用[J].心理学报,2017,49(8)：1100 - 1112.

[20] 孙煜明.动机心理学[M].南京：南京大学出版社,1993.

[21] 王雁飞，蔡如茵，林星驰.内部人身份认知与创新行为的关系——一个有调节的中介效应模型研究[J].外国经济与管理，2014，36(10)：40 - 53.

[22] 王震，孙健敏，赵一君.中国组织情境下的领导有效性：对变革型领导、领导-部属交换和破坏型领导的元分析[J].心理科学进展，2012，20(2)：174 - 190.

[23] 杨颉，姜燕媛.大学生成就动机及其影响因素分析[J].北京大学教育评论，2010，8(1)：63 - 69+190.

[24] 杨中芳.成就动机本土化的省思[M]//杨国枢.本土心理学研究，台北：台湾桂冠图书公司，1993.

[25] 俞明传，顾琴轩，朱爱武.员工实际介入与组织关系视角下的内部人身份感知对创新行为的影响研究[J].管理学报，2014，11(6)：836 - 843.

[26] 赵红丹，汤先萍.内部人身份认知研究述评[J].外国经济与管理，2015，37(4)：56 - 65.

[27] 祝振兵，陈丽丽，梁玉婷.内隐追随对员工创新行为的影响：领导支持和内部动机的作用[J].中国人力资源开发，2017(7)：16 - 24.